全国机械行业职业教育优质规划教材（高职高专）
经全国机械职业教育教学指导委员会审定

汽车技术服务与营销专业

汽车电子商务

全国机械职业教育汽车类专业教学指导委员会（高职）组编

主　编　彭　鹏　彭思喜
副主编　韩承伟　张　强
参　编　宋润生　潘　浩

机械工业出版社

本书是全国机械职业教育汽车类专业教学指导委员会（高职）组织编写的职业教育汽车技术服务与营销专业的系列教材之一。

本书共十章，分别介绍了汽车电子商务概述、汽车电子商务的信息网络技术基础、汽车电子商务的支撑体系、汽车在线零售与 B2C、汽车 B2B 电子商务、汽车电子商务信息技术、汽车网络营销、汽车电子商务安全体系、汽车行业电子商务应用和汽车电子商务网站设计与建设。内容力求新颖、实用、易于掌握，吸收了最新的汽车电子商务理论方法和实例，紧密结合最主流的汽车行业电子商务应用，重点突出实践与应用环节，并辅之以必要的单元同步训练和同步测试。

本书可作为高等职业院校、高等专科学校、成人高校、民办高校及本科院校汽车技术服务与营销、电子商务及相关专业的教学用书，并可作为社会从业人士的业务参考书及培训用书。

本书配有电子课件，凡使用本书作为教材的教师可登录机械工业出版社教育服务网 www.cmpedu.com 下载。咨询邮箱：cmpgaozhi@sina.com。咨询电话：010-88379375。

图书在版编目（CIP）数据

汽车电子商务/彭鹏，彭思喜主编．—北京：机械工业出版社，2016.9（2023.1 重印）

全国机械行业职业教育优质规划教材．高职高专

ISBN 978-7-111-54685-6

Ⅰ．①汽…　Ⅱ．①彭…②彭…　Ⅲ．①汽车-电子商务-高等职业教育-教材　Ⅳ．①F766-39

中国版本图书馆 CIP 数据核字（2016）第 203094 号

机械工业出版社（北京市百万庄大街 22 号　邮政编码 100037）

策划编辑：葛晓慧　蓝伙金　责任编辑：葛晓慧　蓝伙金　张　茜

封面设计：鞠　杨　责任校对：李锦莉

责任印制：张　博

北京建宏印刷有限公司印刷

2023 年 1 月第 1 版・第 7 次印刷

184mm×260mm・13.25 印张・315 千字

标准书号：ISBN 978-7-111-54685-6

定价：39.80 元

电话服务　　网络服务

客服电话：010-88361066　　机工官网：www.cmpbook.com

010-88379833　　机工官博：weibo.com/cmp1952

010-68326294　　金书网：www.golden-book.com

封底无防伪标均为盗版　　机工教育服务网：www.cmpedu.com

目 录

性、实用性和发展性，通过本书的学习，可以为汽车电子商务的学习者奠定坚实的专业基础。

本书由彭鹏、彭思喜任主编，韩承伟、张强任副主编。本书第一、第九章部分、第十章由彭鹏编写，第二、五、六、八章由彭思喜编写，第三、四、七章由韩承伟编写，第九章主体由张强编写，宋润生、潘浩参加了部分章节的编写工作。全书由彭鹏统稿和定稿。另外，在此感谢深圳职业技术学院汽车与交通学院和华南农业大学经管学院的各位同仁在本书编写过程中给予的大力支持。

本书的编写参考、借鉴和使用了许多其他教材、网站和文献的内容，在此深表谢意。

由于编者水平有限，书中难免有不足和错漏之处，恳请读者批评指正，以便本书的进一步完善。

编　者

汽车技术服务与营销专业教材研发小组

项目指导 冯　渊　无锡职业技术学院
组　　长 贺　萍　深圳职业技术学院
副 组 长 田春霞　大连职业技术学院
宋润生　深圳职业技术学院
成　　员（按姓氏首字排序）
高谋荣　深圳职业技术学院
姬笑非　长春高等专科学校
罗　静　深圳职业技术学院
潘　浩　深圳职业技术学院
彭　鹏　深圳职业技术学院
宋作军　淄博职业学院
唐作厚　广西机电职业技术学院
张克明　海南经贸职业技术学院
张一兵　中国道路运输协会
周　燕　南京交通职业技术学院
联 系 人 机械工业出版社　蓝伙金　葛晓慧

丛书序

经过十几年的快速发展，中国已经成为世界最大的汽车生产国和主要的汽车消费国。中国汽车消费市场从最初的形成和发展走向了逐步成熟，并开始呈现市场结构优化、技术手段升级、营销模式创新和新兴服务领域快速涌现的新型态势。新的营销理念、新的营销模式、新的服务领域都在冲击和震颤着中国的汽车销售和售后服务领域，表现出了一方面是汽车销售及售后服务业对人才的大量需求，另一方面又是能够适应现代汽车销售市场和服务市场的人才的匮乏。为了适应新的形势，近年来，国内的大专院校，尤其是职业技术类院校的汽车营销类专业在迅速扩充规模的同时积极探索新的人才培养模式，调整课程结构，改进教学方法，以实现培养适应新形势下现代汽车营销类人才的需要。

由机械职业教育教学指导委员会汽车类专业教学指导委员会（高职）组织编写、机械工业出版社编辑出版的这套汽车技术服务与营销专业教材，正是面对汽车营销及售后服务市场的新形势而推出的。教材从市场需要的实际出发，坚持以职业素养的培养为基础，以能力提升为目标，以就业为导向，把提高学生的职业素养和职业能力放在突出位置，集中体现培养学生“汽车技术运用”“整车及配件营销”“二手车鉴定评估”“汽车保险理赔”和“汽车信贷与租赁业务”能力等，并特别面向新兴的汽车电子商务领域推出了《汽车电子商务》教材，使之满足培养具有分析和解决汽车营销和汽车后市场服务领域实际问题能力的复合型高等应用型人才之需要。

因此，本系列教材按照汽车营销类岗位的职业特点和职业技能要求，务求探索和创新：

1. 拓宽汽车技术领域的视野，在满足必要的汽车技术知识铺垫后，强调横向知识的宽泛，突出汽车技术、构造、配置上的差异所带来的车辆性能、车辆特点和使用状况的差异性对比，并追踪汽车新技术的运用，适应学生作为汽车销售顾问的技术性要求；

2. 追踪和吸收前沿的营销理论和营销方法，运用适量的背景资料透视国内外汽车营销行业的发展变化，了解汽车市场的运行状况和走势；

3. 汇集汽车营销领域的经典案例和国内汽车企业的典型案例，选用贴近现实、贴近中国消费者汽车生活的汽车营销实例近距离了解和掌握汽车营销的相关技术和方法；

4. 注重业务过程的实务性训练，引入汽车营销企业的现实做法，业务流程、业务规范均来自企业实际，与企业的业务实际零距离对接；

5. 强化职业技能和技法的训练，每章除了复习性的思考联系之外，还安排了用于实际操作训练的实践练习项目，训练学生的实际动手能力；

6. 面向学生汽车营销综合应用能力培养的需要，新编了《汽车性能评价与选购》教材；

7. 面向新兴的汽车网络营销业务领域业务需求，增加了《汽车电子商务》教材。

汽车营销业仍是一个新兴的业务领域，也是一个专业技术极强的业务领域。作为高职高专院校，其目标是培养具有一定的理论基础和较强的动手能力的一线应用型技术人才。本系列教材紧扣高职高专教育的目标定位，力求实现“有新意”——内容新、结构新、格式新；“有特色”——背景资料、典型案例、相关链接；“有亮点”——企业实务、实践项目。

本系列教材在机械职业教育汽车类专业教学指导委员会的组织引导下，由多所职业院校教师共同参与完成，其间得到了机械工业出版社领导和编辑的支持和指导，是汽车营销职业教育领域集体劳动的成果和智慧结晶。在此，谨表示衷心感谢。

全国机械职业教育汽车类专业教学指导委员会（高职）
汽车技术服务与营销专业教材研发小组组长　贺萍

前　言

电子商务的发展非常迅速，逐步形成了一个发展潜力巨大的市场，而汽车行业也随着网络经济的发展正在发生着巨大的变化，汽车制造行业、汽车销售行业、售后服务管理、二手车交易等各领域都在不断适应着新的发展环境，努力凭借电子商务这种新的经营模式使企业获得新的活力，在市场中占领有利地位。作为汽车行业或者电子商务行业的从业人员，认识、了解、学习汽车电子商务是非常有必要的。

汽车消费市场的扩大对汽车技术服务与营销专业人才的需求量不断扩大，汽车销售服务领域出现了更多分支，汽车电子商务就是其中一个发展迅猛的方向。对此，汽车营销类专业人才的培养不仅需要规模的增长，同时更需要向汽车电子商务领域拓展和向更高层次提升，培养适合现代汽车市场发展和变化需要的复合型高技能人才。为此，编写一本专注于汽车电子商务拓展能力方向并能够真实反映汽车电子商务基本知识、方法和技能的教材尤为迫切。本着追踪学科发展前沿、理论联系实际、充分尊重实践、反映时代特征的原则，深入广泛搜集材料，特别是吸收国内外汽车电子商务的新技术与新应用、新理念和新知识，并将历年教学和科研的实践进行总结归纳、整理，完成了本书的编写，使教材具有时代气息，与科学技术的发展同步。

教材突出高职高专的特点，理论知识深浅适度，内容丰富。紧密结合汽车各行业的电子商务应用，对理论和应用体系进行了整合。汽车电子商务分为三大单元：汽车（在电子商务中应用）模块、电子（信息网络技术）模块、商务（的电子化技术）模块。内容脉络清晰，将相关知识的讲解沿着汽车电子商务的各应用模块逐步展开，依次推进，以工作任务驱动，以典型工作过程为主线。

实践环节特色鲜明，将汽车电子商务实训分为三类：体验性实训、操作性实训和创业性实训。学生通过体验性实训，掌握汽车电子商务概念性知识；通过操作性实训，培养基本的汽车电子商务模型分析、设计和开发能力，了解和掌握各种应用开发工具；通过创业性实训综合培养学生运用所学的知识和技术进行创新性活动和创业活动的能力。

实训内容的优化使实训具有了先进性和科学性，重点突出实践环节，并符合教学特点；同时辅之以必要的单元实训，综合以汽车电子商务网站设计与建设和汽车电子商务模拟综合平台为两大主线以实训项目化驱动的方式来串通教材的主体技能要求，达到学以致用的目标。

本书旨在使读者通过学习掌握汽车电子商务的基本原理和方法，具备汽车电子商务实际操作的基本能力。本书以体现职业技术教育的能力培养为核心，侧重应用

第一章

汽车电子商务概述

知识目标

- 理解电子商务的概念模型与功能。
- 了解电子商务的应用类型与分类。
- 了解汽车电子商务网站，掌握汽车行业垂直平台的特点。
- 掌握汽车 O2O（Online To Offline，简称为 O2O）电子商务的发展趋势。

能力目标

- 能解释电子商务的内涵。
- 能写出汽车电子商务与汽车传统商务的区别与优缺点。
- 能应用网络登录不同模式的汽车电子商务网站并完成购物流程。

重点与难点

- 汽车电子商务的供应链集成模式；供应商、厂商内部、经销商、客户之间各电子商务系统的无缝连接
- 汽车 O2O 电子商务的特点与核心；线上比较消费，线下服务，打通全产业链

第一节 电子商务概述

一、电子商务的基本概念和特点

（一）电子商务的定义

电子商务是在 Internet 发展、成熟的基础上产生的。早在 1969 年，美国国防部高级研究计划局（ARPA）建立了用于国防研究项目的阿帕网（ARPANET），以连接有关高校、研究机构和国防工程承包商的电脑系统，这是最早的 Internet；从 1986 年起，由美国国家科学基金会（NSF）接手投资扩建成 NSFNET，对各大学和科研机构开放，用于非营利性教学和科学研究，成为推动科学技术研究和教育发展的重要工具；从 1995 年起，Internet 主干网转由企业支持，实现商业化运营，电子商务进入快速成长阶段。

随着 Internet 的飞速发展，电子商务的实现变为可能。Internet 以其标准化、全球化、全

民化、迅猛发展等特点成为了电子商务的基础。电子商务活动已经演变成了利用 Internet 网络进行经济活动的网络经济。从狭义上说，电子商务 EC（Electronic Commerce）就是电子贸易，主要指利用万维网（WEB）提供的手段在网上进行电子交易，包括通过 Internet 买卖产品和提供服务；从广义上说，电子商务 EB（Electronic Business）还包括企业内部的商务活动，如生产、管理、财务以及企业间的商务活动。

1997 年 11 月 6 日至 7 日在法国首都巴黎，国际商会举行了世界电子商务会议，给出了关于电子商务的概念阐述是：电子商务（Electronic Commerce），是指对整个贸易活动实现电子化。从涵盖范围方面电子商务可以定义为：交易各方以电子交易方式而不是通过当面交换或直接面谈方式进行的任何形式的商业交易；从技术方面可以定义为：电子商务是一种多技术的集合体，包括交换数据（如电子数据交换、电子邮件）、获得数据（共享数据库、电子公告牌）以及自动捕获数据（条形码）等。

按照 IBM（国际商业机器公司，简称 IBM）的观点，电子商务即为网络加上 IT 技术再加上实际商务的行为。其中网络是指 Internet、企业内部网（Intranet）、企业外部网（Extranet）、电缆（Cable）、无线电（Radio）等。IT 技术则更多地是指传统的 IT 应用。

国家“十一五”规划的时候给予了电子商务明确的定义：网络化的新型经济活动，使整个贸易活动自动化和电子化。电子商务是利用各种电子工具和电子技术从事各种商务活动的过程。其目的是要实现企业和全社会的高效率、低成本的贸易活动或商务活动。

（二）电子商务的特点和功能

Internet 时代的特点，第一是全球化，由于 Internet 技术在全球范围内得到普及，因而其可以提供全球范围内的交互。因此商家可通过网络面对全球的供应商或客户。第二是个性化，由于人们可通过各种终端设备如个人电脑（PC）、手机、掌上电脑（PDA）等上网享受 Internet 上提供的服务，省去了中间环节。同时 Internet 也可以把个人资料记录在案，因此 Internet 为个性化的服务提供了方便。第三是低成本，Internet 省去了中间环节，通过高效的信息传递手段，使得上网业务的运行成本大大降低。第四是持续不断的发展，Internet 为全世界带来了革命性的变化，目前正呈爆炸性增长势头。Internet 及其上的各种应用系统将会得到持续不断的发展。

电子商务通过 Internet 可提供在网上的交易和管理的全过程服务，具有对企业和商品的广告宣传、交易的咨询洽谈、客户的网上订购和网上支付、电子账户、销售前后的服务传递、客户的信息征询、对交易过程的管理等各项功能。

二、电子商务的基本模式

（一）电子商务的基本结构

经济活动中的要素可以用四种方式表示：信息流、资金流、物流和商流。信息流包括商品信息、技术支持信息、服务信息、企业资信信息等的传递过程，也包括询价单、报价单、付款通知书等商业贸易单证信息的传递过程。资金流是指资金的转移过程，包括付款、转账等。物流是商品或服务的流动过程，具体指运输、储存、配送、装卸和保管等各种活动。商流是指商品在进行交易过程中发生的有关商品所有权的转移。电子商务的运作就是围绕这“四流”展开的，许多对策和措施是为了顺利实现“四流”的运转而设计的。因此，从这“四流”的角度，可以得出一个电子商务的基本框架，如图 1-1 所示。

如图 1-1 所示，电子商务活动主要包括信息流、资金流和物流三要素，最后才是商流，产生商品所有权的转移。可以将电子商务的总框架表述为 3F＋2S＋P，其中 3F 分别表示信息流、资金流和物流；2S 分别表示安全和标准化建设；P 表示政策法规。电子商务是一个支持条件。其主要是为 3F 的实现打基础，并同时实现 2S 和 P。商流是交易的核心，3F 的顺利实施才能保证商流的实现。

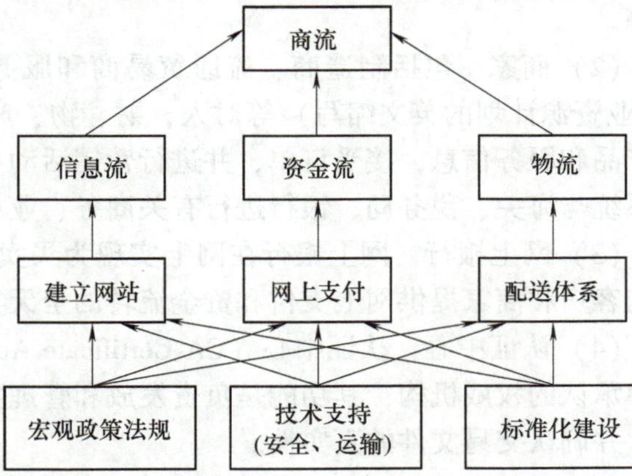

图 1-1　电子商务的基本框架

在电子商务的应用中，十分强调物流、资金流、商流和信息流的整合。在网络环境下，虽然商务活动的顺序并没有改变，但进行交易和联络的工具改变了，要处理的信息形式也发生了重要改变，即信息流的电子化，从以前的纸面单证变为现在的电子单证。信息流的作用更为重要了，它贯穿于商品交易过程的始终，对商品流通的整个过程进行控制，记录整个商务活动过程，是分析物流、导向资金流、进行经营决策的重要依据。由于电子工具和网络通信技术的应用，使交易各方突破了时空的限制，有利于促进物流、资金流和信息流的有机结合，加快流转速度，而商流也通过方便快捷的物流得以快速实现。

由图中可见，与资金流和物流对应的是电子商务的两大支撑体系：电子支付和物流，而安全问题是电子商务运行过程中至关重要的基础问题。

（二）电子商务系统组成要素

在一个典型的电子商务系统中，其基本组成要素及运作体系架构如图 1-2 所示。

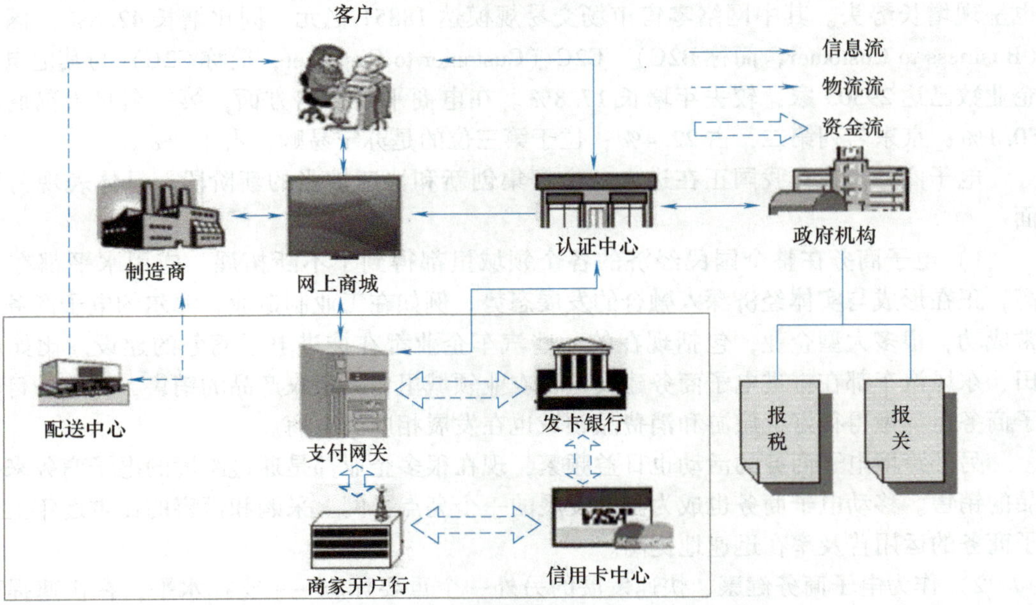

图 1-2　典型电子商务的基本组成要素及运作体系架构

（1）客户　客户是电子商务的起点和终点。电子商务客户包括企业客户和个人客户。客户利用浏览器、电视机、PDA 和 Visual TV 等接入 Internet 获取信息、购买商品、进行投标等。

（2）商家　包括制造商、流通贸易商和服务商等；商家建立 Intranet、Extranet 和 ERP（企业资源计划的英文缩写）等对人，财、物、产、供、销进行科学管理，通过建立网站发布产品和服务信息，接受订单，并进行营销活动；还要借助于电子报关、电子报税、电子支付系统与海关、税务局、银行进行有关商务、业务处理。

（3）网上银行　网上银行在网上实现为买卖双方结算等传统的银行业务，为商务交易中的客户和商家提供网上支付和资金流转的全天实时服务，是重要的中介机构。

（4）认证中心　认证中心（CA-Certificate Authority）是交易各方信任的中介机构，亦是法律承认的权威机构，其功能是负责发放和管理数字证书，使网上交易的各方能互相确认身份，并确认交易文件的真实性。

（5）物流、配送中心　物流配送中心按商家的送货要求，组织运送无法从网上直接得到的商品，跟踪产品的流向，将商品送到客户手中。

（6）网上商城　是买方和卖方进行电子交易的平台和接口界面。

（7）网上政府　政府参与电子商务应用的行为主要涉及电子政务的电子税务、电子报关、电子招投标、电子审批、政策咨询等领域，包括工商、税务、海关和经贸等商务活动的管理部门。在特殊情况下，还是消费者（如政府采购）。

三、我国电子商务发展现状

中国电子商务研究中心监测数据显示，从 2005 年开始，我国的电子商务保持了持续、快速发展的良好态势。2013 年中国电子商务市场的交易额为 6.25 万亿元，同比增长 27%；网络零售交易规模达 1.32 万亿元，同比增长 64.7%；网络团购、移动电子商务等其他领域也呈现增长势头。其中网络零售市场交易规模达 18851 亿元，同比增长 42.8%。国内 B2C（Business to Customer，简称 B2C）、C2C（Customer to Customer，简称 C2C）与其他电商模式企业数已达 29303 家，较去年增长 17.8%。在电商平台排名方面，第一名是天猫商城，占 50.1%；京东名列第二，占 22.4%；位于第三位的是苏宁易购，占 4.9%。

电子商务现在在我国正在进入一个密集创新和快速扩张的新阶段。具体表现为以下方面：

1）电子商务在整个国民经济的各个领域里都得到了不断拓展，应用水平都在不断提高，正在形成与实体经济深入融合的发展态势。例如在工业制造业，海尔的电子商务做得非常成功，很多大型企业，包括现在的一些汽车企业都在推进电子商务的建设。比如广汽本田、东风汽车都在推进电子商务建设；在农业领域里，大宗农产品的销售，网上的订购和电子商务也都做得很好。旅游和消费品领域也在发展相应的电商。

另外跨境电子商务的活动也日益频繁，现在很多企业都是通过跨境的电子商务来推进产品的销售。移动电子商务也成为当前发展的一个亮点，网上采购和销售的比重逐年上升，电子商务的运用普及率在迅速地提高。

2）作为电子商务健康、快速发展的另外一个重要标志——支撑水平，在快速提高。这个支撑水平包括了电子商务的平台、信用服务、电子支付、现代物流和电子认证。很多民营的物流企业发展速度非常快，比如顺丰快递，从一个民营企业，发展成一个几乎可以和中国邮政相匹敌的物流体系，自己拥有十多架飞机和七万多辆汽车，组成庞大的运输体系。

淘宝的支付宝，腾讯的财付通，还有像国内新型互联网金融机构快钱等一批第三方支付企业也发展得非常快，社会的信用环境正在逐步改善。随着电子签名法的颁布，网上的信用服务和通过电子证书认定也取得了很大的发展，而且还带动了相关的信息技术产业的发展。

3）电子商务发展的环境在不断地改善，网络基础设施在不断地改善，通信资费也在降低的过程中，特别是全社会的电子商务意识在不断地增强。由于电子商务的便捷性，人们可以随意地使用电子商务的各种手段，如大家都习惯了在网上用支付宝，习惯了在网上下单来采购物品，其在企业中间也得到很大的应用。围绕着有关的流程，如电子认证、网上交易、支付服务等，国家的各个部门也开始出台一系列的政策、规章和标准规范，使电子商务的整个制度环境有了改善。

当然，我国的电子商务还存在着一系列值得重视的问题，这些问题可归结为以下四个方面：

1）真正发挥电子商务对促进传统生产、经营模式创新发展的作用还没有充分体现，对经济转型和价值创造的贡献潜力没有充分体现。

2）电子商务的商业模式还不够成熟，服务能力也有待增强，服务水平有待提高，服务范围急需拓展。

3）电子商务的制度环境还没有完善，特别是相关的法律法规建设之后，公共服务和市场监管有待增强，信用体系的发展也亟待加强。随着电子商务的发展，产生的一些负面现象，如侵犯知识产权、制售假冒伪劣产品、网络欺诈、组织传销等现象时有发生。在线交易纠纷的调停处理在我国还没有开始。所以，电子商务的制度环境不完善在一定程度上影响了人们对电子商务发展的信心。

4）推进电子商务发展的体制、机制有待健全，投融资环境有待改善，统计和监测评价工作也亟待加强。

第二节　汽车电子商务概况

一、国内外汽车电子商务发展现状

（一）国外汽车电子商务现状

电子商务在欧美一些国家已经相当发达，而且得到政府的鼓励。美国在 1997 年就规定政府各部门必须在 Internet 上购买不少于 450 万件的商品，同时把指标分解到各地方政府和各部门，以培养网上购物的习惯和环境。正是由于美国及早将网络开发列为发展的重中之重，美国的电子商务才在全球取得明显优势。1999 年，通用与 Commerce One 合作建立了名为 TradeXchange 的电子商务中心，其目的是为了加速零部件采购过程和降低采购成本，并强制性地要求所有零部件供应商使用该系统。如今，通用、福特和戴姆勒—克莱斯勒三大汽车公司联合组建了一家全球最大的汽车零部件采购网络——科维森特（COVISINT），日本日产汽车公司和法国雷诺汽车公司也加入了这一采购系统。各大汽车公司通过该中心同其几万家供应商进行联网。

在美国人们在网上买汽车，私人飞机也有很大比例是通过网上购买的，而且完全是通过物流送货上门的方式完成交易的。可见除了完善的物流配送体系和网络支付体系外，完善的售后服务体系和契约社会的信用体系也是必须具备的。

而欧美的汽车网站大多也是以新车和二手车的销售为主体的赢利模式，以资讯作为主要载体的模式并不多。目前美国在线汽车经销商渐成气候，众多新车和二手车经销商在网上卖车。据美国汽车经销商协会（NADA）调查，83%的经销商有自己的网站，有网站的经销商中，62%已进行了网上售车，98%的交易网站是互动式的，消费者可以发邮件在线订货并进行在线现金交易，经销商能够按消费者需求组装并在数天内供货。可以说，美国已经完全实现了汽车商务的电子商业模式。

（二）国内汽车电子商务现状

汽车电子商务主要分为三大领域：整车、汽车配件和汽车后市场。汽车后市场涵盖汽车金融、汽车维修美容、二手车及租车等。每个领域的市场规模均是万亿元级，远比家电3C（Computer，Communication，Consumer Electronic，简称3C）市场规模大。汽车电商属于重电商领域，因为涉及线下和非互联网服务的支撑，所以汽车电商的成功，除了具有互联网的基因之外，更需要和复杂的汽车产业紧密结合在一起。

国内汽车整车电子商务相对国外起步较晚，但也已初见成效。长城汽车于2013年建立独有的B2C电子商务平台，并将哈弗H2作为线上、线下同时销售的首款车型。还有更多的汽车制造厂商通过与电商平台合作的方式进行试水，如宝马、奥迪、沃尔沃、一汽丰田、东风日产、北京现代、长安汽车等都已进入天猫商城。2013年8月，天猫商城举行“天猫汽车节”，在为期十几天的“汽车节”中，天猫商城共售出了3000多辆整车，相当于国内销量最好的4S店大半年的业绩。同时，由于受到各个一线城市汽车限购政策的持续影响，迫使厂商的渠道进一步下沉到二、三线城市。而在厂商不断开拓新渠道的同时，网络购物潮此起彼伏也波及了汽车产业，中国的汽车厂商不得不开始思考，互联网是否也是一个可以被利用的集中顾客和销售渠道。

因为中国汽车配件市场存在巨大商机，汽车配件电子商务这一新途径也正在被各个行业的参与者尝试。通过互联网，零配件生产企业、流通企业和维修应用企业可以得到有效的串联，尤其是生产和流通型企业可以获得直接面对消费者的机会，从而提升企业覆盖范围和业务深度，为企业的脱颖而出提供了良好的机遇。

2012年开始，二手车电商平台逐渐进入人们的视野。以往传统的黄牛交易为行业主流的二手车行业，冲破重重阻碍，开始崭露头角。2012年，中国479.14万辆的二手车交易当中，二手车电子商务平台的交易量达到了5万辆，为全国二手车交易贡献了1%的宝贵份额，这是一个明显的信号。借势移动互联网平台，车易拍、开新帮卖、优信拍、273、大搜车等二手车在线交易平台已经成为拉开中国二手车网络交易暴增序幕的重要力量。虽然总规模仍然较小，但网络平台的交易量已经第一次可以用百分比计量，这说明中国二手车电商已经完成了起步，开始步入发展阶段。

在汽车售后领域的4S店，也在顺应潮流加快发展各自的售后电子商务系统，包括连接客户的客户关系管理系统（CRM）、连接厂商的企业资源计划（ERP）系统和供应链管理系统（SCM）、汽车配件电子商务、汽车金融电子商务等。

二、汽车电子商务运行模式分类

（一）汽车行业电子商务的模式

汽车行业电子商务应用一般可分为五个层次：一是企业上网宣传；二是企业网上市场调研；三是企业与分销渠道网络联系模式；四是企业网上直接销售模式；五是供应链网上营销集成模式。国外汽车电子商务已经从第一、第二层次逐步发展到第四、第五层。我国汽车行业的电子商务应用也已逐步展开，但现状不容乐观，基本处于第一、二层。基于上述电子商务的五个层次，我们不能把电子商务片面理解为电子商店或建立网站，这种有电子无商务的前两个层次不能算作真正意义的电子商务。下面主要了解汽车电子商务的后三种不同层次和阶段的模式。

1. B2B 模式

美国汽车行业 B2B 的电子商务中心模式主要用于改善汽车生产商和零部件供应商的关系，通过集成供应链的上游企业，达到降低采购成本和提高效率的目的。例如福特（Ford）公司的 Autoxchange，都是 B2B 电子商务中心采购模式的成功典范。

目前，我国汽车行业的各大中型企业都建立了自己的网站，基本上都有自己的 ERP 系统，在其内部已有了较完善的供应链管理。何时何处采购、采购多少都可直接由 MRP（物料需求计划，Manufacturing Resource Planning）根据生产计划自动决定，为生产提供及时的原材料和零部件。另外，大型汽车集团公司采购的原材料及零部件量大面广，其中直接采购约占总采购量的 60% ~80%，电子商务采购使买卖双方的交易费用大大降低，效率大大提高。因此，B2B 的模式是我国汽车厂商电子商务最有效、最直接的模式。

2. B2C 模式

企业对消费者的模式基本等同于电子零售商业，由于受消费者观念和能力以及汽车本身产品特性的影响，这一模式最适合于汽车配件的电子商务。在整车销售方面由于其营销方式的特殊性，仍有一定的优势，比如它能扩大产品的销售范围，加强和终端客户的联系，满足消费者个性化消费的需求。

3. 供应链集成模式

在汽车行业实现电子商务，就是要高效率地管理企业的所有信息，创建一条畅通于供应商、企事业内部、经销商、客户之间的信息流，并将这些环节紧密地连接在一起，形成供应链。

汽车制造商与上游供应商通过电子商务平台组成一个高效的上游零部件产品供应链，上游供应商包括原材料供应商、零件供应商和部件供应商。汽车零部件的供应十分复杂，分为好几层。如福特公司，它将大型集成系统、座椅、车轮和制动器等列为第一层，第二层是向第一层提供部件的公司，此外还有第三层供应商。福特公司通过它的电子商务采购平台，同各层供应商建立密切的联系。这样，当福特公司通知第一层供应商需要多少红色、蓝色和紫色座椅的时候，属于第二层的皮革供应商也能在网上随时看到福特对各种颜色座椅的需求变化，并开始准备存货，而不必等待座椅制造商告诉它需要什么皮革。

在这一模式中，汽车的销售模式削弱了传统销售渠道的中间环节，汽车生产厂商从传统多级销售体系的身后走出来，或者面对 4S 店或者直接面对消费者。通过完善的同消费者联系，掌握顾客信息，提供符合消费者需要的汽车和相关服务，形成批量定制。汽车生产商将直接接受消费者网上订货，然后组装汽车，打上自己的品牌，通过完善的第三方物流配送系统直接送到消费者手中，让消费者真正享受到足不出户便可购得所需的体验。汽车电商集成供应链模式如图 1-3 所示。

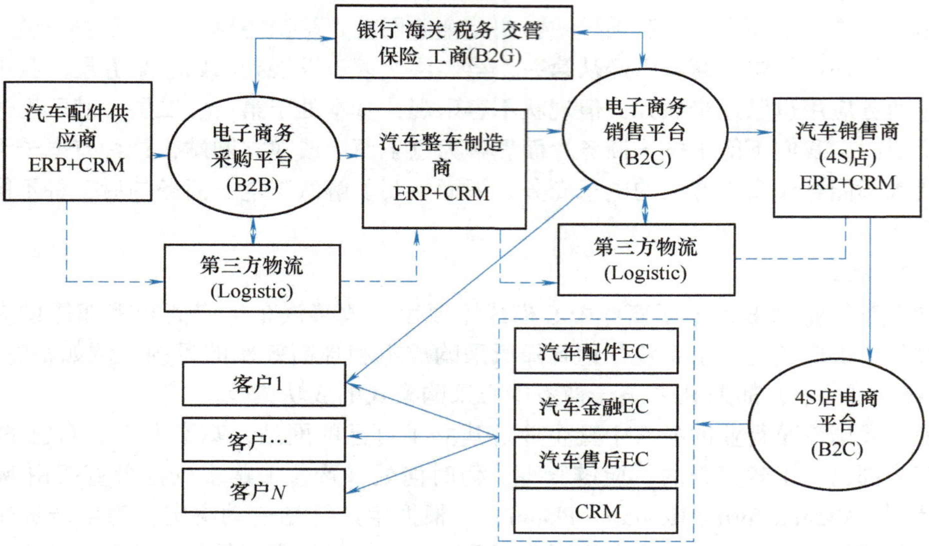

图 1-3　汽车电商集成供应链模式

从图中可见，对汽车销售商 4S 店来说，增强其各业务包括汽车配件、汽车金融、汽车售后等的电子商务化，是一个迫切而重要的任务。特别是在电子商务中使用客户关系管理 CRM 系统，等于企业花最小的成本去做最有效的广告。由于汽车技术升级带来的价格提升和汽车客户在购车时对汽车实用性和品质的要求，使得口碑宣传在汽车企业的营销中尤其明显。客户需求不断变化，借助 CRM 系统向客户提供主动的关心，根据销售和服务的历史纪录提供个性化的服务，在知识库的支持下向客户提供专业的服务，通过在线磋商等方式，并根据汽车客户的特点，较好地实现存货水平和订单处理，针对客户和市场的反馈快速做出反应，提升企业的反应速度。

汽车行业业务范围全面，接触的部门较多，有工商、税务、保险、银行、海关等，这些部门与企业之间的业务联系也是通过 B2C 网络来完成的。

总之，基于供应链的电子商务模式是在整个社会信息化建设和网络经济发展水平非常成熟的情况下的一种理想模式，以我国现有经济、技术水平不可能马上实现这一理想模式，只有制订各项规划，逐步提高我国信息化和汽车行业管理水平，开展各种方式的有益探索，我国汽车行业的电子商务才能有美好的未来。

(二) 汽车电子商务 B2C 网站的分类

目前我国有近千家汽车网站，众多汽车网站百花齐放，但具备电子商务功能的网站不多。汽车电子商务网站主要分为三类：电子商务综合平台类，比如天猫、京东、亚马逊等；行业垂直平台类，比如整车类的汽车之家、易车网、汽配类的养车无忧网等；汽车厂商自建的电商网站，比如上海汽车的车享网等。有数据显示，目前在第三方平台带来的汽车销售额中，以京东、天猫为代表的综合电商平台占80%，垂直网站占12%，其余部分由整车企业自建平台实现。

1. 综合平台类网站

综合平台类B2C是常见的第三方购物平台网站。它有庞大的购物群体，有稳定的网站平台，有完备的支付体系，物流配送，诚信安全体系（尽管仍然有很多不足），促进了买卖双方的交易行为。如同传统商城一样，综合平台本身不进行销售，而是提供了完备的销售配套。天猫、京东等大型综合性网站一直是大多数网民、企业在电子商务交易过程中的最主要的综合平台。

天猫的盈利模式是提供一个交易平台，吸纳厂家和经销商入驻开店，收取年费和服务费。例如汽车行业销售新车或二手车时，开设旗舰店的年费为70万元，专营店为30万元，专卖店则为6万元。新车销售暂不收取提成，汽车零配件和美容收取2%。

综合电商向汽车配件领域的延伸，主要受网站丰富自身交易品类的需求推动。淘宝、天猫每日在售的汽车零配件产品多达几十万件，注册的店铺数量达到千家以上；京东商城和国美商城这种网上零售企业也都开辟了自己的汽车零配件业务模块，并可以提供数十个品牌车型的主流维修、维护用品；慧聪网和阿里巴巴这类商务方案洽谈平台也在很早之前就开始为汽配生产企业和流通企业牵线搭桥，使他们能够更好地进行批量流通或是外贸出口。

2. 垂直平台类网站

垂直型是指在一个分销渠道中，生产商、批发商、零售商被看作一个单一的体系。如果电子商务网站是整合某一产品的不同生产商、批发商、零售商的商务行为，是直接面对客户的单一体系的交易平台，这样的网站就称为垂直型网站。

垂直型网站主要有以下特点：

（1）网站服务专业化，评价体系完整性　垂直B2C购物网站目标专一，专注一行业发展、目光深远。在产品划分上，有单一特性，有助于产品细分，只做汽车、鞋、服装、母婴产品、钻石首饰或者手机数码等产品，有利于服务的专业化，客服对产品有一定专业知识，可游刃有余地处理好与顾客之间的沟通，更好地为顾客服务。垂直B2C购物网站的物流管理比综合购物网站更高效、便捷，在很大程度上能缓解众多顾客对物流发货速度缓慢的不满。此外，垂直网站特别注重顾客的评价体系，关注用户评论，增加互动性，保证售前售后的良好服务，构建一个完整的评价体系。总而言之，垂直购物网站能够提供给顾客一站式购物的完美体验。

（2）提倡采用创新营销模式　垂直B2C购物网站比拼的重点一直是产品，产品要有独特之处，即使只是单一行业的深入拓展，也需要有吸引顾客眼球的地方。大多行业网站一直按照“会员+广告”的赢利模式，而很多垂直型网站成立之初，也是按照先前有的“低价初体验”的营销方式，这些模式相对来讲比较单薄。伴随着电子商务专业化空间的无限拓展，垂直行业网站在专业化建设的同时，也要注重产品的“新鲜”性及网络营销的创新模式。

（3）积极培养忠诚级别的客户　作为垂直B2C购物网站，关爱客户及情感营销是提高忠诚度的关键。

国内数量众多的大型及中小型垂直行业网站发展迅猛，汽车垂直平台的典型代表则是易车网和汽车之家。汽车之家成立于2005年6月，是中国最大的汽车网站，用户浏览量第一，汽车之家的汽车资讯和数字服务是行业的代表。根据万瑞数据网站营销价值评估指数模型，汽车垂直网站营销价值排名中汽车之家位列第一，易车网第三。而易车网除了资讯数字服务，还在整车 B2C 交易平台中走在国内前列。

现在的汽车整车电商非常迅速而明智的迎合了汽车厂商的需求，与厂商一起开始了对整车线上销售的探索之旅。这些电商中，有综合 B2C 平台，比如天猫、京东，有汽车行业垂直电商，比如易车，汽车之家，但就目前将整车销售作为常态化经营项目持续在网站上进行，而不仅仅是在“双 11”争取一下眼球的电商主要有两个，一个是综合平台代表天猫，一个是垂直平台代表易车网。如表 1-1 所示，对两种整车电商模式的代表进行了比较。

表 1-1 天猫与易车网作为汽车整车电商的比较

	综合-天猫	垂直-易车网
产品销售方式	线上专供、天猫专供、线上、线下同款	订金、特惠、团购
线上支付	线上支付定金，线下支付尾款，资金流经过支付宝	线上支付定金，底价补偿，线下 4S 店支付尾款
盈利模式	店铺租金、店铺信誉保证金、支付宝和广告	合作方入场费
优势	平台成熟度以及庞大的用户流量	庞大的经销商、厂商资源优势以及丰富的合作经验；丰富的车型数据和用户真实体验评论
劣势	缺乏汽车行业经验和专业化服务	用户流量、品牌知名度、消费者覆盖面上均不如天猫；缺乏支付、物流等电商核心要素的运营经验和手段

汽车配件垂直平台是指专注于销售车辆配件并提供相关售后服务的互联网电商平台。这类平台只专注于汽车配件的供应及销售，并能够提供更为准确的车型、配件匹配建议和维修维护建议，使消费者能够以更为简单的方式和相对合理的价格获得适合自己车型的汽车配件产品。目前国内专注于配件直销的网站大多刚刚开始起步，网站规模与综合电商平台相比只能算是九牛一毛，售后服务所能够覆盖的区域也最多只有几个城市的范围，但其中有些网站已经展现出比较明显的差异化特征，以“盖世汽车网”旗下的“养车无忧网”为例，其线上和线下相结合的运营方式，在上海等地已经受到了一定程度的接受和认可。

目前来看，无论传统的综合电商平台还是汽车垂直门户平台，对汽车电子商务的模式都处于探索阶段，正在尝试各种解决方案。与综合平台类网站相比，行业垂直平台网站更专注于汽车业务领域，是行业的权威专家，通过把网站资讯做得更专业、更权威、更精彩来吸引顾客。随着网络用户的增多和对各种服务要求的差异，网上充斥着海量信息，这就为专业化、细分化的网络平台和网络信息服务提供了充足的发展空间。

3. 车企自建平台

综合电商平台和垂直平台虽然流量较大，能产生更多销售线索，但车企却难以从中对汽车销售线索进行系统性管理。而车企如果自建电商平台，这些资料就可以汇成大数据库，并以此对客户信息进行及时掌握和跟踪，进一步提高销售转化率，同时能够打通后市场的各个环节，从而实现用户体验的提升。

目前共有大众、丰田等 25 家汽车厂商进驻电子商务渠道，这其中大部分选择借助已建第三方电商平台，而自建平台可以说是最耗费资金的做法，但是保有用户资源以及价值链整合能力是车企不惜资金自建电商根本原因。上汽集团在 2014 年投资 2 亿元推出了中国汽车市场首个 B2C 电子商务平台“车享平台”，东风、长安、广汽也相继表示要斥资自建电商平台。

从购车流程来看，车享平台与第三方平台基本类似，不同的是，消费者购车后，还可以注册成为车享平台会员，通过“车享汇”反馈用车体验、传递用车需求，从而实现真正的线上线下闭环。此外，车享网虽然是由上汽集团自建的平台，但却是一个开放平台，允许众多的汽车经销商入驻，包括上汽集团之外的经销商。

今后，车企建立 4S 店的需求会逐渐减少，将店面开到网上的需求会逐渐增加。比如特斯拉在市区建立体验中心，在城市郊区建立服务中心，整个过程由厂商主导，通过电子商务实现。电商一定是未来的方向，只是需要时间发展，而新品牌更容易在电商上获得成功。目前来说车企电商包括车享平台对于汽车厂商与经销商的价值更多体现在流量导引上，平台并不直接售卖，功能更类似于信息集成商、撮合者和后台客服处理者。如何把经销商利益与汽车电商的利益相融合。如何协调消费者的利益，选择什么样的盈利模式，这些难题仍待解决。

第三节　汽车电子商务的发展趋势

一、O2O 模式

（一）汽车 O2O 的概述

O2O 即 Online To Offline（线上到线下），是在电子商务环境中线下的商务机构与线上互联网结合的销售模式，让互联网成为线下交易的前台，增加客户黏性。

年轻一代消费主体的崛起，为汽车电商提供了良好的发展契机。这部分人群在购物时的主要特点是，对网络的依赖度很高，他们不仅善于在网上进行查询和比价，更习惯依靠网上支付完成整个交易。但不同于其他快消品，汽车属于大型消费品，消费者在确定购买车型后，还需要去实体经销店进行更进一步体验，如试乘试驾等，以感受真实的产品、服务，才能最终完成交易。这一属性决定了汽车电商很难完全通过线上完成全部交易流程。

目前的汽车电商业务基本是以 O2O 模式展开。以天猫、苏宁、汽车之家等的具体购车流程为例：在线或是电话咨询预约试驾、线上确认车型、拍下新车并进行支付、订单生成、收到验证码短信，买家凭借短信验证码前往 4S 店提车，最后进行在线确认和评价。

2013 年底发布的《中国汽车电商发展研究报告》中，针对国内汽车专家及企业高层进行调研，结果显示，九成以上的业内人士看好 O2O 电商模式，更有 10% 的企业已经开始通过 O2O 模式进行汽车网络销售。

O2O 要解决的核心问题是线上订购的商品或者服务如何到线下领取，即线上和线下如何对接。其解决的方法是，对于目前大多采用综合平台或垂直平台的汽车商家来说，只要达到电商平台的入驻要求即可进驻平台，客户通过电商平台到达商家的店铺即被认为产生交易，电商平台前期不收取商家任何费用，至于交易金额的大小，取决于商家的优惠力度和服务态度，电商平台不参与整个交易行为。电商平台初期可按每个 IP（网络之间互连的协议，简称 IP）多少钱向商家收取费用，汽车服务商、汽车经销商、汽车配件商每个 IP 的定价标准不一样。后期，电商平台还可以针对商家制定品质 VIP 认证服务，按每年多少钱计算。同时，电商平台和相关协会甚至民间权威组织可以共同制定服务标准，代表广大用户共同评测商家服务行为。

O2O 精髓就在于线上消费，线下服务。通过 O2O 汽车电商模式，可以从海量的汽车经销商处获得最优惠的购车价格，以及完整的售后服务机制。O2O 模式还有一个优点，就是可以分享购物乐趣。汽车 O2O 最具特色的地方就是能够完整地记录用户从买车到用车的全过程，这胜过试驾会以及各种铺天盖地的赛事营销测试活动，用户口碑才是检验产品合格最好的方法，好的口碑可以给商家带来最精准的营销效果，促进销售，影响第三方购买；分享与互动，是潜移默化的最佳营销。

（二）汽车 O2O 的发展趋势

1. 未来在于介入产业链

汽车零售业正以电子化的方式，打通线下门店、电脑、移动端等直接抵达消费者的终端，建立全新的线上线下零售运营新模式。汽车 O2O 将由信息平台走向销售平台，再渗透到包含汽车后市场服务和生产的产业链，而这条产业链会直接冲击汽车市场不透明的价格体系。

在可以预见的未来，汽车 O2O 将让线上和线下的价值逐渐靠拢，互联网应用和传统产业也在博弈中。

天猫汽车从 2013 年 10 月 14 日开始预热，采用线上定金、线下尾款的方式销售。截至 11 月 11 日 24 时止，天猫汽车累计销售汽车 1.07 万台，销售台数是 2012 年的 5 倍，全部车款达到 8 亿多元，平均汽车单价在 8 万余元。厂商入驻天猫，消费者网上看车，在线预付定金，线下接受服务、试驾。之后，消费者到 4S 店自由议价砍价，并再额外享受天猫与厂商提供的权益和优惠。最后，通过现场使用支付宝 POS 机来支付尾款，完成整个购车消费行为的闭环，渗透到汽车生产、汽车销售、客户服务的产业链，尽显 O2O 的本质。

汽车 O2O 会逐渐改变消费者习惯，将来消费者很可能将购车重心转移到线上，这一点也会影响线下 4S 店销售体系。线上价格透明化，消费者能够直接对各汽车厂家提供的价格进行对比、选择，而线下经销商存在信息不对称、价格不透明等缺点。O2O 不仅保留了付定金在线下购车的行为，还能够在平台上积累重要信息和数据，这对于提高转化率和提高购买力更为重要。以天猫汽车为例，购买交易完成后，客户给予的综合评价能为其他购车者提供有效的经验借鉴，让大家更放心地去买车。O2O 电商能让售车更透明开放，实现信息分享。因此，汽车厂商、汽车 4S 店、消费者整个产业链都在调整以适应 O2O 的模式。

对于商家而言，汽车 O2O 模式的魅力还在于支付模式和客流引导上的创新。以支付模式为例，“双 11” O2O 购车活动的闭环通过线下的支付宝 POS 机来实现。通过财务方式的改造，活动中的尾款支付都能直接进入经销商的账户，从而简化了流程，使得消费者的购买和提车过程变得更为快捷。而每笔交易可跟踪则为后期的客户数据整理及分析提供了基础，这也是线上线下联动的魅力所在。

可见，O2O终将从生产、销售、企业架构、客户管理等产业链环节彻底改造传统线下企业的商务运营体系，使其更好地满足未来消费者的需求。

2. 由信息交流平台转向交易平台

现阶段的汽车电商大部分仍是以营带销的时期，更注重在流量引导上，很多平台并不直接售卖，主要是协助车商开展多种多样的活动和促销，帮助线下实体渠道分销，提高工厂和渠道的服务意识、服务水平和服务质量。时代的更迭在加速，接下来的发展将是以数据和金融为基础的交易平台时代，它实际是以信息流和资金流的智能挖掘和大数据作为技术支撑，转化了汽车电子商务网站的模式。互联网的作用不仅是一个媒体，还可以让平台的优势被车企和车商所用。

对于综合电商平台比如阿里巴巴的优势是金融和数据，从目前看来，淘宝和天猫平台是越来越具备金融属性的电商平台，所有的消费结果都是信用记录的考核标准。所以，汽车电商时代，如何和供应链的金融机构及厂商合作，给天猫的用户提供贷款和更为优惠的金融解决方案，这可能是有效撬动天猫核心消费人群的最有效方法。

3. 采用移动电子商务的O2O

手机结合O2O这种在无线网上选择并支付服务价格，再到线下去享受服务的模式，正在成为电子商务领域的新方向。

与传统互联网电子商务相比，移动互联网具有用户基础更庞大、更贴近市场和终端客户的显著优势。在移动商务时代，商家和企业能以更低成本直接触达目标客户，把生意做到消费者的手掌上。因此，相较于互联网，移动商务或许更适合O2O商业应用，从而在这片蓝海中占领更大主导权。

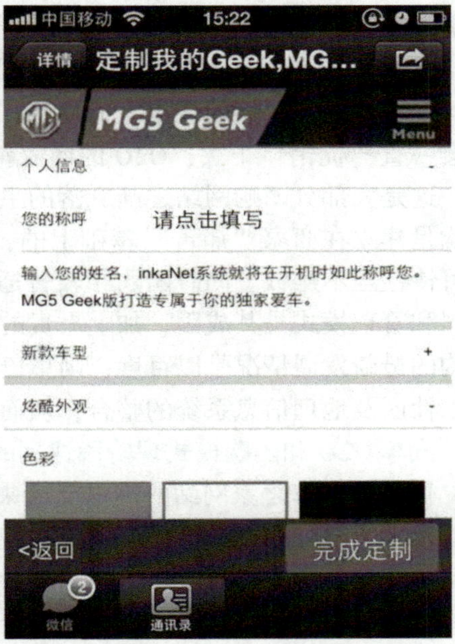

图1-4　MG5 Geek新车型专门开发的微信移动端定制页面

微信O2O是汽车移动电商运营者在瞄准的市场。上海网商已经开始与腾讯微购物合作，尝试在微信平台的运作，具体方案很快就会上线。而在此之前，上汽集团旗下MG5 Geek车型在上线官方购车平台的同时开发了移动端页面并尝试在微信朋友圈传播和营销，并取得了不错的成绩。MG5 Geek新车型专门开发微信移动端定制页面如图1-4所示。

对汽车电商来说，微信目前的价值主要集中在三点：一是对现有用户的售后跟踪和服务；二是聚合品牌粉丝，进行售前服务、分析目标消费者动向；三是销售功能，搭建微信销售平台，进行线上预付、线下提车，同时利用朋友圈进行营销和传播。可见，从收集消费线索、沉淀交易、用金融的方法来撬动消费者的数量，到通过O2O交易平台方式和移动电商实现真正的无缝对接，将是更加合理的汽车O2O。

（三）团购

团购也叫 B2T（Business To Team），是 O2O 的一种模式。以会员线上获取商家优惠信息，线下实体店体验消费再付款，并依托二维码识别、近场通信（NFC）等技术应用于所有地面联盟商家，锁定消费终端，并结合线上对商家的精准营销，以及会员的优惠折扣、积分兑现、分享点评的互动，创建一个庞大的异业联盟循环消费体系和资源整合、利益共享平台。

网络团购最早起源于美国的 Groupon，随着中国电子商务的繁荣发展，近两年多时间，网络团购在中国流行起来。日常生活中的大多数消费离不开到实体店实现，即使在电子商务最发达的美国，线下消费的比例依然高达 90%。将线上客源与实体店消费进行对接，其中蕴含着巨大的商机，这种环境下催生了 O2O 模式。团购正是这一模式的典型代表。几乎在一夜之间，团购模式红透了电子商务行业，出现了“千团大战”的热烈局面，典型的团购网站包括拉手网、美团网、糯米网、大众点评、58 团购网等。

价格优势是团购网最主要的核心优势，这种优势甚至要比普通网络购物更加明显。通过网络团购，可以将被动的分散购买变成主动的大宗购买，所以购买同样质量的产品，能够享受更低的价格和更优质的服务。目前比较流行的团购网站运营主体内容是团购优惠券。

其实 O2O 模式，早在团购网站兴起时就已经出现，只不过消费者更熟知团购的概念。团购商品都是临时性的促销，而在 O2O 网站上，只要网站与商家持续合作，那商家的商品就会一直“促销”下去，O2O 的商家都是具有线下实体店的，而团购模式中的商家则不一定，这是大部分团购网站逐渐衰落的主要原因。另一个主要原因是团购牺牲了商家的利益，团购是建立在商家“痛苦”基础上的，很多商家目的是在于宣传，团购出去的产品利润少得可怜甚至不赚钱。同时团购相较普通 O2O 突出的问题是售后质量，团购相对松散的客户组织和管理模式是其成因，加上昂贵的运营成本，导致很多独立的团购网站难以为继。目前团购的最新发展情况是以百度、阿里巴巴、腾讯为首的互联网巨头在本地生活领域的并购，辅以社区及地理信息系统的整合，从而完善其各自 O2O 布局。

汽车 O2O 和团购模式现阶段遇到的最大困境就是线上线下配合度不够，从 2013 年“双 11”促销后汽车之家网站的用户反馈来看，尽管促销力度大、吸引预订量高，但是退单率也非常高，原因就是线下经销商没有配合到位，因为线上平台想得到更多的利益，就忽略了将利益合理分配，这导致线下经销商对分食其利益的线上平台十分抵制，最终直接影响消费者体验。

二、汽车行业电商面临的挑战和转变

未来十年，随着我国经济的迅猛发展，汽车必将从现在的少数人用得起的奢侈品变为多数人的消费品。而现在已经迈入的电子商务网络时代，必将对原有的营销模式造成极大的冲击。当网络普及到人所必需的时候，网络作为一个强大的平台，必定会从现有的市场中瓜分大部分的蛋糕。从现在火爆的网络购物可以推测出，若干年以后，买汽车将像我们平时在网上卖衣服、鞋子、生活小商品一样，客户不需要到店看车，只需要在线上看好车型、参数、配置，在线上进行讨价还价并支付，然后线下通过体验店的模式，进行试乘试驾，最后快递上门。

对于汽车电商而言，必须要实现 O2O 的完美流转，使线上线下得以顺畅结合，线上完成营销集客和订单管理，线下为消费者提供提车及售后服务，并且从中平衡经销商利益（比如由消费者选择提车的 4S 店，提车量划入 4S 店销售量，同样给予返点提成等优惠），同时完善有关配套服务，让个人汽车消费信贷、网上支付体系、汽车保险、上牌、按揭等在平台中提供足够支撑，才能真正实现网络时代的汽车消费。

通过线上对消费者购车喜好的掌握和判断，汽车厂商不仅可以有针对性地进行新车研发和现车改进，还可以根据不同区域经销商的诉求，为车辆提供定制化服务，对经销商销量提升起积极作用。汽车厂商除了要和汽车经销商保持好渠道利益外，还应全力发展电子商务，特别是大力发展网上营销，从而延伸自己的销售触角，实现快速的市场扩张。

当未来互联网一代成为购车主力，汽车电商成熟到可以从线上完成全部销售过程，车辆由物流配送到消费者家门口的时候，汽车经销商的职能也需要有很大的转变，前端推介和议价功能将被弱化，并更多地转向售后服务方面。由于在网上买车过程中，消费者选车以及产品议价等环节已经在线上完成，因此未来的 4S 店的主要功能将更多集中在提车以及售后服务等方面，并可能向售后服务站及线下体验馆转型。4S 店的盈利模式也将发生巨大变化，如此发展，汽车行业的渠道营销将发生颠覆性的变革，这一天距离我们好像比较遥远，但终究会到来。所以，目前的汽车经销商可能需要调整经营思路，不能一味地重金建造营业网点，扩展规模，而是应该尽快地组建自己的专业网络销售团队，更好地巩固和厂家的关系，取得厂家的信任，加强合作，适应消费者的需求；应设立更多不同于 4S 店模式的消费接触点，提高线上销售的转化率，让 4S 店专注于售后业务；而经销商之间的比拼也将转变为营销能力的竞争，比如客户在网上预约维修保养，4S 店能够提前准备维修工位和相关零件等。

汽车配件电商要做大做强，就必须要解决数据的专业性，以及自有品牌的问题。除此以外，整个汽配电商的发展，还需要在电商平台上建立全产业链，帮上游解决销售，帮中下游提供服务，让消费者认识到汽配电商是能够提供全产业链服务的完整载体。

商业模式和销售模式正在发生巨大的变化，对汽车行业来说，过去只是单纯的车辆销售，现在是要考虑车辆整个生命周期的服务，不光把车卖出去了，还要考虑它的服务，而且还要考虑它以后能够带来其他潜在的客户；除了卖车，还可能卖二手车，还有零配件、维修、保修等其他服务。因此企业必须也只能通过电子商务来更好地实现支持车辆生命周期的全产业链管理，提供更高附加值的产品和服务。

目前所有的汽车企业，线上线下多渠道和电子商务化都面临着空前的挑战，怎么样来更好地面对竞争，在技术上、模式上、管理上及时创新转变，更好地满足市场的要求，对企业来说是一个很重要的机遇和考验。我国汽车行业要想真正实现汽车电子商务还有很长的路要走，但是如果能切实认识到自身的不足，并抓紧改进，我国汽车行业的电子商务化还是大有可为的。

【案例分析】垂直网站 B2C 创新的交易平台——易车网

易车网 B2C 主要有两种：易车商城和惠买车。如图 1-5 所示，易车商城是传统的网上卖车 B2C，模式和第三方平台比如天猫等类似，但由于是专业平台，和汽车整个产业链联系紧密，有一定的优势。

图 1-5　易车网的易车商城

易车网的惠买车（图 1-6）B2C 则是将其与汽车厂商、销售商、客户紧密联系的优势体现得更为突出，同时创新地采用新模式突出其交易平台功能。

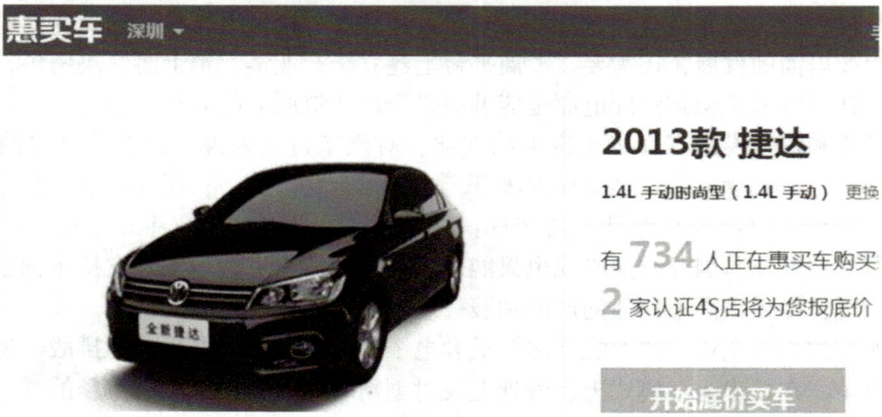

图 1-6　易车网的惠买车

惠买车具体流程包括：

（1）提交订单　选择中意车型、颜色，明确购车时间，向惠买车提交买车需求。提交订单时需要一个惠买车账号来接收和管理底价。

（2）支付订金　支付订金后，销售顾问才开始报底价。订金先支付到惠买车，不买车时可随时退还，买车时可直接抵用购车款。如果有惠买车的代金券或积分可以直接抵用部分订金。提交订单后，需要在 24 小时内完成支付，否则订单将会作废。

(3) 选择底价　支付订金后会陆续收到4S店销售顾问发来的底价，选择最满意的一家，获得底价凭证。底价凭证是到店买车的价格依据，惠买车合作4S店将提供不高于凭证底价的价格买车。凭证有固定的有效期，是提交购车需求时指定的“计划买车时间”，凭证过期即失效。一次只能选择一家最满意的4S店去买车，若看车不满意可以在有效期内重新选择一家。

(4) 看车付款　获得满意底价后，持底价凭证到店看车试驾。如果对4S店服务满意决定付款买车，可将预付到惠买车的订金付给4S店，直接抵用部分购车款。

(5) 提车　到店提车，在网上将底价买车的经历分享，获得积分。

分析：目前大多数垂直平台网站基本是信息平台，核心模式是通过大量专业的汽车信息和数据提供服务，基本没有交易平台的功能。而易车网的惠买车是垂直平台中一个真正意义上的汽车电商交易平台。消费者足不出户便可以获得多家4S店销售顾问实时报出的底价，网上对比后选择最满意的一家，并直接到店看车试驾、底价买车。这一过程主要有三个特点：一是高效。客户预先在线完成售价对比和选择，进店前已认可了报出的售价，进店后将跳过反复议价，直接看车试驾按约定底价买车；二是优质。惠买车的购车客户拥有极为明确的购车意向，预付订金会筛选出高质量的购车客户，约定的到店购车时间让销量变得可控；三是海量。惠买车与易车网、京东、百度、360等平台合作，拥有海量的精准购车用户群，垂直平台和综合平台的结合这种全新的购车体验可受到更多用户青睐。

易车网的惠买车B2C除了具备传统电商的买卖功能外，还根据汽车整车的特点，结合自身和汽车行业的特点，整合了汽车经销商及车型数据库资源，提供了类似拍卖和反向拍卖的功能，而使客户获得了更好的模式和体验；为商家提供了更多机遇，为客户提供了更多的价格优惠，并将线上线下O2O结合得更为合理。在现阶段垂直电商不断深入的大环境下，易车网的有益尝试或许价值更高，为电商新时代的到来摸索出新路线。

本章小结

本章首先介绍了电子商务的概念和内涵，电子技术是手段，商务是本质。电子商务的总框架中核心是信息流、资金流、物流和商流的整合，电子支付与物流则是电子商务的支撑。

电子商务按交易类型主要分为：企业与消费者之间的电子商务、企业与企业之间的电子商务、消费者与消费者之间的电子商务。

汽车电子商务运行模式包括B2C模式、B2B模式、供应链集成模式。而汽车电子商务B2C网站包括电子商务综合平台类、行业垂直平台类和汽车厂商自建的电商平台类。

努力发展汽车O2O即线上到线下，是当前汽车电商的现状。O2O要解决的核心问题是线上和线下如何对接。汽车O2O的发展有三大趋势：一是未来在于介入产业链；二是电商平台由信息交流平台转向交易平台；三是移动电子商务O2O成为电子商务领域的新方向，包括微信O2O。

面对不断涌现的电子商务新模式、新产品，汽车行业面临着严峻的挑战并需要及时转变。汽车电子商务要发挥好核心优势，关键是要促进供应链的协同、销售的协同和服务的协同。

同步测试

一、判断题（对的在括号内打“✓”，错的打“×”）

1. 电子商务不仅应用在交易方面，还可以贯穿企业营运的其他环节。（　　）
2. 汽车所有行业中都可以做到完全电子商务。（　　）
3. B2C 电子商务基本属于网络商品直销的范畴。（　　）
4. 经营规模不受空间限制不是电子商务的特点。（　　）
5. 团购不是 O2O 电子商务的一种基本形式。（　　）
6. 数字化产品最适合在网上销售。（　　）
7. 知名汽车配件不宜在网上销售，因为其价格较贵。（　　）

二、单项选择题

1. 不属于汽车电子商务模式的是（　　）。
A. B2B　B. 供应链集成　C. B2C　D. 间接交易型电子商务
2. 按参与交易的主体对象分，网上配件商店最适合属于哪一类？（　　）
A. B2C　B. C2C
C. 企业内部的电子商务　D. B2B
3. 制造商和外部原材料供应商之间的电子商务属于（　　）。
A. 企业之间的电子商务　B. 企业与政府部门之间的电子商务
C. 企业内部的电子商务　D. 企业与消费者之间的电子商务
4. 在进行电子商务时，顾客可以利用实时的（　　）等网上工具，进行网上咨询洽谈。
A. E-mail　B. 电报　C. BBS　D. 传真
5. B2B 是通过（　　）进行的电子商务活动。
A. 专用网络　B. Intranet　C. Internet　D. Extranet

三、多项选择题

1. 根据交易对象的不同，电子商务可以分成若干个交易模式，以下正确的是：
A. 企业对企业的电子商务　B. 企业对个人的电子商务
C. 个人对个人的电子商务　D. 个人对企业的电子商务
2. 以下电子商务网站，属于 C2C 的是：
A. 淘宝　B. 阿里巴巴　C. Amazon　D. 易趣
3. 汽车电子商务网站包括（　　）。
A. 电子商务综合平台　B. 汽车门户网站
C. 汽车厂商自建的电商平台　D. 行业垂直平台

同步训练

项目：汽车电子商务基础训练

实训目的：

● 提高学生应用电子商务网站进行实际操作的能力，包括选择商品、购物、查询、议价、购买支付等能力。熟悉 B2C 汽车网站购物流程。

● 熟悉传统商务与电子商务买方、卖方的优劣势，深入体会汽车电子商务的运行模式与流程特点。

实训器材：

电脑、互联网

实训指导：

1. 根据图 1-7 传统商务购车的买方流程，写出传统商务购车的卖方流程。

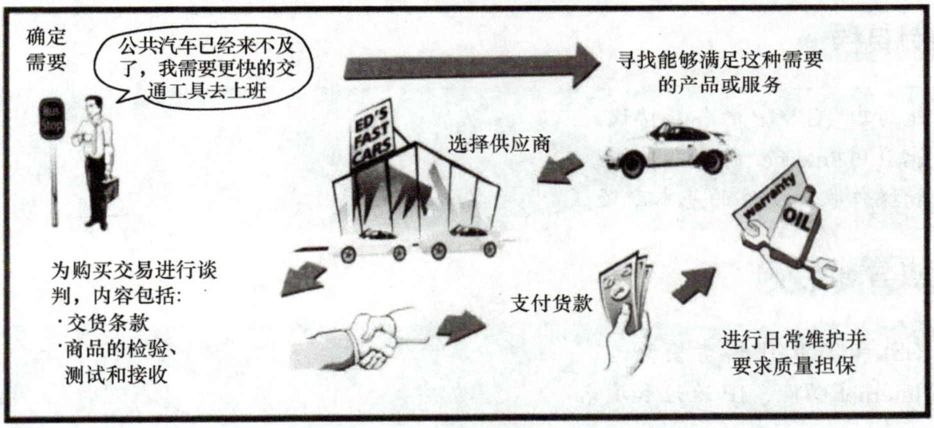

图 1-7　传统商务购车的买方流程

2. 根据上网查找资料和运行网上虚拟买车流程，参考上题，写出电子商务购车流程的买方、卖方流程。

3. 根据上网查找资料和上面两题，比较分析传统商务和电子商务在各项目的不同方式，填写下面表格。

项　　目	传 统 商 务	电 子 商 务
交易对象范围		
交易时间		
营销活动		
顾客方便度		
顾客需求		
销售地点（是否要实体店）		

第二章

信息网络技术基础

知识目标

- 掌握计算机网络定义、功能和分类。
- 掌握计算机网络的拓扑结构和传输介质。
- 理解网络体系结构。
- 了解 Internet 产生、特点和功能。

能力目标

- 能写出 TCP/IP 的各层协议。
- 能应用 Internet 的基本功能。
- 能操作收发邮件的基本配置。

重点与难点

- OSI 和 TCP/IP 参考模型
- Internet 功能、IP 地址和域名

第一节 计算机网络概述

信息化和全球化是当今世界知识经济的两个重要特点，而信息化和全球化的实现必须依靠完善的网络。这里所说的网络是广义的网络，包括电信网络、有线电视网络和计算机网络，统称为“三网”。三网的核心是计算机网络，目前发展最快的也是计算机网络。本书将重点介绍计算机网络。

一、计算机网络的定义

计算机网络就是利用通信设备和传输介质将地理位置不同、功能独立的多个计算机系统连接起来，以功能完善的网络软件实现网络的资源共享和信息传递的系统，如图 2-1 所示。

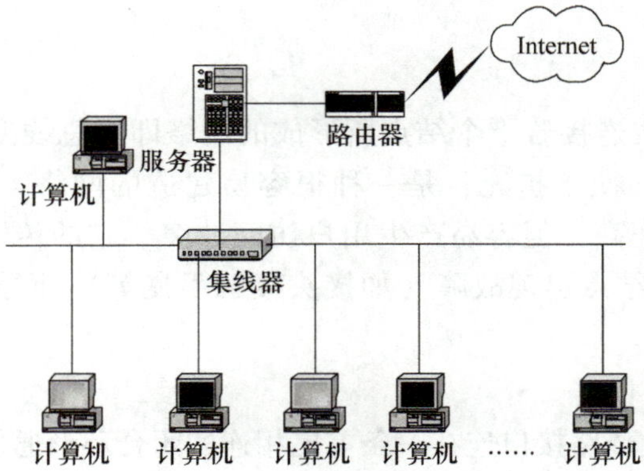

图 2-1　计算机网络

二、计算机网络的功能

计算机网络技术的应用对当今社会的经济、文化和生活等方面都产生着重要影响，当前，计算机网络的功能主要有以下几个方面。

（1）资源共享　计算机网络最具吸引力的功能是进入计算机网络的用户可以共享网络中各种硬件和软件资源，使网络中各地区的资源互通有无、分工协作，从而提高系统资源的利用率。

（2）数据传输　数据传输是计算机网络的基本功能之一，用于实现计算机与终端或计算机与计算机之间传送各种信息，从而提高了计算机系统的整体性能，也极大方便了人们的工作和生活。

（3）集中管理　计算机网络技术的发展和应用，已使得现代办公、经营管理等发生了很大的变化。目前，已经有了许多管理信息系统（MIS），通过这些系统可以将地理位置分散的生产单位或业务部门连接起来进行集中的控制和管理，提高工作效率，从而增加经济效益。

（4）分布处理　对于综合性的大型问题可以采用合适的算法，将任务分散到网络中不同的计算机上进行分布式处理，以达到均衡使用网络资源，实现分布处理的目的。

（5）负载平衡　负载平衡是指工作被均匀地分配给网络上的各台计算机。网络控制中心负责分配和检测，当某台计算机负载过重时，系统会自动转移部分工作到负载较轻的计算机中去处理。

（6）提高安全与可靠性　建立计算机网络后，还可减少计算机系统出现故障的概率，提高系统的可靠性。另外，对于重要的资源可将它们分布在不同地方的计算机上。这样，即使某台计算机出现故障，用户在网络上可通过其他路径来访问这些资源，不影响用户对同类资源的访问。

三、计算机网络的拓扑结构

拓扑结构一般指点和线的几何排列或组成的几何图形。计算机网络的拓扑结构是指一个网络的通信链路和结点的几何排列或物理布局图形。链路是网络中相邻两个结点之间的物理通路，结点指计算机和有关的网络设备，甚至指一个网络。按拓扑结构，计算机网络可分为以下五类。

1. 总线型网络

由一条高速公用总线连接若干个结点所形成的网络即为总线型网络。总线型网络的特点主要是结构简单灵活，便于扩充，是一种很容易建造的网络。由于多个结点共用一条传输信道，故信道利用率高，但容易产生用户访问冲突。它的传输速率高，可达100MB/s；但总线型网常因一个结点出现故障（如接头接触不良等）而导致整个网络不通，因此可靠性不高。

2. 环形网络

环形网中各结点通过环路接口连在一条首尾相连的闭合环形通信线路中，环上任何结点均可请求发送信息。环形网络的主要特点是信息在网络中沿固定方向流动，两个结点间仅有唯一的通路，大大简化了路径选择的控制；某个结点发生故障时，可以自动旁路，可靠性较高；由于信息串行穿过多个结点环路接口，当结点过多时，网络响应时间变长；但当网络确定时，其延时固定，实时性强。

3. 星形网络

星形拓扑是由中央结点为中心与各结点连接组成的，多结点与中央结点通过点到点的方式连接。中央结点执行集中式控制策略，因此中央结点相当复杂，负担比其他各结点重得多。星形网络的特点是：网络结构简单，便于管理；控制简单，建网容易；网络延迟时间较短，误码率较低；网络共享能力较差；通信线路利用率不高；中央结点负荷太重。

4. 树形网络

在实际建造一个大型网络时，往往是采用多级星形网络，将多级星形网络按层次方式排列即形成树形网络。我国电话网络即采用树形结构，其由五级星形网构成。著名的互联网（Internet）从整体上看也是采用的树型结构。树形网络的主要特点是结构比较简单，成本低。在网络中，任意两个结点之间不产生回路，每个链路都支持双向传输。网络中结点扩充方便灵活，寻找链路路经比较方便。但在这种网络系统中，除叶结点及其相连的链路外，任何一个结点或链路产生的故障都会影响整个网络。

5. 网状形网络

网状形网络是广域网中最常采用的一种网络形式，是典型的点到点结构。网状形网络的主要特点是，网络可靠性高，一般通信子网任意两个结点交换机之间，存在着两条或两条以上的通信路径。这样，当一条路径发生故障时，还可以通过另一条路径把信息送到结点交换机上。另外，可扩充性好，该网络无论是增加新功能，还是要将另一台新的计算机入网，以形成更大或更新的网络时，都比较方便；网络可建成各种形状，采用多种通信信道，多种传输速率。

四、计算机网络的传输介质

计算机网络传输介质可以按传输方式分为有线传输介质和无线传输介质两类。

（一）有线传输介质

有线传输介质通常按介质种类分为三种：同轴电缆、双绞线、光纤。

1. 同轴电缆

同轴电缆由四层介质组成。最内层的中心导体层是铜，导体层的外层是绝缘层，再向外一层是起屏蔽作用的金属网，最外一层是表面的保护皮。同轴缆所受的干扰较小，传输的速率较快（可达到10MB/s），但布线要求技术较高，成本较贵。

目前，网络连接中最常用的同轴缆有细同轴缆和粗同轴缆两种。细同轴缆主要用于10Base2网络中，阻抗为50Ω，直径为4.57mm，速率为MB/s，使用BNC接头，最大传输距离为200m。

粗同轴缆主要用于10Base5网络中，阻抗为50Ω，直径为10.16mm，速率为10MB/s，使用AUI接头，最大传输距离为500m。

2. 双绞线

双绞线可分为非屏蔽双绞线（UTP）和屏蔽双绞线（STP）两种。非屏蔽双绞线内无金属膜保护的四对双绞线，因此，对电磁干扰的敏感性较大，电气特性较差，常用于10BaseT星型网络中，由集线器（Hub）到工作站的最大连接距离为100m，传输速率为10～100MB/s。UTP的接头是RJ—45接头。

UTP按用途不同分为五类。不同类别的UTP都能传送话音信号，所不同的是它们的数据传送速率不同：一类和二类线处理数据传送速率可达4MB/s；三类线的数据传送速率可达16MB/s，是话音和数据通信最普通的电缆；四类线的数据传送速率可达20MB/s；五类线的数据传送速率可达100MB/s。

屏蔽双绞线（STP）内有一层金属膜作为保护层，可以减少信号传送时所产生的电磁干扰，价格相对比UTP贵；STP适用于令牌环网络中。

3. 光纤

光纤由外壳、加固纤维材料、塑料屏蔽、光纤和包层组成。由于光纤所负载的信号是由玻璃线传导的光脉冲，所以不受外部电流的干扰。每组玻璃导线束只传送单方向的信号。因此在独立的外壳中有两组导线束，每一外壳都有一组有强度的加固纤维，并且在玻璃导线束周围有一层塑料加固层。特殊的接插件形成到光纤的光学纯净连接，并且提供了激光传送和光学接收。

光纤可分为单模光纤（Single Mode）和多模光纤（Multipie Mode）两种。

单模光纤：只用一种“颜色”（频率）的光传输信号，光束以直线方式前进，没有折射，光纤芯直径小于10μm，通常采用激光作为光源。

多模光纤：同时传输着几种“颜色”（频率）的光，光束以波浪式向前传输，光纤芯大多在50～100μm，通常采用发光二极管作为光源，单模光纤的传输带宽比多模光纤要宽。由于光纤在传输过程中不受干扰，光信号在传输很远的距离后不会降低强度，而且光缆的通信带宽很宽，因此光缆可以携带数据长距离高速传输。虽然光缆比较昂贵，但今后互联网的高速率传输可能还是要靠光纤来实现。

（二）无线传输介质

无线传输的介质有：无线电波、红外线、微波、卫星和激光。在局域网中，通常只使用无线电波和红外线作为传输介质。无线传输介质通常用于广域互联网的广域链路的连接。

无线传输的优点在于安装、移动以及变更都较容易，不会受到环境的限制；但信号在传输过程中容易受到干扰和窃取，且初期的安装费用较高。

五、计算机网络分类

计算机网络的分类标准有很多，可以从覆盖范围、拓扑结构、交换方式、传输介质、通信方式等分为不同的计算机网络。根据网络的覆盖范围进行分类，计算机网络可以分为3种基本类型：局域网、城域网和广域网。这种分类方法也是目前比较流行的一种方法。

（一）局域网（LAN）

局域网（Local Area Network，LAN）是最常见的计算机网络，它是指在一个很小的范围内连接计算机、网络设备以及外部设备的网络，如图2-2所示。它所覆盖的地区范围通常在几千米以内，以某个单位或者部门为中心进行网络设计。例如，企业、公司、学校等单位使用的基本上都是局域网。局域网在计算机数量配置上没有太多的限制，少的可以只有两台，多的可达几百台。局域网中一般有一台计算机作为服务器，提供资源共享、文件服务、安全管理等功能。局域网通常具有较好的扩展性，主要特点如下：

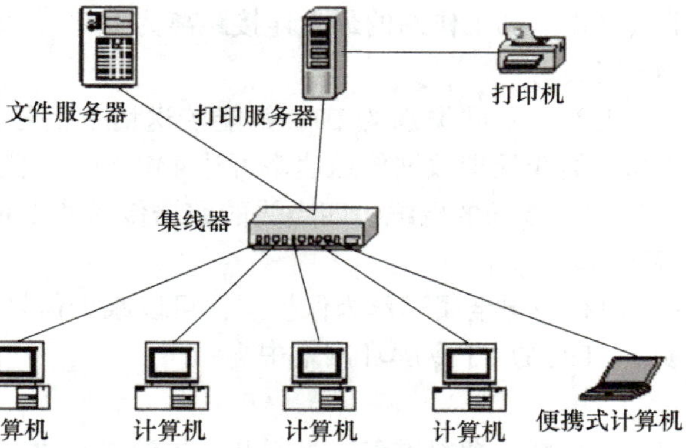

图2-2　局域网示意图

1）数据传输速率高，一般带宽是10MB/s，高速局域网通常达到1000MB/s，目前局域网最快的速率为10GB/s（以太网）。

2）数据误码率低，一般在10^{-8}到10^{-11}之间。

3）结点之间距离较短，通常各个计算机之间的距离不超过25km。

（二）城域网（MAN）

城域网（Metropolitan Area Network，MAN）也被称为市域网，它是在一个城市内部组建的计算机信息网络，提供全市的信息服务。城域网是介于广域网与局域网之间的一种高速网络，其覆盖范围可达数百千米，传输速率从64kb/s到几Gb/s，通常是将一个地区或一座城市内的局域网连接起来构成城域网。

城域网是城市通信的主干网，它充当不同的局域网之间通信的桥梁，并向外联入广域网。城域网提供高速综合业务服务。它一般采用简单、规则的网络拓扑结构和高效的介质访问控制方法，避免选择复杂的路由并控制流量，以达到高传输和低差错率。较典型的城域网有以下几种。

1）光纤分布数据接口（FDDI）。它除了作为局域网外，也可作为城域网使用，标准的传输速率为100Mb/s，相应的国际标准为ISO 9314。

2）曼哈顿街道网（MSN）。其拓扑结构是规则的方格网络，如同整齐的街道，站点在线路交叉点上。

3）混洗交换网。混洗交换网模仿并行处理中使用的混洗交换开关网络，信息包可从发送站点经过混洗交换网到达任一目标站点。

4）分布式队列双总线（DQDB）。分布式队列双总线（DQDB）采用两条总线，流向相反。总线的标准速率为150Mb/s。

（三）广域网（WAN）

尽管局域网在一个较小的范围之内可以共享信息和资源，但它却不能连接远程站点，所以在较大范围之内共享信息时就需要使用广域网。

广域网（Wide Area Network，WAN）也称为远程网络，指作用范围通常为几十千米到几千千米的网络。简单地说，广域网是将多个局域网互联后所产生的范围更大的网络，各局域网之间既可以通过速度较低的电话线进行连接，也可以通过高速电缆、光缆、微波天线或卫星等远程通信方式连接。

第二节　网络体系结构

网络体系结构（Network Architecture）是计算机网络的分层、各层协议、功能和层间接口的集合。不同的计算机网络具有不同的体系结构，其层的数量、各层的名称、内容和功能以及各相邻层之间的接口不一样。然而，在任何网络中，每一层都是为了向它的邻接上层提供一定的服务而设置的，而且每一层都对上层屏蔽如何实现协议的具体细节。这样，网络体系结构就能做到与具体的物理实现无关，即使连接到网络中的主机和终端的型号及性能各不相同，只要其共同遵守相同的协议就可以实现相互通信和操作。

一、协议

协议是用来描述通信进程之间信息交换过程的一个术语。在网络中，包含多种计算机系统，在硬件和软件系统各不相同，要使得它们之间相互通信，就必须有一套通信管理机制，使通信双方能正确地接收信息，并理解对方所传输信息的含义。也就是说，当用户使用程序、文件传输信息包、数据库管理系统电子邮件等互相通信时，它们必须事先约定一种规则，这种规则可称为协议。准确地说，协议就是为实现网络中的数据交换而建立的规则标准或约定。

计算机网络中，协议的定义是计算机网络中实体之间有关通信规则约定的集合。协议有三个要素。

1）语法（Syntax）：数据与控制信息的格式、数据编码等。

2）语义（Semantics）：控制信息的内容，需要做出的动作及响应。

3）时序（Timing）：事件先后顺序和速度匹配。

二、协议分层

为了降低设计的复杂性和便于维护，一般的网络设计都采用了层次结构，协议层次化结构的优点：

1）各层之间相互独立，高层不必关心低层的实现细节，可以真正做到各司其职。

2）利于实现和维护，某个层次实现细节的变化不会对其他层次产生影响。

3）易于标准化。

层次结构虽然有它的优点，但是如果划分得不合理，反而会带来许多负面影响。例如，层次的数量不能过多，也不能过少；类似的功能放在同一层；在实现技术经常变化的地方增加层次；层次边界要选得合理等。

三、OSI（开放式系统互联，简称 OSI）参考模型

OSI 参考模型是由国际标准化组织 ISO 在 20 世纪 80 年代初提出来的。这个关于网络体系结构的标准定义了网络互连的基本参考模型。

OSI 参考模型具有七个层次的框架，自下而上分别称为物理层、数据链路层、网络层、传输层、会话层、表示层和应用层，如图 2-3 所示。

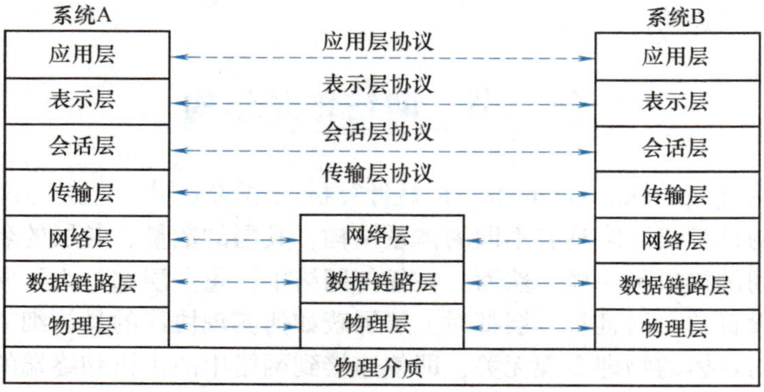

图 2-3　OSI 参考模型示意图

四、TCP/IP 参考模型

TCP/IP 是 20 世纪 70 年代中期美国国防所（DARPA）为其研究性网络 ARPANET 开发的网络体系结构。ARPANET 最初是通过租用的电话线将美国的几百所大学和研究所连接起来。通过卫星通信技术和无线电技术的发展，这些技术也就被用到 ARPANET 网络中，而已有的协议已不能解决这些通信网络的互联问题，于是就提出了新的网络体系结构，用于将不同的通信网络无缝连接。这种网络体系结构被称为 TCP/IP（Transmission Control Protocol/Internet Protocol）参考模型，如图 2-4 所示。

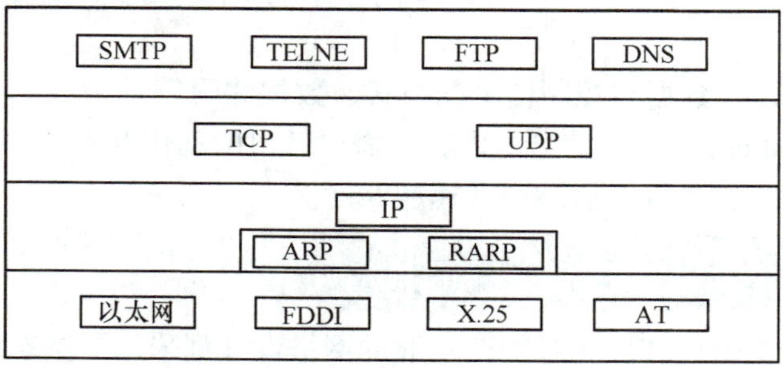

图 2-4　TCP/IP 参考模型示意图

TCP/IP 是一种异构网络互联的通信协议，其目的在于通过它实现各种异构网络或异种机之间的互联通信。TCP/IP 是美国 DARPA 为 ARPANET 制定的协议，虽然不是国际标准，但已被世界广大用户和厂商所接受，成为当今计算机网络最成熟、应用最广的互联协议。随着 Internet 的飞速发展，TCP/IP 成为事实上的工业标准，许多计算机网络厂商推出的产品都支持 TCP/IP。

TCP/IP 的体系结构分为应用层、传输层（TCP）、互联层（IP）和网络接口层。

（1）应用层（Application Layer）　应用层包含了使用广泛的协议，传统的协议有提供登录的 Telnet、提供文件传输的 FTP、提供域名服务的 DNS、提供邮件传输的 SMTP 等，近年来又出现了网络新闻传输协议 NTTP、超文本传输协议 HTTP 等许多新协议。

（2）传输层（Transport Layer）　传输层的主要功能是负责端到端的对等实体之间的通信。它与 OSI 参考模型的传输层功能类似，也对高层屏蔽了底层网络的实现细节，同时它真正实现了源主机到目的主机的端到端的通信。TCP/IP 参考模型的传输层完全是建立在包交换通信子网基础之上的。这一层主要定义了两个传输协议：一个是可靠的面向连接的协议，称为传输控制协议 TCP（Transport Control Protocol）；另一个是不可靠的无连接协议，称为用户数据报协议 UDP（User Datagram Protocol）。

TCP 是可靠的、面向连接的协议，它用于包交换的计算机通信网络、互联系统以及类似的网络上，保证通信主机之间有可靠的字节流传输。UDP 是一种不可靠的、无连接协议。它最大的优点是协议简单，额外开销小，效率较高；缺点是不保证正确传输，也不排除重复信息的发生。

（3）互联层（Internet Layer）　互联层负责将数据报独立地从信源传送到信宿，这一层主要解决路由选择、阻塞控制、网络互联等问题，在功能上类似于 OSI 体系结构中的网络层。互联层是 TCP/IP 体系结构的核心，这一层上的协议称为 IP（Internet Protocol）。TCP 和 IP 是非常重要的两个协议，TCP/IP 体系结构和 TCP/IP 协议族就以这两项协议的名称来命名。

（4）网络接口层（Host to Network Layer）　网络接口层是 TCP/IP 体系结构的最底层，负责接收 IP 数据包，并通过网络发送出来，或者从网络上接收帧，抽出 IP 的数据包，交给 IP 层。该层的典型协议如 SLIP 或 PPP，这两个协议是使用串行线路进行连接主机的，例如家庭用户使用电话线和调制解调器接入网络，或两个相距较远的网络利用数据专线进行互联等。

第三节　Internet 基础

一、Internet 的产生

Internet 是一个在全球范围内将成千上万个网络连接起来而形成的互联网络。Internet 的诞生，从某种意义上来说，是美苏冷战的产物。当时美国国防部认为，如果仅有一个集中的军事指挥中枢，万一这个中枢被苏联的核武器摧毁，全国的军事指挥将处于瘫痪状态，其后果将不堪设想。因此，有必要设计出一种分散的指挥系统：它由一个个分散的指挥点组成，当部分指挥点被摧毁后，其他点仍能正常工作，并且这些点能够绕过那些已被摧毁的指挥点而继续保持联系。为了对这一构思进行验证，从20世纪60年代末至20世纪70年代初，由美国国防部资助，建立了一个名为ARPANET（阿帕网）的网络，这个网络把位于洛杉矶的加利福尼亚大学、斯坦福大学，以及位于犹他州洛根市的犹他州立大学的计算机主机连接起来，这个网络采用的是分组交换技术。这种技术能够保证如果这3所大学之间的某一条通信线路因某种原因被切断（如核打击）以后，信息仍能够通过其他线路在各主机之间传递。这个阿帕网就是今天Internet最早的雏形。

二、Internet的主要功能

Internet提供的功能服务种类繁多，而且随着Internet的发展不断增加。目前，Internet的主要功能如下。

1）Internet的基本功能：电子邮件、远程登录、文件传输协议。

2）Internet的信息服务：Archie文件查询、Gopher信息查询、资源检索（Wais）、万维网（WWW）。

3）Internet的信息交流：网络新闻组（Usenet）、电子公告栏（BBS）。

4）其他信息服务：网上聊天、网络会议。

三、IP地址

每一台互联网上主机和路由器都有一个IP地址。这个地址是计算机在Internet上的唯一标识。根据地址，任意两台计算机能够把数据可靠地传给对方。IP地址由32位二进制数构成，包括了网络号和主机号。

32位的网络地址通常用带点十进制标记法书写。通常将4个8位的二进制数表示成十进制数，所以数的取值范围是0～255，每个十进制数间用“.”予以分隔。例如：202.116.32.5。

根据图2-5所示，IP地址根据类型标志分为A、B、C、D、E，共5类。但在目前的应用当中，一般只用A、B、C三类，D类一般用作组播地址，进行多点传送。E类地址多用于实验开发和研究。还有若干的保留地址有其特殊用途，例如127开头的地址都用作回路测试。127.0.0.1就是用作测试本机网络适配器的特殊地址。下面具体介绍常用的A、B、C三类地址。

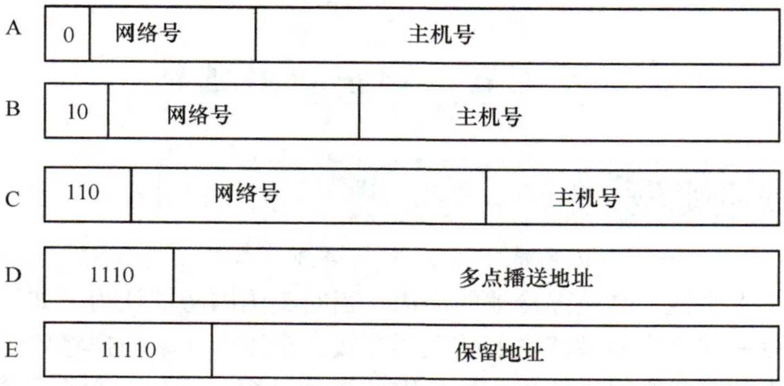

图2-5　IP地址结构

（1）A 类地址　A 类地址一般用于拥有大量主机的网络（可达到 2^{24}，即 16777214 台），其 IP 地址的特征是二进制表示的最高位，值为 0。所以，A 类地址的第一个字节范围是 0 ~ 127，剩下的三字节作为主机号，范围都是在 0 ~ 255 之间。同时，由于 0 和 127 是保留数字，因此 Internet 中一共可以存在 126 个 A 类网络。例如，10.15.124.6 就是一个 A 类地址。

（2）B 类地址　B 类地址适于规模适中（最大数目 216，即 65536）的网络。B 类地址的特征是高两位类型号值是 10。所以它的第一字节十进制数范围是 128 ~ 191，第二个字节的范围在 1 ~ 254 之间，而 255 作为保留数字，用作用户所在的网络向每一系统发送广播。第三、第四字节共 16 位作为主机号。例如，129.45.21.56，129.45 是网络号，21.56 是主机号。

（3）C 类地址　C 类地址用于主机数量一般不多（小于 254 台）的网络，多为小型局域网。它的特征是最高三位值为 110，所以，C 类地址的网络号范围在 192.1.1 ~ 223.254.254 之间。一个典型的 C 类地址为 202.116.39.129。

四、域名

在互联网上，一般是使用 IP 地址来标识一台主机，但是面对大量以一长串数字表示的 IP 地址，人们记忆起来是很困难的，于是引入了具有自然语言特征、方便记忆的域名（domain name）来唯一标识网络设备和用户设备。例如 www.163.com 这样的一个名字，很容易让人记住，而它的 IP 地址则没有太多人知道。

虽然域名方便记忆，但网络本身只认识二进制的 IP 地址。因此，当人们使用域名方式访问某台远程主机时，必须首先将域名"翻译"成对应的 IP 地址，然后才能通过 IP 地址与该主机联系，并且以后的所有通信都将用到 IP 地址。这一"翻译"的过程，一般称为域名解析（domain-name resolution）；反过来，由 IP 地址得出域名地址的过程则称为域名反向解析。为方便对域名进行有效管理，并使域名与 IP 地址之间的解析和反向解析能迅速有效地进行，互联网采用了一种分布式分层机制的域名系统 DNS（Domain Name System）。

域名的取名是分层的，正如邮政系统中收信人地址由国家、省、市、街道、门牌号等组成一样，DNS 要求一个完整的域名由多级域名组成，每级域名之间用"."分隔。其基本格式是：主机名 . 机构名 . 网络名 . 地区域或行业域名

由上可见，最左边的第 1 个域名应该是主机（或设备）的名字，然后从左到右的每个域名，都代表该主机所在的机构、行业或地域范围的逐步扩大。例如，www.tsinghua.edu.cn，其中，www 表示为用户提供服务的服务器，tsinghua 代表清华大学，edu 代表教育科研网，cn 代表中国。部分国家与行业域名如表 2-1 所示。

表 2-1　部分国家与行业域名

域　名	国家和地区名	域　名	行 业 类 名
cn	中国	com	商业机构
au	澳大利亚	org	非营利组织
ca	加拿大	net	网络通信部门
fr	法国	mil	军事机构
uk	英国	edu	教育机构

【案例分析】互联网正在改变汽车

2013年7月15日，在长春举办的“纪念中国汽车工业60周年活动”中，工信部部长苗圩在座谈会上特别提醒各大汽车企业负责人关注互联网带给汽车的革命，关注车联网技术的发展。同时，苗圩将计算机和互联网称为“20世纪末21世纪初人类最伟大的发明”，并预言互联网有可能带动第三次工业革命。

第一次工业革命让人们进入了蒸汽机时代；第二次工业革命让人们进入了电气时代；那么，第三次工业革命呢？会是网络时代吗？

互联网带给人非常宽广的想象空间。目前，互联网的功能还没有被完全地开发出来，比如在汽车方面，如果汽车能自己规划路线、自动驾驶、自己找停车位、自己补充能量，而你只需要告诉它目的地，那会是一番什么景象？还记得上海世博会的时候，“上汽-通用汽车馆”播放的那部《2030，行！》的科幻影片吗？在片中，2030年的上海拥有5层立体交通网络。人们驾驶着EN-V、叶子和海贝这3种未来车型出行，任何人都可以开车，车速飞快，而且在车联网保护下实现了零交通事故，堪称绝对安全。通过车联网，汽车具备了高度智能的车载信息系统，并且可以与城市交通信息网络、智能电网以及社区信息网络全部连接，从而可以随时随地获得即时资讯，做出与交通出行有关的明智决定。

相信17年后不仅是上海，全世界也不会有一个城市能达到影片中描述的交通环境，那只不过是一个美好的愿望罢了，况且很多偏远地区还在为修建一条像样的公路而发愁。但不管愿望多遥不可及，实际上，无论是汽车企业还是互联网企业都在关注汽车与互联网的结合，并且已经付诸行动。

汽车企业更在意眼前的实际应用，从最基本的无钥匙进入到远程服务，很多企业都在努力让自己的汽车更聪明一些，对主人更亲近友善一些。丰田G-Book、通用安吉星和宝马互联驾驶先后进入中国，并且拥有了一大批用户。车主可以与呼叫中心通话，而呼叫中心则可以对车辆进行远程控制，包括设定导航地图、车辆状况检测以及实现一些像开灯、鸣笛、开锁等简单行为。

与车企相比，互联网企业更加积极。从2005年开始，谷歌在无人驾驶汽车方面的新闻迭出。前不久谷歌更是完成了一项极具挑战性的实验——5辆自动驾驶汽车共行驶了150万公里，且一起事故没有发生。目前，谷歌已经得到了美国内华达州机动车辆管理部门（DMV）颁发的首例自动驾驶车的驾驶许可证，这意味着谷歌自动驾驶车将被允许在内达华州上路。近期，谷歌又爆出放弃改装的消息，也就是说谷歌将自己生产自动驾驶车辆。

在中国也有一些机构在潜心研究自动驾驶车辆。2012年底，在京津高速公路上便成功完成了一项无人驾驶汽车实验——一辆无人驾驶汽车从北京台湖收费站顺利地行驶到天津东丽收费站，全程100km，历时85min，最高车速达105km/h。

虽然《2030，行！》描述的智能交通社会离我们还很遥远，但互联网已在慢慢地改变汽车。

本章小结

从定义上说，计算机网络是利用通信设备和传输介质将地理位置不同、功能独立的多个计算机系统连接起来，以功能完善的网络软件实现网络的资源共享和信息传递的系统。根据网络的覆盖范围进行分类，计算机网络可以分为 3 种基本类型：局域网、城域网和广域网。

网络体系结构（Network Architecture）是计算机网络的分层、各层协议、功能和层间接口的集合。OSI 参考模型具有七个层次的框架，自下而上分别称为物理层、数据链路层、网络层、传输层、会话层、表示层和应用层。TCP/IP 的体系结构分为应用层、传输层（TCP）、网络层（IP）和网络接口层。

Internet 是一个在全球范围内将成千上万个网络连接起来而形成的互联网络，其主要功能如下。

（1）基本功能：电子邮件、远程登录、文件传输协议。

（2）信息服务：Archie 文件查询、Gopher 信息查询、资源检索（Wais）、万维网（WWW）。

（3）信息交流：网络新闻组（Usenet）、电子公告栏（BBS）。

（4）其他信息服务：网上聊天、网上寻呼、网络会议。

同 步 测 试

一、判断题（对的在括号内打“✓”，错的打“×”）

1. 互联网最早起源于 NSFnet。（　　）

2. 电子邮件可以发送或接收文字、图像、图形、照片等多种形式的信息，但目前还不能发送或接收语言信息。（　　）

3. WWW 是基于超文本方式的信息查询工具，它以树状结构组织信息。（　　）

4. Usenet 实质上仍然是发送和接收“信件”。（　　）

5. Archie 系统的目的就是向 Internet 用户提供存放信息的数据库，负责数据库的创建和维护。（　　）

二、单项选择题

1. 互联网最早起源于（　　）

A. ARPAnet　　B. NASAnet　　C. Esnet　　D. COMnet

2. 互联网是一个（　　）

A. 大型的网络　　B. 国际性组织　　C. 电脑软件　　D. 网络的集合

3.（　　）是指通过 Internet 从别人的计算机中取回文件放到自己的计算机中（反之亦可）。

A. Telnet　　B. FTP　　C. Archie　　D. Gopher

4. WWW 服务是由（　　）作技术支持的。

A. TCP　　B. IP　　C. HTTP　　D. TCP/IP

5. Gopher 服务器软件提供以下有用功能，其中哪项是错误的（　　）

A. 信息检索服务　　B. 直接的资料获取功能

C. 发送电子邮件　　D. 服务器之间漫游

6. 电子邮件在 Internet 上的任何两台计算机之间进行发送时，采用的是（　　）协议。

A. POP3　　B. HTTP　　C. SMTP　　D. TCP/IP

7. 当你收到的邮件的主题行的开始位置有“回复”或“Re”字样时，表示该邮件是(　　)

A. 对方拒收的邮件　　B. 当前的邮件

C. 发送给某个人的答复邮件　　D. 希望对方答复的邮件

8. 在 Outlook　Express 中不可进行的操作是（　　）

A. 接收　　B. 回复　　C. 转发　　D. 撤销发送

三、分析题

1. 什么是计算机网络？它是如何发展而来的？
2. 计算机网络由哪些部分组成？
3. 了解局域网、城域网、广域网的概念，并从网络的规模、传输介质等方面进行仔细分析并对比其不同之处。
4. 计算机网络的功能主要有哪些？它主要应用在哪些方面？
5. 网络协议的组成要素有哪些？
6. 网络层次结构的特点是什么？
7. OSI 参考模型包括哪些层？
8. 简要说明 TCP/IP 模型各层的功能。
9. 分析 OSI 和 TCP/IP 的异同。

同步训练

项目：电子邮件的使用

实训目的：

- 设置 E-mail 参数掌握个人免费电子邮件格式、优点以及邮箱的申请，邮件的撰写、附件的使用、邮件的发送、接收与回复等。
- 了解汽车企业中，邮箱在电子商务中的作用。
- 掌握邮件软件 Outlook Express 的配置，垃圾邮件的预防、通信簿等的使用。

实训器材：

互联网、电脑

实训指导：

1. 申请个人免费邮箱

1）双击打开浏览器 IE（Internet Explorer 的简称），输入网址 http://www.126.com，单击免费注册邮箱按钮，进行注册，注意记下用户名和密码和邮箱地址。

2）邮箱申请完成后，请登录邮箱。

3）邮箱的使用：请给老师发一封邮件，并将这封邮件也同时发送给自己。

4）了解你的邮箱其他功能，如地址簿、抄送、签名、信纸、网易硬盘等。

2. 设置 Outlook Express 软件收发邮件

（1）打开并设置收发邮件的软件 Outlook Express　在第一次使用 Outlook Express 时，会自动出现“连接向导”。在向导的指引下开始设置。“姓名”这一内容是给收信人看的，这里可以填写真实的姓名，也可以另取一个自己喜欢的名字，单击“下一步”。

在图 2-6 中“电子邮件地址”处填上正在使用的电子邮件地址。输入申请的免费 E-mail 地址（申请免费 E-mail 时要看一下是否提供（邮局协议版本 3）（POP3）和简单邮件传输协议（SMTP）服务；如果是 126 的邮箱 POP3 邮件接收服务起名为：pop3. 126. com，SMTP 邮件服务器是：smpt. 126. com，如图 2-7 所示，完成后单击“下一步”。

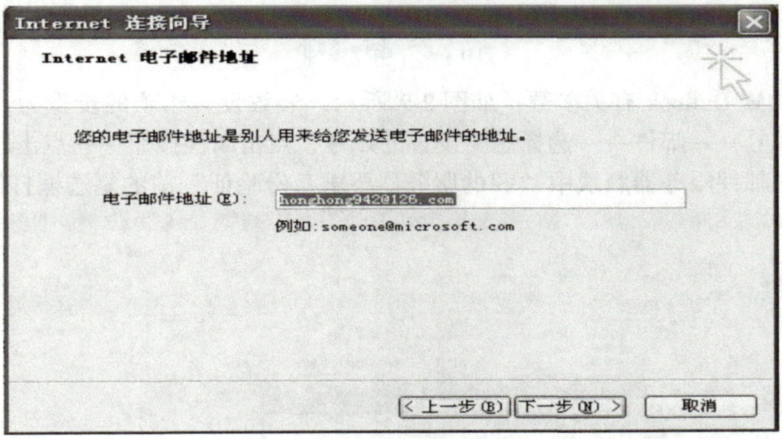

图 2-6　电子邮件地址选项

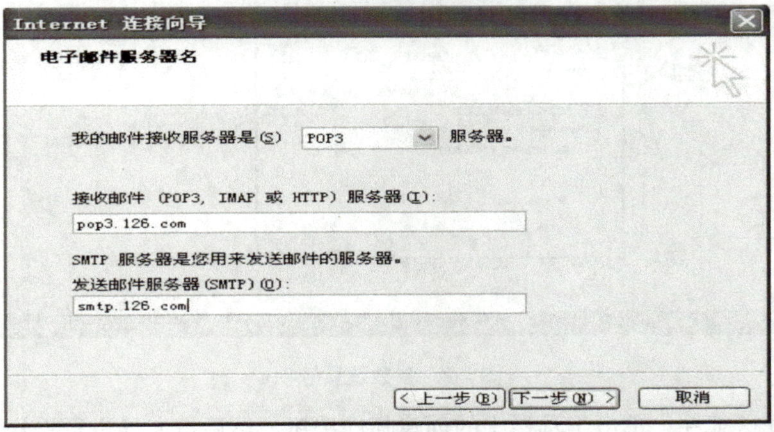

图 2-7　邮件服务器选项

图 2-8 中账号名和密码是使用 POP3 服务器收取邮件时必须提供的，这两项要根据邮箱的用户名和密码来填；最后，Outlook 会祝贺我们完成了设置，只需单击完成，就可以使用 Outlook 了。

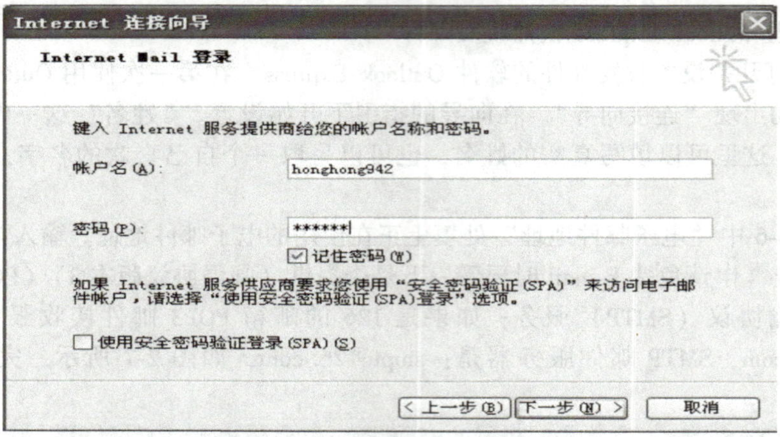

图 2-8　账号选项

（2）设置 Outlook 有关参数　如图 2-9 所示，参数设置选项的步骤为：点击菜单工具——账号——邮件——选择您要设置的账号，点击属性按钮——点击服务器选项卡。在发送邮件服务器版块中“我的服务器要求身份验证”前的复选框打钩即可。

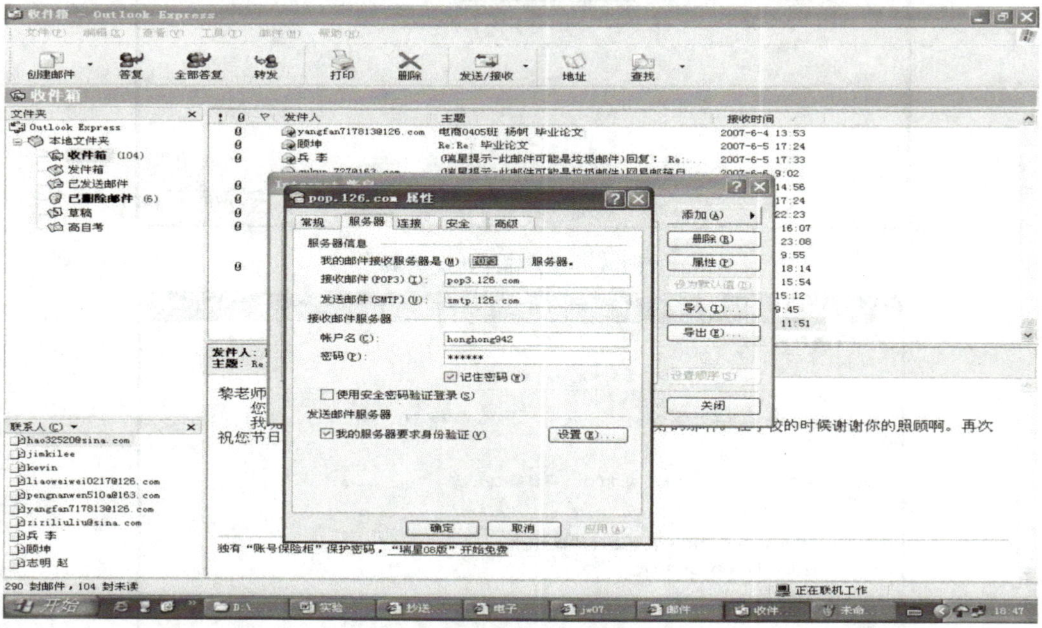

图 2-9　参数设置选项

（3）发送邮件　单击工具栏中的创建邮件按钮，然后按向导进行操作。

（4）接收邮件　收信的操作很简单，只需点一下工具栏上的发送和接收按钮。

（5）回复邮件　选定要回复的那封信，再点一下工具栏里的回复作者，然后按向导进行操作。

第三章

电子商务的支付系统

知识目标

- 理解支付与支付系统的概念，电子支付的含义、特征和业务类型，掌握电子支付工具的种类和分类。
- 掌握网上支付系统的概念，理解其构成和分类。
- 了解电子商务物流的模式。
- 掌握汽车供应链，理解电子商务供应链解决方案。

能力目标

- 能解释电子支付和电子支付系统的概念、支付工具。
- 能应用电子支付处理电子商务中的支付活动。
- 能解释物流和电子商务物流的概念、模式。
- 能够应用电子商务第三方物流处理电子商务的物流配送。

重点与难点

- 电子支付和电子支付系统及不同种类电子支付工具及概念
- 电子支付工具的使用过程
- 电子商务物流的模式和第三方物流

电子商务是对传统商务活动的信息流、资金流和物流的电子化处理和系统化集成。电子商务中电子交易的核心仍然是资金和货物的交换，其处理过程和方法是电子商务区别于传统商务的核心，信息的交换和处理是辅助参与者完成这些工作而存在的。要实现真正的电子商务，在商务应用层面，必须有资金和货物交换的支撑系统。由于网上交易的资金流动必须在电子网络中完成，其安全性和可靠性必须要像传统的银行和现金的支付系统一样可靠和安全，就必须有相应的技术保证，电子支付系统就应运而生。另外，在完成交易之后，电子商务的网络特性要求使商家和客户在空间和时间上可以隔离，因此如何将货物方便快捷的传递到客户手中，就成了必须考虑的问题。电子商务物流就是为了解决这样的问题而存在的。

因此电子商务的开展，必须具备电子支付系统和电子商务物流系统的支撑，否则就只能是纸上谈兵。本章重点就这两个方面展开讨论。

第一节 电子商务的电子支付体系

电子商务活动是基于网络而开展的，其网络交易的模式决定了其支付方式有别于传统的商务活动支付方式。传统的商务活动支付行为基于现金和传统银行系统的支付工具，如支票、本票、汇票等。而电子商务活动的网络特性或者说它的电子化特性，必然要求将传统的支付体系进行电子化（即将传统支付体系的操作对象和过程转换为可以在网上安全传递的数据资料），例如对现金的电子化衍生出电子现金，对支票的电子化衍生出电子支票等。这种电子化形成了电子商务特有的电子支付体系，进而可以在网络上进行电子商务的电子支付。

一、电子支付概述

（一）支付与支付体系概念

1. 支付

支付是指社会经济活动引起的债权债务清偿及货币转移行为。它是付款人向收款人转移可以接受的货币债权的行为，不仅包括现金支付，还包括票据支付。

支付过程包括交易、清算和结算三个过程。交易过程确保支付指令的生成、确认和传输。清算过程是在结算之前对支付指令进行发送、核对以及在某些情况下进行确认的过程，可能包括指令轧差和最终结算头寸的建立。结算过程是将清算过程产生的待结算债权债务在收、付款人金融机构之间进行相应的账簿记录、处理，完成货币资金最终转移并通知有关各方的过程。

2. 传统支付工具与方式

（1）现金支付　现金（cash）有两种形式，即纸币和硬币，均由国家组织或政府授权的银行发行。在现金交易中，买卖双方处于同一位置，而且交易是匿名进行的。利用现金进行交易的流程如图 3-1 所示。

由图 3-1 中可以看出，现金交易过程有匿名性、分散性、灵活性和立即性的特点，可以随时随地实现支付。

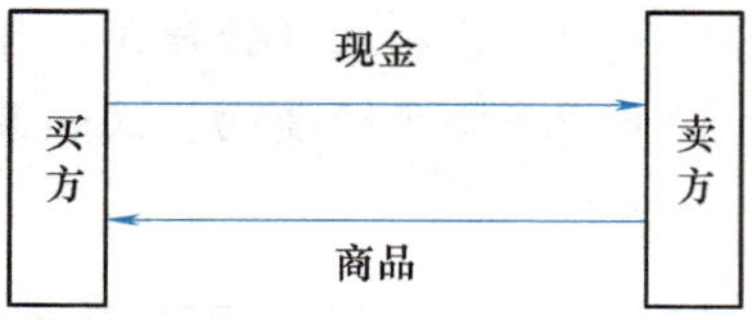

图 3-1　现金交易流程图

（2）票据支付　票据是出票人依据《票据法》发行的、无条件支付一定金额或委托他人及专门机构无条件支付一定金额给收款人或持票人的一种文书凭证。使用票据支付方式进行交易可以弥补现金支付方式的弊端。

我国《票据法》将票据分为汇票、本票和支票三种。汇票是指出票人委托他人于到期日无条件支付一定金额给收款人的票据；本票是指出票人自己于到期日无条件支付一定金额给收票人的票据；支票则是指出票人委托银行或其他法定金融机构在见票时无条件支付一定金额给予收款人或持票人的一种文书凭证。

图 3-2 所示为支票支付的交易流程。在支票交易过程中，支票由付款方签章后即可生效，买卖双方无须处于同一位置，收款方在支票上背书签名后需通过银行处理支票，处理过程不出意外，此笔款项才能转到收款方账户中。汇票的交易流程与支票的交易流程大体相同，也是由收款方通过银行进行处理的。

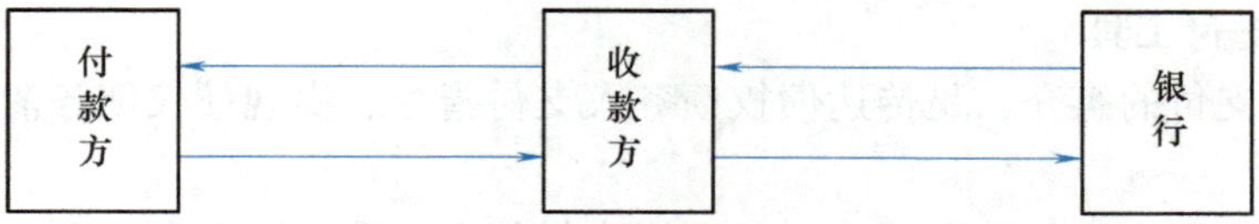

图 3-2　支票支付的交易流程

3. 支付体系

支付体系是指为实现和完成各类支付活动所做的一系列法规制度性安排和相关基础设施安排的有机整体。它包括对传达支付指令的支付工具和支持支付工具运用的支付系统，以及为确保货币资金流通的一系列法规制度安排和基础设施安排。它是一国金融市场的核心基础设施，它将一国货币市场、债券市场、股票市场、外汇市场和离岸市场等金融市场各个组成部分紧密联系起来。支付体系主要由支付服务组织、支付工具、支付系统、支付体系监管等要素组成。

（二）电子支付的含义

电子支付是指在网络上的货币支付或资金转移，通过计算机网络系统以电子信息传递形式实现流通与支付。它以网络化的金融环境为基础，采用商用计算机及网络和各类电子支付工具，以计算机网络技术和数据通信技术为手段，对存储在银行计算机系统中的各种电子数据进行处理，并通过计算机网络系统以电子信息的传递形式实现金融货币的流通和支付。

1. 电子支付的特征

传统商贸普遍使用“三票一证”（支票、本票、汇票、信用证），而电子支付相比而言则有些区别，电子支付与之相比的主要特点如下。

1）电子支付采用先进的技术通过数字流转完成信息传输，其各种款项支付都采用数字化的方式进行；而传统的款项支付则是通过现金的流转、票据的转让及以后的汇兑等物理实体的流转方式来完成的。

2）电子支付的工作环境是一个开放的系统平台（如互联网），而传统的支付则是在较为封闭的系统中运作。

3）电子支付使用的是最先进的通信手段；而传统支付使用的是传统的通信媒介。电子支付对软、硬件设施的要求很高，一般要求有联网的计算机、相关的软件及其他一些配套设施；而传统支付则没有这么高的要求。

4）电子支付具有方便、快捷、高效、经济的优势。用户只要拥有一台上网的计算机，便可以足不出户，在很短的时间内用比传统支付方式低得多的费用完成整个支付过程。

2. 电子支付的业务类型

电子支付的业务类型按电子支付指令发起方式的不同，分为网上支付、电话支付、移动支付、销售点终端交易、自动柜员机交易和其他电子支付。而电子商务交易中最主要的是存在于互联网上的网上支付。

广义的电子支付是指支付系统中所包括的所有以电子方式，或者说是以无纸化方式进行的资金划拨与结算（包括网上支付、电话支付、移动支付等），而狭义的电子支付也称网上支付。现在随着信息技术和电子商务的深入发展，网上支付正成为电子支付发展的新方向。

（三）电子支付工具

支付工具是支付的媒介，是传达债权债务人支付指令、实现债权债务清偿和货币资金转移的载体。

传统支付包含现金支付和票据支付，票据支付包含支票、汇票和本票。

电子支付工具是电子信息技术发展到一定阶段产生的新兴金融业务所使用的支付工具。基本形态是电子数据，通过网络传输数据以实现支付指令的传递。

目前对电子支付工具的分类尚未有统一的说法。根据电子支付所对应的支付方式不同，通常将电子支付工具分为三大类：

1）电子货币类，如电子钱包、电子现金等。这类支付工具替代传统的现金和货币存款完成支付，独立于传统的现金和银行存款而存在。

2）支付卡类，包括银行卡（借记卡、信用卡）、智能卡、电话卡等。这类支付工具不能直接替代现金，但可以通过发卡机构进行支付。

3）电子票据类，如电子支票、电子汇款（EFT）、电子划款等，适用于不同的交易过程。这类支付工具替代传统的票据支付，由银行系统接收并完成支付。

（四）电子支付系统

电子商务的发展使得电子支付工具层出不穷，不断创新，那么这些新兴的电子支付工具通过什么样的系统来进行支付呢？

电子支付系统是指由提供支付服务的中介机构、管理货币转移的法规以及实现支付的电子信息技术手段共同组成的，用来清偿经济活动参加者在获取实物资产或金融资产时所承担的债务系统，即把新型支付手段（包括电子现金、信用卡、借记卡、智能卡等）的支付信息通过网络安全传送到银行或相应的处理机构，来实现电子支付。因此，电子支付系统是电子交易顺利进行的重要的社会基础设施之一，它也是社会经济良好运行的基础和催化剂。

在互联网电子商务条件下，要求从发出支付信息到最后完成资金转账的全过程都是电子形式，电子货币的种类和形式也相应地有了进一步发展。

1）银行内部电子管理系统与其他金融机构的电子系统连接起来，如利用计算机处理银行之间的货币汇划、结算等业务。

2）银行计算机与其他机构的计算机之间进行资金汇划，如代发工资等。

3）通过网络终端向客户提供各项自助银行服务，如自动柜员机（ATM）系统，客户可以在自动柜员机上进行取、存款操作等。

4）利用网络技术为普通大众在商户消费时提供自动的扣款服务，如 POS（销售点情报管理系统）机。这是现阶段电子支付的主要方式。

5）随着网上支付方式的发展，电子支付可随时随地通过互联网进行直接转账、结算，形成电子商务环境。这是正在发展的形式，也将是 21 世纪的主要电子支付方式。这一阶段的电子支付又称为网上支付。后续章节将重点讲述网上支付系统和支付方式。

银行基于自身业务发展和客户的需要，引入计算机与通信技术，逐渐推出银行卡和 POS 机，改变了传统的银行支付结算方式，使支付活动的各方借助于网络联系在一起，形成了功能齐全的电子支付系统。

二、电子货币

（一）电子货币的概述

1998 年巴塞尔委员会给出电子货币的定义：在零售支付机制中，通过销售终端、在不同的电子设备之间以及在公开网络（如 Internet）上执行支付的储值和预付支付机制。

储值指存在于特定物理介质（硬件或卡介质）中可用来支付的价值，如智能卡、多功能信用卡。

预付支付机制指存在于特定软件或网络中的一组可传输并可用于支付的电子数据。

电子货币是以电子信息技术为手段，以网络（包括移动网络）和电子设备为基础，以电子机具为媒介，以电子数据（二进制数据）为存储和传递形式，以信息流代替实体价值进行流通和支付的货币形式。电子货币是采用电子技术和通信手段的信用货币和电子支付工具。

电子货币通常在专用网络上传输，通过 POS 机、ATM 机进行处理。近年来，随着互联网商业化的发展，网上金融服务已经开始在世界范围内开展。网络金融服务包括，网上消费、家庭银行、个人理财、网上投资交易、网上保险等。网络金融服务的特点是通过电子货币进行即时电子支付与结算。

目前常见的用于网上支付系统常见的支付工具包括电子现金、电子钱包、电子支票、银行卡等。

（二）电子现金

电子现金（E-Cash）又称数字现金，是一种以数据形式流通的、能被消费者和商家接受的、通过 Internet 购买商品或服务时使用的货币。消费者用预先存入的现金来购买电子现金时，通过他的计算机产生一个或多个 64 位（或更长）的随机二进制数，银行打开消费者加密的信封，检查并记录这些数，进行数字化签字后再发送给消费者。经过签字的每个二进制数表示某一款额的电子数字。消费者可用这一数字现金在商业领域中进行流通。

电子现金是纸币现金的电子化，具有很多与纸币现金一样的优点，随着电子商务的发展，电子现金必将成为网上支付的一种重要工具，特别是涉及个体、小额 C2C 电子商务时的网上支付与结算。

按其载体来分，电子现金主要包括两类。一类是币值存储在智能卡上，这是一种需要新硬件支持并以其为核心的电子现金支付系统。它将货币金额数值存储在智能卡中，当从卡内支出货币或向卡内存入货币时，改写智能卡内的余额。另一类就是以数据文件的形式存储在计算机的硬盘上，这是一种需要软件支持的电了现金支付方式，它用一系列加密序列数的电脑磁盘数据文件来代表现实中各种金额的纸币或辅币进行网上支付，具有多用途、使用灵活、匿名和快速简便等特点。电子现金在网络环境中使用时也被称为网络现金。

（三）电子支票

电子支票（E-Check），也称数字支票，是将传统支票的全部内容电子化和数字化，形成标准格式的电子版，借助计算机网络（Internet 与金融专网）完成其在客户之间、银行与客户之间以及银行与银行之间的传递与处理，实现银行客户间的资金支付结算。简单地说，电子支票就是纸支票的电子版，具有和纸支票一样的支付结算功能。电子支票具有借鉴纸张支票转移支付的优点，利用数字传递将钱款从一个账户转移到另一个账户的电子付款形式。

在应用上，电子支票的使用采用电子支票簿进行支付。电子支票的系统中签名私钥的保护是通过电子支票簿技术实现的。电子支票簿是一种包含硬件和软件的装置，可以实现电子支票的签名、背书等最基本的功能，具体来说就是保护电子支票中签名私钥的安全系统，并具有防篡改的特点，不容易遭到来自网络的袭击。常见的电子支票簿有智能卡、PC 卡、PDA 卡等。

(四) 银行卡

银行卡是经中央银行批准的金融机构发行的卡基支付工具，也是目前使用最广泛的非现金结算工具。它是智能卡的一种应用。

智能卡（Smart Card）或称集成电路卡（Integrated Circuit Card，IC 卡）是一种将具有微处理器及大容量存储器的集成电路芯片嵌装于塑料基片上面制成的卡片。智能卡可以用来进行电子支付和信息存储。在芯片里可以存储大量关于使用者的信息，如财务数据、私有加密钥、账户信息、结算卡号码及健康保险信息等。

智能卡中并不像电子现金一样存有电子货币信息，而是通过其中的账户信息和私有密匙等信息，接触式（如插卡到读卡机）或非接触式（如射频读取器）的方式，通过网络将账号等信息传到发卡机构的支付系统，然后通过发卡机构完成认证和支付。典型的智能卡就是银行卡，同样日常生活中的社保卡等也属于智能卡。

按功能来分类，银行等金融机构发行的银行卡主要有以下几种。

(1) 信用卡　信用卡也称为贷记卡，是由银行或信用卡公司向资信良好的个人和机构签发的一种信用凭证，持卡人可在指定的特约商户购物或获得服务，并允许透支一定的额度。持卡人无须在银行存款或办理借款手续，凭卡就可以在银行规定的信用额度内，到指定机构接受服务或购买商品，或者到银行支取现金。如果持卡人在期限内（通常为结账日后一个月左右）结清余额，则无须支付任何利息。

信用卡支付系统属于预付系统，持卡人确认消费后，由收单行先行支付，然后通过信用卡组织的清算网络向发卡行清算和结算，最后由持卡人还款支付。它的发明极大地方便了消费支付，推动了消费，是当前主要的消费支付工具。网上银行支付系统产生后，现在的信用卡支付已经可以在网络上进行支付。世界上颇具规模的两家信用卡组织是维萨（VISA）和万事达（MASTER CARD）。

(2) 借记卡　借记卡是指由商业银行向社会发行的具有消费信用、转账结算、存取现金等全部或部分功能的支付工具，不能透支，必须依托于持卡人的存款账户，具有电子存折的性质。

(3) 现金卡　现金卡也属于支付卡。持现金卡可在银行柜台或 ATM 机上支取现金。通常对每张现金卡都规定了每周或每天取现的最大金额。使用现金卡也可以购货、查询个人账户余额或进行转账处理。

(4) 支票卡　支票卡（check card），又称支票保证卡，是供客户签发支票并证明其身份的卡片。卡片含有客户的账号、签名和有效期限。持卡人可在购货以后出示支票卡，当着收款人的面签署支票，只要签字、账号、有效期和金额等项和卡上所含的相符，发卡银行保证付款。这种卡流行于欧洲，针对“欧洲支票”做证明之用，无授信功能。支票卡一般都规定了使用期限与最高金额，在限额内，银行保证支付，如果超过限额则可以拒付。

从 1952 年美国加州富兰克林国民银行作为金融机构首先进入发行信用卡的领域至今，

世界各地有上万多家银行发行了银行卡，银行卡已经成为人们金融活动的常用工具。

（五）电子钱包

电子钱包，英文名为 E-Wallet 或 E-Purse，是客户用来进行非现金小额支付、并且储存交易记录的特殊计算机软件或硬件设备。和一般的钱包用于存放现金、支付卡类似，在电子钱包内可以存放电子货币，如电子现金、电子信用卡等。它如同生活中随身携带的钱包一样，特别在涉及个人的、小额网上消费的电子商务活动中，应用起来既方便又高效。

电子钱包是电子商务活动中顾客购物常用的一种支付工具，是在小额购物或购买小商品时常用的新式钱包。使用电子钱包的顾客通常要在有关银行开立账户。在使用电子钱包时，将电子钱包通过电子钱包应用软件安装到电子商务服务器上，利用电子钱包服务系统就可以把自己的各种电子货币或电子金融卡上的数据输入进去。

当顾客需用电子信用卡付款，如用 Visa 卡和 Mondex 卡等付款时，只要单击一下相应项目（或相应图标）即可完成。这种电子支付方式称为单击式支付方式。

在电子钱包内只能装电子货币，即装入电子现金、电子零钱、安全零钱、电子信用卡、在线货币、数字货币等。这些电子支付工具都支持单击式支付方式，也是其便利性的体现。

在电子商务服务系统中设有电子货币和电子钱包的功能管理模块，称为电子钱包管理器，顾客可以用它来改变口令或保密方式，用它来查看自己银行账号上收付往来的电子货币账目、清单和数据。电子钱包服务系统中还有电子交易记录器，顾客通过查询记录器，可以了解自己都买了什么物品，购买了多少，也可以打印查询结果。

【案例分析】国外常见的电子钱包实例

（1）Agile Wallet　Agile Wallet 技术由 Cyber Cash 公司开发，可处理消费者结算和购物信息，提供快速和安全的交易。用户第一次用 Agile Wallet 购物时需要输入姓名、地址和信用卡数据。这些信息会被安全地存储在 Agile Wallet 服务器上。以后访问支持 Agile Wallet 的商家网站时，在商家的结算页面上会弹出有顾客购物信息的 Agile Wallet 框。用户验证了框内信息的正确性后，用鼠标单击就可完成购物交易。用户还可将新的信用卡和借记卡信息加入到受保护的个人信息中。

（2）eWallet　Laucnchapad 技术公司的 eWallet 是一个免费的钱包软件，消费者可下载并安装到自己的计算机上，而不像其他钱包那样存储在中心服务器上。和其他钱包一样，eWallet 将顾客个人信息和结算信息存在钱包里。eWallet 甚至还专门为用户留出放照片的地方（就像真正的钱包一样）。购物完成时，只需单击图标并输入密码，然后从中选定信用卡并拖到结账表中，就能把你在安装软件时所提供的个人信息填写到表中。为保护你的个人信息，eWallet 还有加密和密码保护措施。

（3）Microsoft Wallet　Microsoft Wallet 预装在 Internet Explorer4.0 及以上版本（英文版）里，但不会预装在网景公司的 Navigator 中。其功能与大多数电子钱包一样，在用户需要时可自动填写订单表。Microsoft Wallet 是微软公司为钱包的标准化而推出的。你输入到 Microsoft Wallet 里的所有个人信息都经过加密并用密码进行保护。它的新版本还能同电子现金系统、网络银行账户及其他结算模式交互。目前它支持运通卡（American Express）、万事达卡（Master）和维萨卡（Visa）。

三、网上支付系统与网上银行

电子商务和电子交易在互联网上方兴未艾，将电子支付系统带进了一个全新的时代，网上支付系统成为电子商务的最为核心的基石，随着网上支付系统的发展与成熟，也推动了电子交易的极大发展。

（一）网上支付系统概述

1. 网上支付系统的概念

网上支付是电子支付的一种形式，是以互联网为基础，利用银行所支持的某种数字金融工具发生在购买者和销售者之间的金融交换，可实现从购买者到金融机构、商家之间的在线货币支付、现金流转、资金清算、查询统计等过程，并由此为电子商务服务和其他服务提供金融支持。因此，可以说网上支付是电子支付采用更低廉、更方便的互联网作为其运行平台的一种支付方式。

2. 网上支付系统的构成

为实现电子支付的功能，网上支付系统的基本构成如图 3-3 所示。

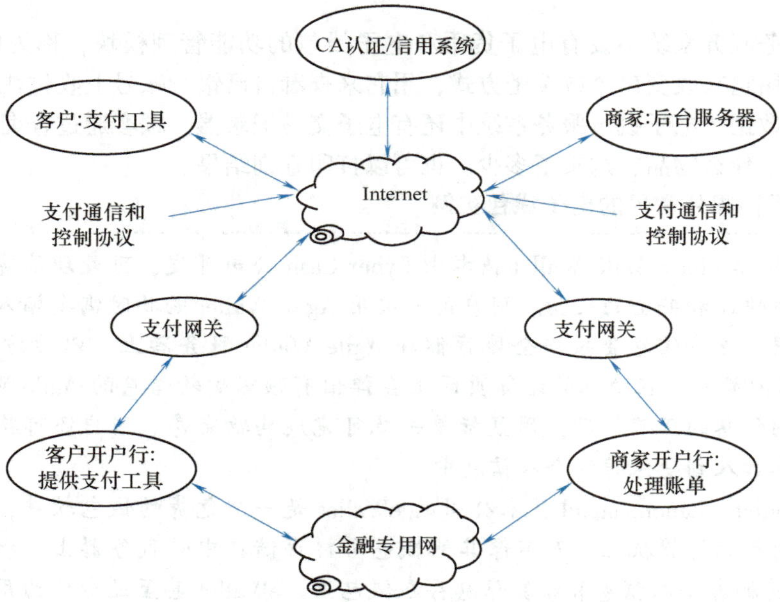

图 3-3　网上支付系统的基本构成

（1）客户　客户一般是指与某商家有交易关系并需要付款的一方。客户用自己拥有的电子支付工具进行在线支付，是支付流程的起点。

目前经常使用的电子支付工具有银行卡、电子现金、电子支票等。在网上交易中，消费者发出的与支付工具有关的支付指令信息，在由商家送到支付网关之前，是在公用网络中传送的。

（2）商家　商家一般是指交易中拥有债权的一方，它可以根据用户发起的支付指令向银行系统请求货币支付。商家备有专用后台服务器，以用来处理由客户发起的支付过程，包括客户身份认证。

（3）银行　电子商务的各种支付工具都要依托于银行信用，银行作为电子支付系统的重要组成包含电话客户开户行、商家开户行和银行专用网。

1）客户开户行是指客户在其中拥有自己账户的银行。客户开户行在提供支付工具的同时也提供了银行信用，即保证支付工具的兑现。在利用银行卡进行支付的体系中，客户开户行即为发卡行。

2）商家开户行是指商家在其中拥有自己账户的银行，支付过程结束时资金应该转到商家开户银行的账户中。商家将客户的支付申请提交给其开户行后，就由商家开户行支付授权的请求，并完成与客户开户行之间的清算。商家的开户行是依据商家提供的合法账单来操作的，因此又称其为收单行。

3）银行专用网是银行内部及银行之间进行通信的网络，具有较高的安全性。中国的银行网主要包括中国国家现代化支付系统、人民银行电子联行系统、工商银行电子汇兑和银行卡授权系统等。

（4）支付网关　支付网关是公用网和银行专用网之间的接口，通过互联网完成的交易支付信息必须通过支付网关才能进入银行支付系统。支付网关一方面起到将互联网和银行专用网连接起来，将用户的支付信息从公用网络安全可靠地传递给银行专用网，保证电子商务安全顺利实施的作用；另一方面又起到隔离和保护银行专用网的作用。

（5）CA 认证/信用体系　为确认交易各参与方的真实身份，需要由认证机构向参与商务活动的各方发放数字证书，以保证电子商务支付过程的安全性。由于认证机构必须确认参与方的资信状况（如在银行的账户状况，与银行交往的信用历史记录等），所以认证过程也离不开银行的参与。

（6）支付协议　支付协议的作用就是为公用网络上支付信息的流动制定规则并进行安全保护。目前比较成熟的支付协议主要有 SET 协议、SSL 协议等。一般一种协议只针对某一种支付工具，它对交易中的购物流程、支付步骤、支付信息的加密、认证等方面做出了规定，保证在复杂的公用网络中的交易双方能快速、有效、安全地实现支付与结算。

3. 网上支付系统的分类

网上支付系统按照运营主体的不同，可以分为网上银行支付、第三方支付，我国的银联在线支付也属于网上支付的一种。这里重点分析网上银行支付和第三方支付。

网上银行支付是通过网上银行支付和结算服务进行客户和商家之间的直接的货币资金转移。而第三方支付是通过与银行签约的第三方支付平台，在互联网上客户通过第三方平台账户将资金转移到商家账户，第三方平台起到担保和中介的作用。

4. 网上银行

网上银行，一般又称在线银行、网络银行、电子银行或虚拟银行，是指银行以自己的计算机系统为主体，以单位和个人的计算机为入网操作终端，借助互联网技术，通过网络向客户提供银行服务的虚拟银行柜台。

网上银行利用互联网技术，为客户提供综合、统一、安全、实时的银行服务，包括提供对私、对公的各种零售和批发的全方位银行业务，还可以为客户提供跨国的支付与清算等其他的贸易、非贸易的银行业务服务。简言之，网络银行就是互联网上的虚拟银行柜台，它把传统银行的业务“搬到”网上，在网络上实现银行的业务操作。不过，那些只拥有自己网址和网页的银行算不上真正意义上的网络银行，只有在网上提供网上支票账户、网上支票异地结算、网上货币数据传输、网上互动服务和网上个人信贷这 5 种服务中至少一种的在线银行才是真正的网络银行。

【案例分析】网上银行支付实例——招商银行网上银行

招商银行是较早建立网上银行的商业银行。招商银行的网上银行分为专业版和大众版。招行银行网上银行业务包括普通银行的大部分功能，可以完成查询、转账等金融功能和银行账户管理（如密码修改、网银支付设置等）。

客户要使用网上银行业务，需先对招商银行借记卡（一卡通）或信用卡开通网上银行功能，步骤如下。

（1）申请开通专业版网银　携带本人有效身份证件和招商银行卡到招商银行营业网点填写《招商银行网上个人银行证书申请表》，申请网上个人银行（专业版），获得授权码，按使用指南中的流程进行操作。

（2）开通招行大众版流程（以借记卡为例）　首先在招商银行网上银行业登录招行一网通，单击个人银行大众版；登录后，单击网上支付——网上支付申请，填写申请表并提交，即开通了您一卡通的网上支付功能。

在购物时，选好商品后，进入结算，如果该网店或平台支持招商银行网银，这可以跳转到招商银行网银支付的界面，只需要输入账号和密码信息就可以完成支付。下面以京东网上银行支付为例进行说明。

1）结算时，选择网银支付，其结算页面如图 3-4 所示。

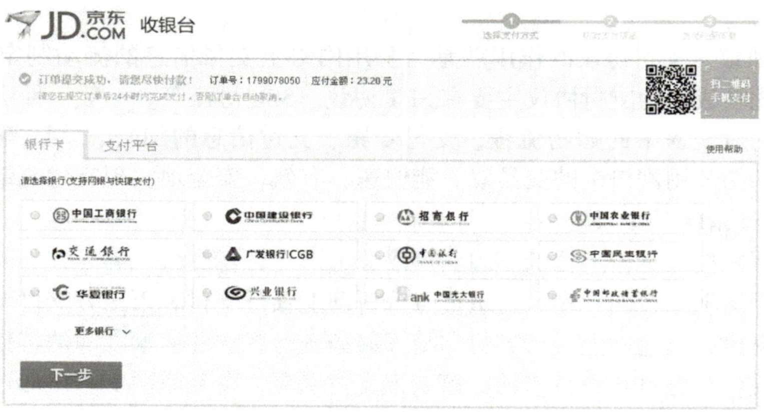

图 3-4　结算页面

2）选择招商银行，进入支付界面，可选择借记卡或信用卡，如图 3-5 所示。

3）在网上银行支付页面，输入账号和密码信息，就可以完成网上银行支付。

商家或支付平台如果向提供招商银行的网上银行支付功能，需要向招商银行申请，按照招商银行《招商银行网上支付系统使用方法和接口规定》开发系统接口。招商银行网上支付系统定义了一个和商户系统的开放接口，商户系统通过这一接口就可以和招商银行网上支付系统联通，完成网上交易的资金结算。招商银行为商户提供三种连接方式，如图 3-6、图 3-7、图 3-8 所示。

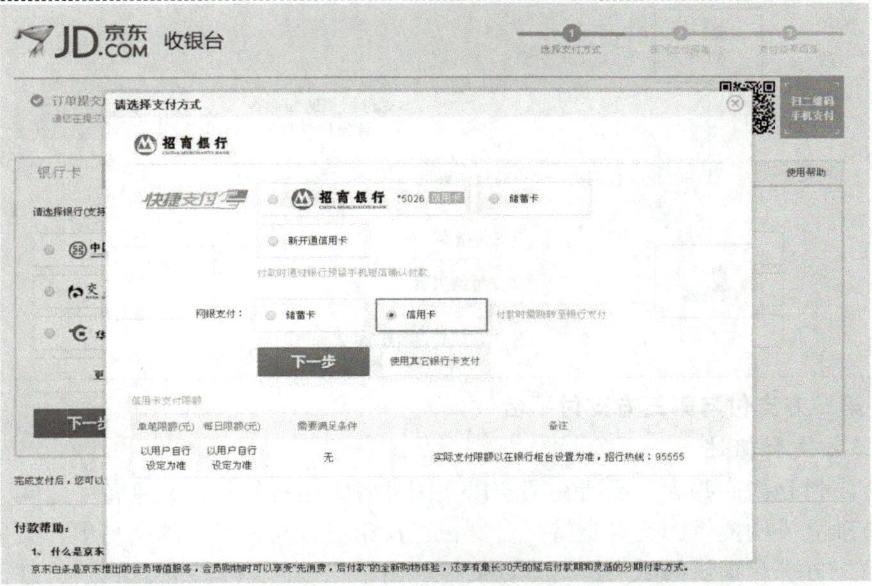

图 3-5　支付选择页面

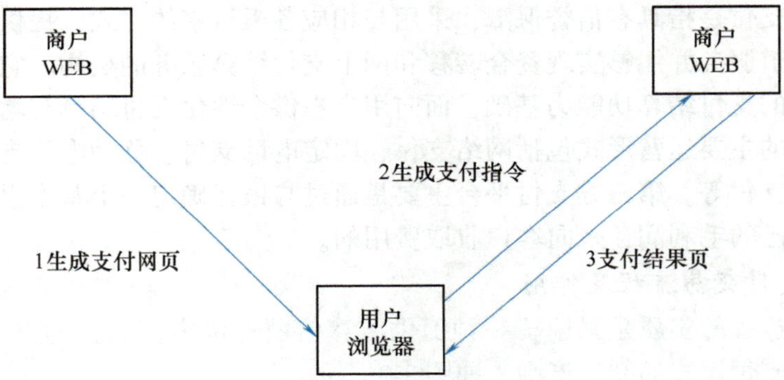

图 3-6　连接方式 1

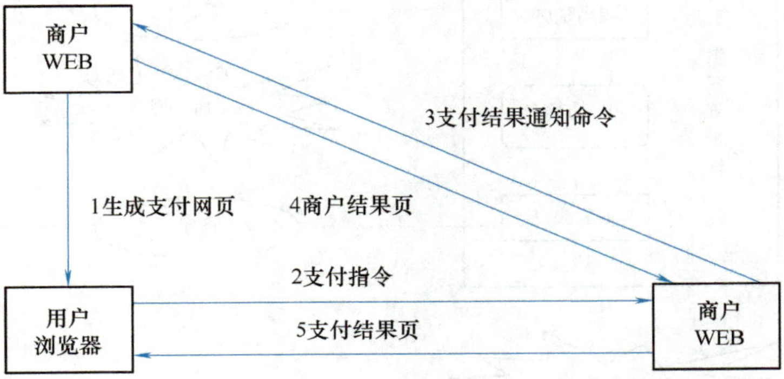

图 3-7　连接方式 2

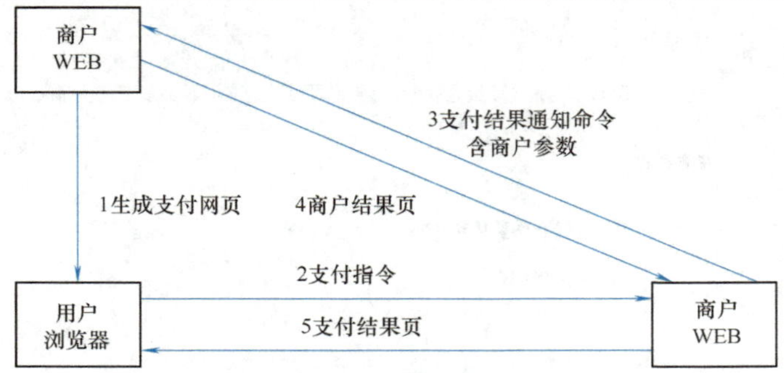

图 3-8 连接方式 3

（二）第三方支付与第三方支付平台

1. 第三方支付概述

第三方支付是指一些和产品所在国家以及国外各大银行签约，并具备一定实力和信誉保障的第三方独立机构提供的交易支持平台。在通过第三方支付平台的交易中，买方选购商品后，使用第三方平台提供的账户进行货款支付，由第三方通知卖家货款到达、进行发货；买方检验物品后，第三方再将款项转至卖家账户。

第三方支付是解决电子商务瓶颈——网上支付信用与安全问题的一个新型模式。从其形式上看，第三方支付是指具有信誉保障，采用与相应各银行签约方式，提供与银行支付结算系统的接口和通道服务并能够实现资金转移和网上支付结算服务的机构。它通过与银行的商业合作，以银行的支付结算功能为基础，面向用户提供个性化支付结算与增值服务。

第三方支付的主要运营形式包括网络支付、固定电话支付、移动电话支付、销售终端交易、自动柜员机支付等。第三方支付平台主要是通过与银行确定一个基本手续费率，再在这个费率上加上自己的毛利润，来向客户收取费用的。

2. 第三方支付交易流程及作用

第三方支付过程的实质是采用了一种提供结算信用担保中介服务的方式。以 B2C 交易为例说明第三方支付模式的交易流程，如图 3-9 所示。

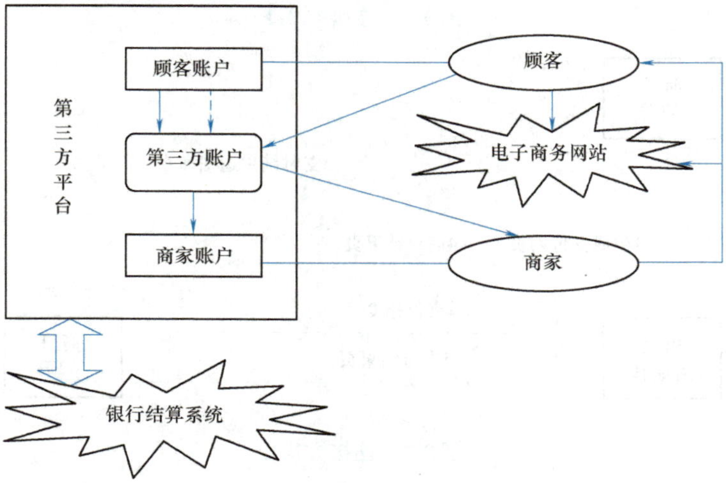

图 3-9 第三方支付模式的交易流程图

第三方支付交易流程的具体步骤如下。

1）顾客在电子商务网站选购商品，与商家讨价还价，最后决定购买。

2）顾客选择支付方式（选择利用第三方作为交易中介），并用借记卡或信用卡，划款到第三方账户中，并设定发货期限。

3）第三方支付平台通知商家顾客的货款已到账，并要求其在规定时间内发货：商家收到通知后按照订单发货，并在网站上做相应的记录，顾客可在网站上看自己所购买商品的状态；如果商家没有发货，则第三方会通知顾客交易失败。

4）顾客收到货物并确认满意后通知第三方。如果顾客对商品不满意，或是认为商家承诺有出入，可通知第三方拒付货款并将货物退回给商家。

5）顾客满意，且第三方将其商户上的货款划入商家账户，则交易完成；若顾客对货物不满，则第三方在确认商家收到退货后便会将顾客的货款划回或暂存在虚拟第三方账户中等待顾客下一次交易的支付。

从以上的支付过程中，可以看出第三方作为信用中介解决了买卖双方的信任问题：由于第三方并不涉及双方交易的具体内容，故相对于传统的资金划拨交易方式，它可以比较有效地保障货物质量、交易诚信、退换要求等。

3. 第三方支付的分类

按照第三方支付的经营模式，第三方支付平台大致可以分为两种：一种是平台账户模式（PayPal 模式）；另一种是支付网关模式（简单支付通道模式）。

（1）PayPal 模式　在 PayPal 模式中，第三方支付平台在具备与银行相连完成支付功能的同时，可充当信用中介，为客户提供账号，进行交易资金代管。完成客户与商家的支付后再定期统一与银行进行结算。PayPal 模式如图 3-10 所示。

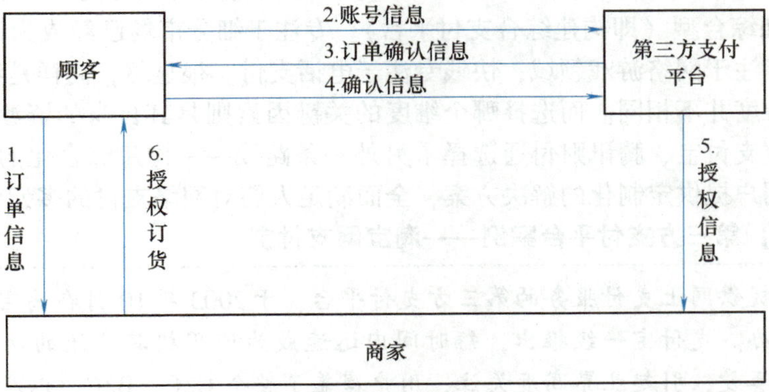

图 3-10　PayPal 模式

有些研究机构将 PayPal 模式又继续划分为监管型账户支付模式和非监管型账户支付模式（纯账户支付模式）两种。

所谓监管型账户支付模式就是指支付公司起信用中介的作用，在买家确认收到商品前，由它代替买卖双方暂时保管货款。阿里巴巴的支付宝就是这种模式的典型代表。

在非监管型账户支付模式中，买卖双方首先要在平台内部开立账号，从银行账户给平台账户充值，再由第三方支付公司根据付款方指令将款项从其账户中划付给收款方账户，以虚拟资金为介质完成网上款项支付，使支付交易只在支付平台系统内循环。99Bill（快钱）是这种模式最具代表性的第三方支付平台。

（2）支付网关模式　在支付网关模式（简单支付通道模式）中，第三方支付平台与银行密切合作，可实现多家银行数十种银行卡的直通服务，但它在该过程中只是充当了顾客和商家的第三方银行支付网关。支付网关模式如图 3-11 所示。

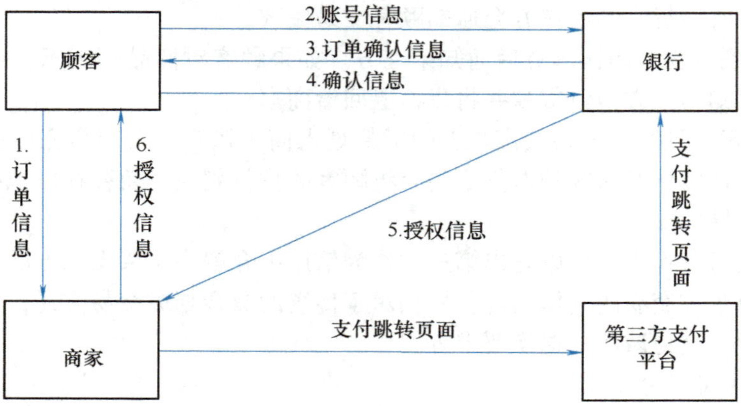

图 3-11　支付网关模式

这种模式更注重与银行的合作，帮助商家使更多顾客选择在线支付方式。第三方支付平台的客户并不是顾客，而是商家和银行。其收益来自银行的利益分成及按每笔交易向商家收取的服务费。

从第三方支付服务商的市场定位角度看，第三方支付又可以分为专一型（即专注于某一细分市场）和综合型（即构建综合支付平台）。专注于细分市场已经成为许多支付厂商的选择，如云网专注于网络游戏领域，快钱专注于电话支付。很显然，同样是细分策略，云网和快钱选择的维度并不相同。而选择哪个维度的关键因素则是其自身的资源优势。与云网、快钱不同，淘宝支付宝、腾讯财付通选择了另外一条路线——构建综合化的电子支付平台，为不同类型的用户提供定制化的解决方案，全面满足人们对网络支付的多元化需求。

【案例分析】第三方支付平台案例——淘宝网支付宝

支付宝是提供网上支付服务的第三方支付平台，于2003 年10 月在淘宝网推出，由阿里巴巴公司创办。支付宝一经推出，短时间内迅速成为使用极其广泛的网上安全支付工具，深受用户喜爱，引起业界高度关注，用户覆盖了整个 C2C、B2C、以及 B2B 领域。

支付宝庞大的用户群也吸引越来越多的互联网商家主动选择集成支付宝产品和服务，目前除淘宝和阿里巴巴外，支持使用支付宝交易服务的商家已经超过几十万家。这些商家在享受支付宝服务的同时，更是拥有了一个极具潜力的消费市场。

支付宝在网上交易中充当的是第三方支付平台的作用，为电子商务提供安全、简单、便捷的在线支付解决方案。典型支付过程如图 3-12 所示。

商家和客户订单生成后，通过支付宝平台的支付处理系统，提交给银行接口，有银行支付清算网络完成资金托管和支付。

支付宝前期为淘宝网定制，后扩展到阿里巴巴中国站和非阿里巴巴旗下网站。2003年10月阿里巴巴公司推出支付宝的目的就是为了解决旗下C2C网站——淘宝网支付困难的问题，从而推动淘宝网的发展。后来随着产品的成熟，开始在阿里巴巴中国站和非阿里巴巴旗下网站推广，且不收取任何费用。

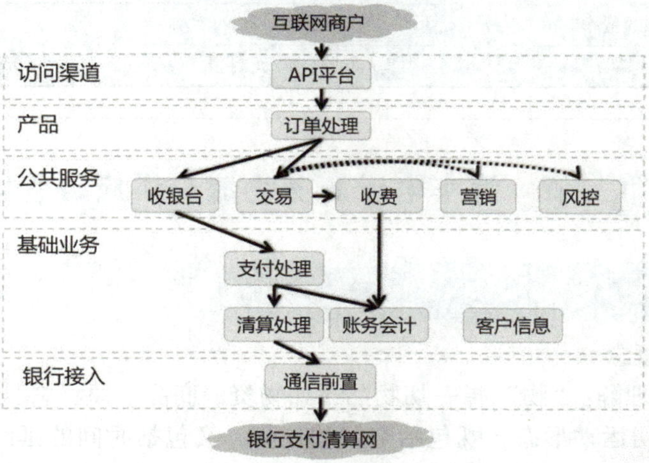

图3-12　典型支付过程图

与各大银行、金融机构合作，圈地电子支付市场。支付宝目前已和国内工商银行、农业银行、建设银行、招商银行、浦发银行等各大商业银行以及中国邮政、VISA国际组织等各大机构建立了战略合作，成为金融机构在网上支付领域极为信任的合作伙伴。

为打破电子商务中的信用问题，支付宝于2005年2月率先推出“全额赔付”制度。在使用支付宝支付的网站，如果在成交协议后，卖家没有向买家寄送货品或者买家收到的物品与描述不符，淘宝作为第三方监管将为买家提供与货品价值等额的“全额赔付”。2006年6月，支付宝又推出国内支付领域首张数字证书，并向所有经过认证的网民免费发放，使网上购物者有了身份确认和全额赔付的双重保障。另外，为了消除用户担心支付宝挪用“沉淀资金”的疑虑，支付宝于2006年5月与中国工商银行签订托管协议，支付宝所有的客户交易保证金都将统一存放在工行备案允许的资金托管账户，由工行总行对支付宝公司交易资金情况进行综合审计，每月提交资金托管报告披露客户保证金存管情况，并出具支付宝客户交易保证金专用存款账户的资金存管情况，在支付宝客户交易保证金出现重大异常情况时，向相关部门报告并可以根据相关规定拒绝支付宝不符合规定的业务请求。

支付宝的盈利模式主要是通过向商户收取每月超过免费额度后按比例收费，针对直接登录支付宝网站使用“我要收款”、“我要付款”、“交房租”、“送礼金”功能及在阿里旺旺中使用“AA收款”功能，主动生成交易订单，完成收款或付款的支付宝交易，支付宝将收取服务费，见表3-1。每个月有一定的免费流量，在这个免费额度内，是不产生服务费的，超过免费额度的金额才产生手续费，同时收费是针对交易发起方的。很多电子商务平台都使用了支付宝的支付系统，支付宝将向平台收取服务费。

表 3-1 支付宝服务费标准

	收费标准	优惠期（当前标准）
认证用户免费额度	5000 元/月	10000 元/月
非认证用户免费额度	500 元/月	1000 元/月
当月超出金额的费率	1%	0.5%
收费说明（每笔）	1 元起收，40 元封顶	1 元起收，25 元封顶

第二节　汽车电子商务物流与供应链管理

一、物流概述

（一）物流的概念

物流从字面上理解：“物”指一切物品，如物资、商品、原材料、零部件、半成品等；“流”指物品的一切运动形态，既包括空间的位移，又包括时间的延续。可以是宏观的流动，如洲际、国际之间的流动，也可以是同一地域、同一环境中的微观运动，如一个生产车间内部物料的流动。从这个意义上讲，物流是一种古老又平常的现象，自从人类有了商品交换，就有了物流活动。

物流的概念从 1915 年提出，到目前还没有大家公认的权威定义。我国于 2001 年发布的《物流术语》中给物流的定义是：物品从供应地到接收地的实体流动过程，根据实际需要，将运输、储存、装卸、搬运、包装、流通加工、配送、信息处理等基本功能有机结合。

（二）物流的分类

物流分类标准很多，此处概括地介绍物流按照供应链和服务主体的分类。

供应链是指在生产及流通过程中，为将货物或服务提供给最终消费者而创造价值，连接上游与下游而形成的组织网络。为了提高效率，降低成本，供应链中的物流活动应按照专业化的原则进行组织，即在整个供应链上，可以有不同类型的物流。

（1）供应物流　企业为保证本身生产的节奏，不断组织原材料、零部件、燃料、辅助材料物流活动，这种物流活动对企业进行正常、高效生产起着重大作用。

（2）生产物流　企业生产物流是指企业在生产工艺中的物流活动。企业生产过程的物流大体为：原料、零部件、燃料等辅助材料从企业仓库或企业的“门口”开始，进入生产线的开始端，再进一步随生产加工过程从一个环节到另一个环节地流动，在流动的过程中，本身被加工，同时产生一些废料、余料，直到生产加工终结，再流到成品仓库，便终结了企业生产物流过程。

（3）企业销售物流　企业销售物流是企业为保证本身的经营效益，不断伴随销售活动，将产品所有权转给用户的物流活动。

（4）企业回收物流　企业在生产、供应、销售的活动中总会产生各种边角余料和废料，这些东西的回收是需要伴随物流活动的，而且，在一个企业中，回收物品处理不当，往往会影响整个生产环境，甚至影响产品质量，也会占用很大空间，造成浪费。

（5）企业废弃物物流　企业废弃物物流是指对企业的废弃物进行运输、装卸、处理等的物流活动。

合理化、现代化的物流，可以降低费用从而降低成本、优化库存结构、减少资金占用、缩短生产周期，保障现代化生产的高效进行。相反，缺少了现代化的物流，生产将难以顺利进行。

（三）物流的功能

现代物流的基本功能包括包装、装卸搬运、运输、储存保管、流通加工、物流配送。

包装功能是为了维持产品状态、方便储运、促进销售，采用适当的材料、容器等，使用一定的技术方法，对物品包封并予以适当的装潢和标示的操作活动。包装层次包括个装、内装和外装三种状态。个装是到达作用者手中的最小单位包装，是对产品的直接保护状态；内装是把一个或数个个装集中于一个中间容器的保护状态；外装是为了方便储运，采取必要的缓冲、固定、防潮、防水等措施，对产品进行保护。

装卸搬运功能是指在同一地域范围内进行的，以改变物品的存放状态和空间位置为主要内容和目的的活动。装卸搬运功能是整个物流活动不可缺少的组成部分，它作为各个环节的结合部，是物流运行的纽带。

运输功能是借助运输工具，通过一定的线路，实现货物空间移动，克服生产和需要间分离，创造空间效用的活动。物流过程的其他活动，如包装、装卸搬运、物流信息是围绕着运输和储存来进行的。

储存又称物品的储备，具有以备再用的性质。储存保管的是在社会再生产过程中，直接生产过程或消费过程处于暂时停滞状态的那一部分物品。保管是储存的继续，是保护储存物品的价值和使用价值不受损害的过程。其主要任务是防止外部环境对储存物品的侵害，保持物品性能完好无损。因此，物品的储存是保管的前提，保管则保障储存物品能够以备再用。只要有物品的储存，就要对物品进行保管。

流通加工功能是在流通过程中，根据客户的要求和物流的需要，改变或部分改变商品的一种生产性加工活动。流通加工是流通中的一种特殊形式，其目的是克服生产加工产品在形式上与客户要求之间的差异，或者是为了方便物流，提高物流效率。

配送是按客户的要求，进行货物配备并送交客户的活动。配送是一种直接面向客户的终运输，客户的要求是配送活动的出发点。配送的实质是送货，但它以分拣、配货等理货活动为基础，是配货和送货的有机结合。

二、第三方物流

随着经济全球化和信息技术的发展及社会大生产的扩大、专业化分工的深化和竞争压力的增强，越来越多的产品作为全球产品在世界范围内流通，生产、销售和消费之间的物流动日益庞大和复杂，降低物流成本的要求愈加迫切；而第一、二方物流的组织和经营方式已经不能完全满足需要；同时为参与世界性竞争，企业必须确立核心竞争力，加强供应链管理，把不属于核心业务的物流活动外包出去，于是第三方物流应运而生。

（一）第三方物流的概念

所谓第三方物流是指生产经营企业为集中精力搞好主业，把原来属于自己处理的物流动以合同方式委托给专业物流服务企业，同时通过信息系统与物流企业保持密切联系，以起到对物流全程管理和控制的一种物流运作与管理方式。第三方物流，是对“第一方”发货人和“第二方”收货人而言的。第三方物流企业既不属于第一方，也不属于第二方，而是通过与第一方或第二方的合作来提供其专业化的物流服务，它不拥有商品，不参与商品的买卖，而是为企业提供以合同为约束、以结盟为基础的、系列化、个性化、信息化的物流代理服务。

（二）第三方物流的特点

电子商务的发展，给全球物流业带来新的变化，也使第三方物流呈现新的特点。

（1）信息化　第三方物流是以信息技术为基础的，信息技术实现了数据的快速、准确传递，提高了仓库管理、装卸搬运、采购、订货、配送、发运、订单处理的自动化水平，使订货、保管、运输、流通和加工实现一体化。

（2）合同化　第三方物流有别于传统的外包，外包只限于一项或一系列分散的物流功能，如运输公司提供运输服务，仓储公司提供仓储服务。第三方物流则根据合同条款规定的要求，提供多功能、甚至全方位的物流服务，以保证企业对其客户的服务。

（3）个性化　第三方物流服务的对象一般都较少，只有一家或数家，服务时间却较长，往往长达几年。这是因为需求方的业务流程各不相同，而物流、信息流是随价值流流动的，因而要求第三方物流服务应该按照客户的业务流程来制定。

（4）联盟化　依靠现代信息技术的支撑，第三方物流企业与委托方之间充分共享信息，这就要求双方相互信任合作，以达到单独从事物流活动所不能取得的双赢效果。而且，从物流服务提供者的收费源来看，第三方物流企业与委托方之间是共担风险、共享收益的关系；再者，企业之间所发生的关联并非一两次的市场交易，在交易维持一定时期之后，可以相互交易对象。在行为上，各自既非采用追求自身利益最大化行为，也非完全采取追求共同利益最大化行为，而是通过契约结成优势互补、风险共担、要素双向或多向流动的伙伴，因此第三方物流企业与委托方企业之间是物流联盟关系。

三、汽车电子商务物流

电子商务物流又称网上物流，就是基于互联网技术，旨在创造性地推动物流行业发展的新商业模式。通过互联网，物流公司能够被更大范围内的货主客户主动找到，能够在全国乃至世界范围内拓展业务；贸易公司和工厂能够更加快捷地找到性价比最适合的物流公司；网上物流致力于把世界范围内最大数量的有物流需求的货主企业和提供物流服务的物流公司吸引到一起，提供中立、诚信、自由的网上物流交易市场，帮助物流供需双方高效达成交易。目前已经有越来越多的客户通过网上物流交易市场找到了客户、合作伙伴和海外代理。网上物流提供的最大价值，就是更多的机会。

（一）电子商务下的物流模式

电子商务的具体实施有多种模式可以选择。由于从事的专业不同，ISP（互联网服务提供商）、ICP（互联网内容提供商）及其他信息服务提供商更多地从如何建立电子商务信息服务网络、如何提供更多的信息内容、如何保证网络的安全性、如何方便消费者接入、提高信息传输速度等方面考虑问题。至于电子商务在线服务背后的物流体系建立问题，信息产业界对此疑问较多。实际上，完整的电子商务应该包括商流、资金流、信息流和物流四方面，在商流、资金流、信息流都可以在网上进行的情况下，物流体系的建立应该被看作是电子商务的核心业务之一。电子商务物流体系可以有以下几种组建模式。

1）企业自营模式。

2）外包物流模式，外包物流模式又称为第三方物流或合同物流。

3）物流联盟模式。物流联盟是一种介于自营和外包之间的物流模式，可以降低前两种模式的风险。

投身于电子商务的企业根据自己的实际情况选择不同的物流模式，而物流模式各有利弊，国际上流行的做法是电子商务企业将物流全部交给第三方物流企业。

（二）汽车物流

汽车物流是集现代运输、仓储、保管、搬运、包装、产品流通及物流信息于一体的综合性管理，是沟通原料供应商、生产厂商、批发商、零件商、物流公司及最终用户满意的桥梁，更是实现商品从生产到消费各个流通环节的有机结合。对汽车企业来说，汽车物流包括生产计划制订、采购订单下放及跟踪、物料清单维护、供应商的管理、运输管理、进出口、货物的接收、仓储管理、发料及在制品的管理和生产线的物料管理、整车的发运等。

我国现行的主体汽车物流模式是供产销一体化的自营物流，即汽车产品原材料、零部件、辅助材料等的购进物流、汽车产品的制造物流与分销物流等物流活动全部由汽车制造企业完成。制造企业既是汽车生产活动的组织者、实施操作者，又是企业物流活动的组织者与实施者。

在这种模式下，汽车制造商对供应物流、制造物流及分销物流拥有完全的控制权，能够掌握第一手客户信息，有利于改善客户服务和对整个物流进行协调与控制。但是，随着物流业务的不断扩大，供应全球化和电子商务对汽车产品物流的信息化、自动化和柔性化提出了全新的要求。要求制造商具有更加强大的物流实力，不断加大对物流的投入以适应电子商务发展的需要。这些变化对自营物流而言，不但加重了制造商的资金负担，而且也不能充分发挥分工的经济优势，会降低汽车产品的总体物流效率。同时，自营物流居于整车生产企业自身，往往只从整车生产企业的利益出发，过多地强调保障整个生产企业生产的连续性，会要求零配件生产企业提供远大于实际需要的库存。

汽车电子商务物流是指在电子商务条件下，通过互联网的信息交换实施的物流活动。汽车电子商务物流需要整个汽车供应链的电子商务化，也是实现汽车电子商务供应链管理的重要基础。

四、汽车电子商务供应链管理

（一）供应链的概念

供应链是围绕核心企业，通过对信息流、物流、资金流的控制，从采购原材料开始，制成中间产品以及最终产品，最后由销售网络把产品送到消费者手中，并将供应商、制造商、分销商、零售商、直到最终用户连成一个整体的功能网链结构模式。它是一个范围更广的企业结构模式，它包含所有加盟的节点企业，从原材料的供应开始，经过链中不同企业的制造加工、组装、分销等过程直到最终用户。它不仅是一条连接供应商到用户的物料链、信息链、资金链，还是一条增值链，物料在供应链上因加工、包装、运输等过程而增加其价值，给相关企业带来收益。

（二）供应链结构模型

根据以上供应链的定义，其结构可以简单地归纳为图 3-13 中的模型。

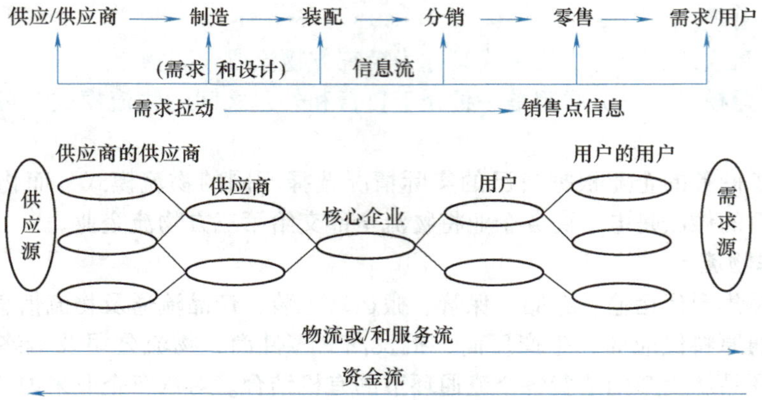

图 3-13 供应链结构模型

从图中可以看出，供应链由所有加盟的节点企业组成，其中一般有一个核心企业（可以是产品制造企业，也可以是大型零售企业，如美国的沃尔玛），节点企业在需求信息的驱动下，通过供应链的职能分工与合作（生产、分销、零售等），以资金流、物流或（和）服务流为媒介实现整个供应链的不断增值。

（三）供应链管理

传统的企业组织中的采购（物资供应）、加工制造（生产）、销售等看似整体，但却是缺乏系统性和综合性的企业运作模式，已经无法适应新的制造模式和发展需要，而企业自我封闭的管理体制，更无法适应网络化竞争的社会发展需要。

供应链管理是一种集成的管理思想和方法，它执行供应链中从供应商到最终用户的物流的计划和控制等职能。供应链管理是通过前馈的信息流和反馈的物料流及信息流，将供应商、制造商、分销商、零售商，直到最终用户连成一个整体的管理模式。现在的供应链管理把供应链上的各个企业作为一个不可分割的整体，使供应链上各企业分担的采购、生产、分销和销售的职能成为一个协调发展的有机体。

供应链管理主要涉及四个主要领域：供应（Supply）、生产计划（Schedule Plan）、物流（Logistics）、需求（Demand）。由图 3-13 可见，供应链管理是以同步化、集成化生产计划为指导以各种技术为支持，尤其以 Internet 和 Intranet 为依托，围绕供应、生产作业、物流（主要指制造过程）、满足需求来实施的。供应链管理主要包括计划、合作、控制从供应商到用户的物料（零部件和成品等）和信息。供应链管理的目标在于提高用户服务水平和降低总的交易成本，并且寻求两个目标之间的平衡（这两个目标往往有冲突）。

（四）汽车行业供应链管理电子商务解决方案

1. 汽车产业供应链

从广义上讲，汽车产业的供应链包括从零部件的供应到整车交付中的所有流程，既包含运输、储存、加工组装、车辆配送及维修、维护等物理流程，也包含相关信息的收集、处理和交换。汽车行业供应链是最典型的供应链组织结构模式，其具有如下特点。

1）以汽车制造企业为供应链的核心企业。汽车制造企业作为供应链的物流调度与管理中心，担负着信息集成与交换的作用，在产品设计、制造、装配等方面具有强大优势。其不但可以拉动上游供应商的原材料供应，也可以推动下游分销商的产品分销及客户服务。

2）汽车行业供应链管理的重点在于：核心企业对供应链的整合与调整，战略合作伙伴关系的构建，供应链物流模式的创新，供应商与分销商的管理，产、供、销关系的协调与控制等。

3）供需间的关系十分密切。汽车制造商和供应商伙伴间形成共同开发产品的组织，持久合作。供应商提供具有技术挑战性的部件；伙伴成员共享信息和设计思想，共同决定零部件或产品以及重新定义能够使双方获益的服务。

4）物流配送功能的专业化。原材料及汽车零部件供应商、汽车制造商的物流配送体系与其主业剥离，社会化、专业化的物流体系逐步完善，以汽车物流为纽带整合供应链，第三方物流配送中心完成汽车供应链物流配送功能。

5）利用计算机网络技术全面规划汽车供应链中的物流、商流、信息流、资金流，构建电子商务采购和销售平台，通过应用条码技术、EDI技术、电子订货系统、POS数据读取系统等信息技术，做到供应链成员能够及时有效地获取需求信息并及时响应，以满足顾客需求。

风神汽车公司的供应链结构示意图如图3-14所示。

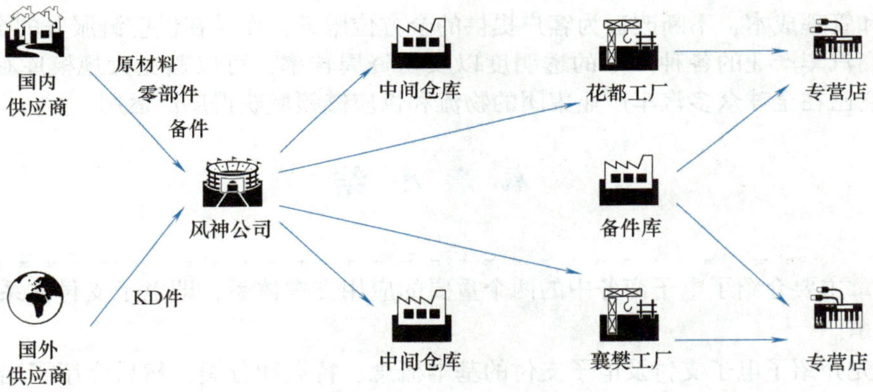

图3-14 风神汽车公司供应链结构示意图

在风神供应链中，核心企业风神汽车公司总部设在深圳，生产基地设在湖北的襄樊、广东的花都和惠州。“两地生产、委托加工”的供应链组织结构模式使得公司组织结构既灵活又科学。风神汽车公司供应链中所有企业得以有效地连接起来形成一体化的供应链，并和从原材料到向顾客按时交货的信息流相协调。同时，在所有供应链成员之中建立起了合作伙伴型的业务关系，促进了供应链活动的协调进行。

在风神汽车公司供应链中，风神汽车公司通过自己所处的核心地位，对整个供应链的运行进行信息流和物流的协调，各节点企业（供应商、中间仓库、工厂、专营店）在需求信息的驱动下，通过供应链的职能分工与合作（供应、库存、生产、分销等），以资金流、物流或（和）服务流为媒介，实现整个风神供应链不断增值。

2. 汽车产业的供应链管理

成功的汽车产业物流服务和供应链管理过程，往往不是“散兵游勇”式的管理，也不是“铁路警察，各管一段”式的管理，而是汽车产业物资供应商、汽车装配生产商、包括第三物流供应方在内的汽车产业物流服务供应方、托运人、承运人和经纪人等各方面的一体化经营管理。供应链管理过程的效率和透明度，往往是汽车产业是否取得最终成功的关键所在。

目前风靡全球的“准时制”（Just In Time，JIT）经营管理模式，早在20世纪60年代就已被日本丰田汽车公司所实施。它是把必要的汽车零部件，以必要的数量，在必要的时候，送到必要的生产线或者地点。这一切都是为了适应当时已经出现的汽车消费者要求多样化、个性化而建立的一整套汽车产业制造体系和围绕该体系的物流供应链服务体系。因此所谓“准时制”实际上就是物流和供应链服务的物资配送新模式。由于“准时制”坚持多品种、准批量、短周期的汽车产业经营管理方式，避免了传统汽车产业的物资库存积压现象，以所谓“零库存”的模式让存货规模得以不断地“瘦身”，减少物流和供应链过程及领域里的浪费，从而大幅度地降低了汽车产业的整体生产成本，提高了经济效益和市场竞争力。

总部设在美国佛罗里达州的博卡拉顿（Boca Raton，Florida，U. S. A）的纽瑞斯物流公司（Neoris Logistics），为进一步理顺生产程序，为汽车产业的广大客户和投资人创造附加值，推出了主动跟踪定位（Active Track）电子信息物流操作平台。由于主动跟踪定位以电子商务信息技术为基础进行全方位的物流操作，不仅能大幅度提高生产经济效益，明显降低生产经营和管理成本，不断改善为客户提供的全方位服务，而且在供应链服务的全过程中可进一步提高汽车产业的各种产品的透明度以及物资周转率，可以避免大规模库存和物资积压。目前它已在全球众多汽车产业集团的物流和供应链领域获得广泛运用。

本章小结

本章主要介绍了电子商务中的两个重要的应用支撑体系，即电子支付体系和物流配送体系。

首先介绍了电子支付及电子支付的基本概念、特点和分类，然后介绍了当前电子支付的工具：电子钱包、电子支票、银行卡等的工作原理和一般业务流程。

本章还着重介绍了电子支付系统中的网上支付系统，它是电子商务网上交易的基本支撑。其中介绍了信用卡、电子先进、电子支票等网上支付系统所用到的支付工具在网上支付的原理。网上银行是网上支付的一个重要提供方，它是传统银行在网上的虚拟店面，用户可以使用网下的各种银行服务，当然更重要的是支持电子商务的网上支付。

第二节介绍了物流及供应链管理的基本概念。汽车物流是集现代运输、仓储、保管、搬运、包装、产品流通及物流信息于一体的综合性管理，是沟通原料供应商、生产厂商、批发商、零件商、物流公司及最终用户满意的桥梁，更是实现商品从生产到消费各个流通环节的有机结合。而第三方物流将会是今后汽车物流的主要方向。

最后，介绍了电子商务条件下汽车供应链管理的方案。要求汽车制造企业作为汽车供应链的核心企业，通过电子商务采购与上游联系，通过 CRM 和电子商务销售平台联系和管理经销商和客户需求，并通过 ERP 系统整合管理供应链，并将汽车物流逐渐分离出来交给第三方物流。

同步测试

一、单项选择题

1. 随着计算机技术的发展，电子支付的工具越来越多，其中电子钱包和电子支票分别属于（　　）。

A. 电子货币类和电子支票类　　B. 电子货币类和电子划款类

C. 电子钱包类和电子支票类　　D. 电子钱包类和电子划款类

2. 电子支付指的是电子交易的当事人，使用安全电子支付手段通过网络进行的（　　）。

A. 现金流转　B. 数据传输　C. 金融货币的流通和支付　D. 票据传输

3. 在使用电子钱包时，把下列（　　）安装到电子商务服务器上，利用电子钱包服务系统就可以把各种电子货币或电子金融卡上的数据输入进去。

A. Mondex 卡　B. 智能卡　C. 电子钱包管理器　D. 电子钱包应用软件

4. 使用电子钱包的支付过程是（　　）

A. 电子信用卡→电子钱包→电子商务服务器→信用卡公司或商业银行电子钱包

B. 电子信用卡→电子商务服务器→信用卡公司或商业银行

C. 电子钱包→电子信用卡→商户服务器→信用卡公司或商业银行

D. 电子信用卡→电子钱包→商户服务器→信用卡公司或商业银行

5. 电子支票交易的过程是（　　）

①银行通过验证中心对电子支票进行验证，无误后向商家兑付或转账

②消费者通过网络向商家发出电子支票，同时向银行发出付款通知单

③消费者和商家达成购销协议并选择使用电子支票支付

④商家通过验证中心对电子支票进行验证，无误后将电子支票送交银行索付

A. ①②③④　B. ②③④①　C. ③②④①　D. ②③①④

6. 在线商店向银行请求支付授权时，信息通过（　　）从互联网传给收单行。

A. 认证中心　B. 信用卡信息中心　C. 支付网关　D. 票据交换中心

7. 物流是指（　　）。

A. 物质价值从需求者向供应者的物理移动

B. 物质价值从供应者向需求者的物理移动

C. 物质实体从需求者向供应者的物理移动

D. 物质实体从供应者向需求者的物理移动

8. 企业内部能力不够时，可以借助（　　）来补充运输能力的不足。

A. 新式运输工具　B. 增加运输人员　C. 第三方物流　D. 运输自动化

二、多项选择题

1. 电子支付工具包括（　　）。

A. 电子货币　B. 智能卡　C. 电子支票　D. 电子钱包

2. 下列电子支付工具中，属于电子支票类的有（　　）。

A. 智能卡　　B. 电子支票　　C. 电子汇款　　D. 电子划款

3. 在电子钱包中可以装入（　　）。

A. 电子现金　　B. 电子信用卡　　C. 电子零钱　　D. 数字货币

4. 电子支付的特点包括（　　）。

A. 电子支付采用先进的技术通过数字流转来完成信息传输

B. 电子支付的工作环境是基于一个开放的系统平台

C. 电子支付具有方便、快捷、高效、经济的优势

D. 电子支付工具形式多样

5. 第三方物流的特点有（　　）。

A. 信息化　　B. 合同化　　C. 个性化　　D. 联盟化

6. 电子商务下供应链管理的典型模式有（　　）

A. 快速反应　　B. 有效客户反应　　C. 电子订货系统　　D. 企业资源计划

三、判断题（对的在括号内打“✓”，错的打“×”）

1. 安全问题一直是困扰电子支付发展的关键性问题。（　　）

2. 电子现金是一种以数据形式流通的货币，它是把现金数值转换成一系列的加密序列数，通过这些序列数来表示现实中各种金额的币值。（　　）

3. 使用电子钱包的顾客不用在银行开立账户。（　　）

4. 在使用电子钱包支付时，必须经商业银行转账后，销售商店才可交货。（　　）

5. 过高的物流服务势必损害经营绩效，不利于企业收益的稳定。（　　）

6. 可以说，整个物流技术和物流管理的发展过程就是不断追求物流成本降低的过程。（　　）

同步训练

项目：汽车电子商务基础训练

实训目的：

- 使学生掌握电子支付的主要工具。
- 使学生掌握网上支付的过程，能够熟练使用网络支付工具。
- 熟悉各种电子支付工具的网上支付安全措施。

实训器材：

电脑、互联网

实训指导：

1. 网上申请支付宝账号，并了解支付安全措施

2. 开通一张银行卡的网上支付功能

3. 在淘宝商城购买任意一件实物商品，并采用网上支付（第三方支付或网上银行支付），分析网络支付过程和物流过程；完成网上购物电子支付与物流实训报告，详细分析电子支付工具、电子支付的过程和物流过程。

第四章

汽车在线零售与 B2C

知识目标

- 掌握 B2C 电子商务的主要环节。
- 掌握在线零售的概念、分类。
- 掌握网上虚拟商店的系统结构和业务流程。

能力目标

- 能解释 B2C 电子商务模式，列举出 B2C 的模式、分类和收益模式。
- 能处理在线零售的业务过程。
- 能分析汽车在线零售的模型。

重点与难点

- B2C 电子商务模式
- 在线零售的模型和业务流程
- 汽车在线零售的类型和运作原理

零售是指向最终消费者个人或社会集团出售生活消费品及相关服务，以供其最终消费之用的全部活动。“零售”源自法语动词“retailer”，意思是切碎，是以一种基本的销售活动，即大批量买进、小批量卖出。它是相对“批发”而言的，每笔商品交易的数量比较少，交易次数频繁；商品是消费资料，个人或社会团体购买后用于生活消费；交易结束后商品即离开流通领域，进入消费领域。

随着电子商务（狭义指电子交易）的兴起，为商家在网上向消费者销售提供了核心的平台和技术支持。B2C 电子商务交易模式在零售业的应用，使得在线零售成为企业在互联网时代的重要营销渠道，也使得消费者的购物行为发生了重大改变，网上购物和消费成为一种重要的生活方式。当然，汽车消费也自然逃不过时代变革的洪流，汽车在线零售也将成为一种趋势。

本章将在 B2C 电子商务交易模式的基础上，阐述在线零售的类型和运营过程，并介绍汽车市场在线零售的发展和应用。

第一节 B2C 电子商务模式

狭义的 B2C（Business to Customer）电子商务是一种按电子商务交易主体划分的电子商务模式，表示企业对消费者的电子商务，具体是指通过信息网络以及电子数据信息的方式实现企业或商家机构与消费者之间的各种商务活动、交易活动、金融活动和综合服务活动，是消费者利用互联网直接参与经济活动的形式。

在今天，B2C 电子商务以完备的双向信息沟通、灵活的交易段、快捷的物流配送、低成本高效益的运作方式等在各行各业展现了其极强的生命力。B2C 模式是我国最早产生的电子商务模式，以 8848 网上商城正式运营为标志。

一、B2C 电子商务模式的经营模式

B2C 电子商务企业的经营模式主要分为两种：经营无形产品和劳务的电子商务模式以及经营实物商品的电子商务模式。

（一）经营无形产品和劳务的电子商务模式

1. 网上订阅模式

网上订阅模式指的是企业通过网页向消费者提供网上直接订阅，消费者直接浏览信息的电子商务模式。网上订阅模式主要被商业在线机构用来销售报纸杂志、有线电视节目等，其主要形式有在线服务、在线出版、在线娱乐。

（1）在线服务　在线服务是指在线经营商通过每月向消费者收取固定的费用而提供各种形式的在线信息服务。1996 年以前，在线服务商一般都是按实际使用时间向客户收取费用。但从 1996 年起，一些网络服务商收取固定的费用向消费者提供国际互联网的接入服务，在线服务商现在也遵从相同的做法，以固定费用的方式提供无限制的网络接入和各种增值服务。在线服务商一般都有自己服务的客户群体。以美国的在线服务商为例，美国在线（AOL）的主要客户群体是家庭使用者；微软网络（MSDN）的主要客户群体是 Windows 的使用者。

在线服务商提供的服务都有以下特点。一是基础信息的一步到位式服务。在线服务商一般都向订户提供基础的信息服务，所提供的基础信息服务一般可以满足订户对基础信息的需求。二是可靠的网络安全保障。由于在线服务都是在专有的网络上运行，通过在线服务商连接的网络其安全保障比直接连接国际互联网要可靠。三是向新订户提供支持服务系统。在线服务商既通过计算机网络，又通过电话向新的订户提供支持服务。

（2）在线出版　在线出版指的是出版商通过计算机互联网络向消费者提供除传统纸面出版之外的电子刊物。在线出版一般仅在网上发布电子刊物，消费者可以通过订阅来下载刊物的信息。但是，以订阅方式向一般消费者销售电子刊物被证明存在一定的困难，因为一般消费者基本上可以从其他的途径获取相同或类似的信息。因此，此项在线出版模式主要靠广告支持。

大多数的类似网站使用双轨制，即免费和订阅相结合。有些内容是免费的，有些内容是专门向订户提供的。这样，这些网站既能够吸引一般的访问者，保持较高的访问率，同时又有一定的营业收入。与大众化信息媒体相对的是，更趋于专业化的信息源的收费方式却比较

成功，例如很多专业的数据库网站。目前国内很多小说阅读网站即是双轨制的典型代表。

（3）在线娱乐　一些网站向消费者提供在线游戏、音乐、电影欣赏等服务。在线游戏的英文为 Online Game，又称网络游戏，简称网游，指以互联网为传输媒介，以游戏运营商服务器和用户计算机为处理终端，以游戏客户端软件为信息交互窗口的旨在实现娱乐、休闲、交流和取得虚拟成就的具有相当可持续性的个体性多人在线游戏。游戏类型主要有棋牌类、对战类和角色扮演类。收费模式主要分三种：道具收费、时间收费、客户端收费。

截至 2015 年 6 月，中国网络游戏用户规模为 3.80 亿。从网络游戏行业的发展趋势看，在用户增长减缓的情况下，产品的细分需求进一步提升，游戏年龄偏长以及丰富的产品促使用户的选择更为理智，提升产品的对于不同用户的针对性已经成为产品竞争的关键。另一方面，在新游戏用户越来越少的形势下，未来更多的是游戏类型间的用户转换，例如从小型休闲游戏用户向大型游戏用户的转换，网页游戏与大型网络游戏间的相互渗透等，而这种趋势也加大了游戏运营商平台的建立。

2. 付费浏览模式

付费浏览模式是指企业通过网页安排向消费者提供计次收费性的网上信息浏览和信息下载的电子商务模式。消费者根据自己的需要，在网上有选择地购买一篇文章或是图书的部分内容作为参考，在数据库里查询的内容也可付费获取。

付费浏览模式是目前电子商务中发展较快的模式之一。该模式的成功要具备的条件为：首先，消费者必须事先知道要购买的信息，并且判断该信息是否值得付费获取；其次，信息出售者必须有一套有效的交易方法，而且该方法要允许较低的交易金额。

网上信息出售者最担心的是知识产权问题。其担心客户从网站上获取了信息之后又再次分发或出售。一些信息技术公司针对这个问题开发了网上信息知识产权的保护技术。信息购买者作为代理人将信息再次出售，而且给予代售者一定的佣金，这样就鼓励了信息的合法传播。

3. 广告支持模式

广告支持模式指在线服务商免费向消费者或用户提供信息在线服务，而营业活动全部用广告收入支持。此模式是目前最成功的电子商务模式之一。例如，雅虎（Yahoo）等在线搜索服务网站就是依靠广告收入来维持经营活动的。信息搜索对于上网人员在信息浩瀚的互联网上找寻相关信息是最基础的服务。企业也最愿意在信息搜索网站上设置广告，特别是通过付费方式在网上设置广告图标，有兴趣的上网人员通过单击图标就可直接到达企业的网址。

由于广告支持模式需要上网企业的广告收入来维持，因此该企业网页能否吸引大量的广告就成为该模式能否成功的关键。而能否吸引网上广告又主要靠网站的知名度，而知名度又取决于该网站被访问的次数。广告网站必须对广告效果提供客观的评价和测评方法，以便公平地确定广告费用的计费方法和计费额。目前大致有以下几种计费方式：

1）按被看到的次数计费。

2）按用户录入的关键字计费。

3）按单击广告图标计费。

4. 网上赠予模式

网上赠予模式是一种非传统的商业运作模式。企业借助于互联网向用户赠送软件产品，以扩大企业的知名度和市场份额。通过让消费者使用该产品，让消费者下载一个新版本的软件或购买另外一个相关的软件。由于所赠送的是无形的计算机软件产品，而用户是通过国际互联网自行下载，因而企业所投入的成本较低。因此，如果软件确有其实用特点，那么是很容易让消费者接受的。

采用网上赠予模式的企业主要有软件公司和出版商。计算机软件公司在发布新产品或新版本时通常在网上免费提供测试版，用户可以免费下载试用。这样，软件公司不仅可以取得一定的市场份额，而且也扩大了测试群体，保证了软件测试的效果。当最后版本公布时，测试用户可能购买该产品，或用户参与了测试版的试用可以享受到一定的折扣。有的出版商也采取网上赠予模式让用户试用，然后购买。

（二）实物商品的电子商务模式

实物商品指的是传统的有形商品，这种商品和劳务的交付不是通过计算机这一信息载体，而仍然通过传统的方式来实现。目前在互联网上所进行的实物商品的交易取得了很大的进展，网上成交额有增无减。

网上实物商品销售的特点主要是网上在线销售的市场扩大了。与传统的店铺市场销售相比，网上销售可以将业务伸展到世界各个角落。例如，美国的一种创新产品"无盖凉鞋"，其网上销售的订单有2万美元是来自南非、马来西亚和日本。一位日本客户向坐落在美国纽约的食品公司购买食品，付出的运费相当于产品的价值。然而，客户却非常满意，因为从日本当地购买相同的产品，其花费会更多。

除此之外，网上商店仅需要少量的雇员，有些情况下，网上商店可以直接从经销商处订货，省去了商品储存的环节。在网上销售的商品中，一些出售独特商品的网上商店较为成功。独特商品商店之所以较为成功，是由其产品特点和国际互联网的特点决定的。在实际市场上，对于特殊商品的需求是有限的，由于市场上的特殊商品的消费者比较分散，传统的实物店铺市场的覆盖范围不足以支持店铺经营。而国际互联网触及世界市场的各个角落，人们可以根据自己的兴趣来搜索网上商店，因此，见缝插针式的商品在在线销售方面就更容易成功。另一类在线销售较成功的商品是一些众所周知、内容较确切的实物商品，如书籍、磁盘、品牌计算机、电子产品等。

企业实现在线销售目前有两种形式：一种是在网上设立独立的虚拟店铺；一种是参与并成为网上在线购物中心的一部分。通常，互联网服务商可以帮助企业设计网页，创立独立的虚拟商店，为用户提供接入服务。

在线销售目前也面临着一些障碍，障碍主要来自三个方面：一是目前普通消费者入网的较少，即使上网，使用费用也相对较高，这就限制了一大批消费者网上购物，因此，目前广大消费者还是通过传统的实物市场购物；二是国际互联网络非常庞大，对于中小企业，要引起网上用户或消费者的注意也不是容易的事情。开发在线成交系统相对投资较大，中小企业未必能承受。三是商品质量及网络安全也存在问题。

（三）综合模式

实际上，多数企业网上销售并不是仅仅采用一种电子商务模式，而往往采用综合模式，即将各种模式结合起来实施电子商务。在网上销售中，一旦确定了电子商务的基本模式，企业不妨考虑一下采取综合模式的可能性。例如，一家旅行社的网站向客户提供旅游在线预订业务，同时也接受度假村、航空公司、饭店和旅游促销机构的广告，如有可能还可向客户提供一定的折扣或优惠，以便吸引更多客户的注意。一家书店不仅可以销售书籍，而且可以举办读书俱乐部等活动，接受来自其他行业和其他零售商店的广告。在网上尝试综合的电子商务模式有可能会带来额外的收入。在经营实物商品的电子商务模式方面，实物商品指的是传统的有形商品和劳务，这种商品和劳务的交付不是以电脑作为信息载体，而是通过传统的方式来实现。有形商品和服务的查询、订购、付款等活动将在网上进行，这种电子商务模式也称为在线销售。目前，企业实现在线销售主要有两种方式：一种是在网上开设独立的虚拟商店，另一种是参与并成为网上购物中心的一部分。网上实物商品销售的主要特点是在扩大市场的同时减少交易中的摩擦，提高交易效率。

二、实施 B2C 电子商务企业类型

目前已建立或准备建立 B2C 模式的电子商务企业大致可分为：经营着线下商店的零售商、没有线下商店的虚拟零售企业和商品制造商。

1. 经营线下商店的零售商

这些企业有着实实在在的商店或商场，网上的零售只是作为企业开拓市场的一条渠道，其并不依靠网上的销售生存。如美国的沃尔玛（Wal-Mart）、上海联华超市、国美电器、苏宁电器等，本身就是规模较大的零售商，逐渐建立网上交易平台拓展销售渠道。如国美的国美在线上面可以获得和线下同样的商品，下单之后可通过国美电器线下送货。

2. 没有线下商店的虚拟零售企业

这类企业是电子商务的产物，网上销售是其唯一的销售方式。如美国的亚马逊（Amazon）网站目前已成为世界销售量最大的书店，但其并没有实体商店在线下支撑，网站通过线下的仓库中转货物。国内的京东商城等都是这种类型。这种虚拟零售企业除了自营零售以外，还通过出租在线虚拟商店给其他制造商或商家获取服务费。

3. 商品制造商

商品制造商采取网上直销的方式销售其产品，不仅给顾客带来了价格优势上的好处及商品客户化，而且减少了商品库存的积压。例如戴尔（DELL）计算机制造商是商品制造商网上销售最成功的例子。由于其建立了网上直销，DELL 公司跻身业内主要制造商之列。青岛海尔集团是中国家电制造业中的巨头之一，其通过建立自己的电子商务网站，一方面宣传海尔的企业形象；另一方面通过网上销售，加大了自己产品的市场推销力度。

三、B2C 电子商务企业的收益模式

经营 B2C 电子商务网站的企业其收益模式是不同的，一般有三种收益模式：收取服务费、会员制和扩大销售量。

1. 收取服务费

网上购物的消费者，除了要按商品价格付费外，还要向网上商店付一定的服务费。例如，Peapod 网上商店（http：//peapod. com）对每个网上购物的消费者除了收取实际所卖商品的费用外，要另外收取订货费 5 美元和订货总金额 5% 的服务费。尽管顾客要交纳服务费，但他们仍愿意在该网站上购买商品。

2. 会员制

网络交易服务公司一般采用会员制，按不同的方式、服务的范围收取会员的会费，这种

会员制费用一般由虚拟零售企业向商家收取，其有两种方式：按时间收取，如按年、月、季收取固定的会费；按会员的实际销售规模，按比例收取会费。目前大多数网站都是会员制。例如淘宝一个标准版旺铺租金每月30元，截至2012年12月31日，淘宝有600万卖家（其中加入消费者保障服务协议（消保）的卖家有140万），如果有300万人在用标准版，那么仅此一项淘宝每月收取租金就达9千万。

3. 降低价格，扩大销售量

网上销售商提供低价格的商品或服务，为的是扩大销售量，提高企业的形象。当当网上书店是目前全球最大的中文书店，面向全世界中文读者，提供超过20多万种中文图书，占国内图书市场品种的90%。当当网上书店以打价格战为其营销战略，在网络上获取最大的市场。它提供的所有商品，其价格低于平均市价，最高可享受20%的折扣。

四、B2C电子商务的主要环节

（一）物流配送

物流配送是指在经济合理的区域范围内，根据用户的要求，对物品进行拣选、加工、包装、分割、组配等作业，并按时送达指定地点的物流活动。

B2C物流配送则指电子商务网站接到消费者下达的有形商品订单以后实现的从上游的供应商向消费者的空间和时间转移。按照流程和交易对象，整条电子商务网站的物流配送链主要分成从上家订购、储存、分拣以及向下家备货、配装和运送两大过程。虽然和上游供应商的交易无疑影响到物流配送链的成本和速度，但是随着物流信息化进程的加快，上游的物流配送速度的增加和成本下降可以通过数据库的对接实现。相比较而言，把商品送到消费者手中这一环直接关系到消费者对B2C电子商务网站的评价，因此显得更为重要。

现阶段B2C电子商务企业采用的物流配送模式基本上分为三类。

1）内置履行服务，即公司自营物流管理，如京东商城就有自己的物流公司负责配送自营的货物。

2）传统流通渠道，即由制造厂商直接向顾客发送货物。

3）第三方物流（3PL，Third Party Logistics），即由供给需求方之外的第三方部分地或全部利用供给方的资源并通过合约向需求方提供物流服务，其也称为外包、合同物流。

（二）支付结算

支付方式决定了资金的流动过程，目前，在B2C电子商务方式中主要的支付方式有货到付款、汇款、银行转账和电子支付。

1. 货到付款

这是最原始的付款方式。商家将商品交给客户，客户查验货物后以现金的方式支付给商家。这种付款方式的最大优点是，不依赖于任何支付系统，很适合偶尔购物的普通消费者。目前大部分电子商务平台都保留了这一支付方式。随着第三方物流的兴起，这一支付方式的收款一般都由物流公司代收。

2. 汇款和银行转账

汇款指客户在完成订单时，通过邮政系统或银行系统汇款，当商家接到汇款后，再将商品发给客户。这种方式需要到银行转账，不是很便利，个人客户使用较少。汇款方式适用于购买外地不易损坏的商品。

3. 电子支付

所谓电子支付，是指从事电子商务交易的当事人，包括消费者、厂商和金融机构，通过信息网络，使用安全的信息传输手段，采用数字化方式进行的货币支付或资金流转。

（三）安全认证

安全认证包括消费者身份确认及支付确认。在 B2C 电子商务模式中消费者身份确认大多采用电话和电子邮件确认。通过电子商务认证中心（CA）的身份确认由于操作的技术复杂性目前还不十分普及。

第二节　汽车在线零售

一、在线零售概述

在线零售（Online Retail）又称为网上零售（e-Retail），是 B2C 电子商务在零售业中的应用。根据中国电子商务研究中心发布的《2009 年中国网络零售调查报告》的定义，在线零售（网络零售）是指交易双方以互联网为媒介进行的商品交易活动，即通过互联网进行的信息的组织和传递，实现了有形商品和无形商品所有权的转移或服务的消费。买卖双方通过电子商务（线上）应用实现交易信息查询（信息流）、交易（资金流）和交付（物流）等行为。网络零售也称网络购物，包括 B2C 和 C2C 两种形式。

在线零售的发展是一种历史必然，诸多因素推动着在线零售的快速发展。首先，现代社会城市中商场的过度建设和商品相对过剩的供应，使得在线零售打破店面、店址在零售行业中的决定性地位，凭借其不受时间和空间制约的特点，而逐渐得到越来越多的零售商的支持和选择。其次，消费者本身发生重大变化。随着互联网的出现，其消费观念、消费方式和地位也在发生着巨大的变化，消费者不再压抑自己的个性，而是追求更加多样化、个性化以及更高消费水平的商品。再者，消费者消费行为发生了变化。折扣店和邮寄目录购物汇聚了很多生产商的产品，能向消费者提供更多的折扣，因而成为广受欢迎的销售形式。另外，电子商务的广泛应用为在线零售提供了便利。互联网带来的规模效应降低了业务成本，它所带来的范围效应则丰富了企业业务活动的多样性，也为小企业创造了机会，使其能够与资源雄厚的跨国公司在平等的技术基础上竞争。

二、在线零售的类型

在线零售可根据系统平台的不同和交易主体的不同进行分类。

根据系统平台的形式分，在线零售可分为三种模式：

1）门户网站商城模式（如新浪商城）。

2）店中店模式（如当当和亚马逊的店中店）。

3）C2C 卖场模式（如拍拍网、淘宝网、易趣网等）。

按交易类主体不同，又可以分为 C2C 和 B2C 模式。

B2C 在线零售通过网上虚拟商店，让消费者通过网络在网上购物、在网上支付。B2C 可以细分为四种类型：综合型、垂直型、工厂网络直销型、平台型。

（1）综合性在线零售　指中间商或零售商通过网络零售业平台向消费者提供多种类型

的商品，类似线下的大型超级市场，主要适用于资金实力雄厚的大型 B2C 企业，简单地说就是网络中间商。典型的如亚马逊、1 号店网上超市、当当网等。

（2）垂直型在线零售　指中间商或零售商专注于某一特定的细分市场，通过网络零售业平台向消费者提供某一行业的商品，如以销售母婴类的红孩子以及凡客诚品、麦包包等。

（3）工厂网络直销型在线零售　指产品制造商通过自建的网络零售业平台直接向消费者提供其所生产产品的模式，如李宁网上商城，就是一种厂家的网络直销。

（4）平台型在线零售　指中间商或零售商借助某一个信誉有保障的第三方信息中介平台，为消费者提供自己经营的产品或服务，类似线下的各种购物广场里独立经营的商铺，如天猫（原淘宝商城）。

C2C 在线零售网络平台就是通过为买卖双方提供一个在线交易平台，使卖方可以自行提供商品上网展示销售，而买方可以自行选择商品拍下付款或是进行竞价方式在线完成交易。如众所周知的易趣、拍拍、有啊等。

三、网上商城

网上商城是在线零售的重要应用形式，它是网上销售模型的具体化系统，需要向各参与主体提供接口和界面，并能够开设网上虚拟商店。

（一）网上销售模型

网上销售模型包括以下两个方面：从零售商角度的销售模型，处理顾客订单的过程；从顾客角度的销售模型，顾客购买商品或获得服务过程中的一系列活动。

1. 零售商的销售模型

对于零售商销售过程来说，实际上就是订单处理过程，处理过程包括：

1）订单计划和订单产生。由产品计划部门提出计划的开销费用、雇用人员数、库存数量；由销售部和市场部预测产品的销售额。

2）报价。好的价格战略可以减少总利润的压力。

3）订单接受和登录。接受顾客的订单，进行订单登录，将订单获得系统和库存数据库集成。

4）订单选择和按优先度排序。不是所有的订单都是平等地产生的，一些订单对于企业来说价值更大。理想的订单应符合企业能力并提供健全的收益。

5）订单安排。被排序的订单送入生产或运作过程。

6）订单满足和发货。一份订单中不同部分的产品可能在不同的制造地点产生，并在另一个地点组装，所以要确保发货正确。

7）订单账单和账户/支付管理。

2. 顾客的购买模型

可以根据消费者行为过程划分为三个阶段：

（1）购买前的准备阶段　顾客购买前的准备活动包括在广大的信息空间中寻找满足需求的产品集，并且根据特性对比，缩小产品范围等。购买前的信息收集分为顾客个人收集和企业采购的集团收集，其特点是不同的。

（2）购买过程　购买过程包括确定购买活动相关的信息流和文档，如商品的价格、可得性、交付时间、支付方式，即不断往购物清单/购物车中添加商品、付款、接收发票的过程。

(3) 售后服务　售后服务阶段包括用户服务和对于用户意见、退货和产品缺陷的解决。售后服务对企业获得用户黏度起重要的作用，并影响用户满意度和企业数年的收益。

(二) 网上销售界面

网上销售界面包括零售商提供给顾客界面、零售商与供应商接口以及零售商管理界面。

1. 顾客和零售商界面

顾客和零售商界面是网上商店的布局，由一系列的网页组成，管理着营销、销售和顾客服务界面。该界面一般包括以下功能。

(1) 商店运作　包括物理店面中所具有的功能，如商品分类、价格管理/标签、交款方式选择。

(2) 顾客服务　包括产品信息搜索服务、电子营销（热门商品推荐、促销信息等）、流水线交款台、产品可视化、礼品登记、店内购物跟踪、客户交流、电话/订单登录帮助、顾客服务中心、个性化服务。

2. 零售商和供应商界面

这一界面包括一系列功能使得产品能够有效地从供应商直接送至顾客手中。这一界面的目标是提供高水平的服务，同时，最小化存货水平并减少浪费（过期食品）或使商品价格最低（过季商品的销售）。零售商和供应商界面还包括在全面考虑下的决策，涉及优化存货数量和存放地点，以及随后的订货、存储和发货。

3. 零售商管理界面

这一界面是一系列用于计划、控制组织内部所有商业过程的系统，例如，财务、会计和人力资源管理。该界面的一些特殊功能为：商业情报和商品计划；微观营销；品牌管理。

四、汽车在线零售

目前汽车在线零售刚刚起步，主要的在线零售形式是以 B2C 垂直在线零售模式进行，如易车网的易车商城，车易达电商平台，万车网电商平台，这些平台都可以进行新车在线销售，大部分都采用线上交易，线下 4S 店提车的方式进行。

另外，综合型的电商平台正在逐渐加入汽车在线零售的争夺。如天猫（原淘宝商城）就进行过类似的尝试，2013 年天猫双“十一”购物狂欢节，吉利汽车旗下帝豪 EC7、吉利 GX7、吉利 GX2、吉利熊猫等多款车型参与其中，并引入吉利天猫旗舰店，通过网络下单，平均每天销售 60 辆，在短短的 18 天内就成功销售车辆 1087 台。

另一方面，二手车在线拍卖（C2C 在线零售）进行得如火如荼，很多企业都加入了二手车电商平台的建设中。如平安集团的“平安好车”于 2013 年 3 月在上海注册，是隶属于平安集团旗下的创新型子公司。当前阶段平安好车以“帮卖二手车”为切入点，主要为广大车主提供二手车资讯、车辆检测、车辆帮卖和车险、车贷等金融服务，配合全国布局的线下门店，平安好车以线上竞价平台集合全国品牌优质商户，针对意向交易车辆进行线上竞价拍卖，从检测到过户的全流程免费，此外还提供车险、车贷等金融服务。

限于我国的汽车产销分离的政策，目前汽车厂家还没有真正意义的直销平台出现，是都希望通过综合电商平台进行销售，但又担心引起大规模的渠道冲突，影响线下 4S 店的利益。所以不管是垂直网站在线零售还是综合电商平台在线零售，都采用了线上下单，线下 4S 店提车和服务的模式。

（一）垂直型B2C在线零售——车易达汽车电商平台

北京车联易达科技有限公司（车易达网）成立于2012年，团队主要成员均具有多年的汽车行业从业背景，公司旨在为行业提供实体企业电商化服务，包括批发零售渠道平台设计及服务、移动电商平台设计及服务，是中国为数不多的集汽车电商平台服务、实体企业电商模式设计及移动营销模式设计一体化的IT服务商。

2013年5月，车易达网正式上线，由此开启车易达B2B汽车电商之旅，上线以来，会员增势迅猛，运营态势良好，获得行业好评及推荐使用。目前，已拥有各类注册经销商会员数千家。2014年1月，车易达移动商城1号店在中国农业银行总行掌上银行上线，由此，开启车易达移动汽车电商之旅。整车厂商的陆续介入，令车易达网的发展步入了一个新的阶段。

1. 车易达的购车流程

1）选择您决定购买的车型，并提交订单（如果您不是车易达的注册用户，需要提前注册并提交部分个人购车资料）。

2）在线支付订金，手机获取经销商信息。

3）联系经销商，确定提车日期。

4）凭证件和手机短信到经销商处提车，完成交易。

2. 车易达在线零售支付方式

车易达支持中国各大银行网银支付，客户所支付的订金将折合为车款，在支付购车款的同时减去订金即可。如果需要退款，可在线申请退款，银行将在5个工作日内为您完成退款。

3. 车易达汽车在线零售模式分析

车易达电商平台专注于新车的在线零售，其商业模式包含以下几点。

1）首先与各地的汽车4S店签约加盟，使4S店成为汽车电商平台的一部分，构成电商平台的仓储和物流系统。

2）车易达电商平台既是一个信息发布中心，也是一个交易中心，其负责完成订单的生成并分配给4S店。

3）4S店成为线下服务的主体，车易达起到的是网络中介的作用。

（二）C2C网上拍卖——人人车二手车拍卖平台

2014年全年，国内二手车交易总额为3675.65亿元，同比增长26.03%。二手车交易总数为605.29万辆，同比增长16.33%，预计在1~5年内，交易总数将达到1000万辆，市场规模预计5000亿元。市场规模够大，刺激市场产生了丰富多彩的电商交易模式，有C模式、B2B模式、B2C卖场模式、C2C寄售模式、C2C虚拟寄售模式、二手车零售商店，以及信息服务网站等。

二手车电商人人车是一家高速发展的企业，成立于2014年5月，同年7月上线的C2C二手车寄售平台，估值达到了5亿美元。人人车采用C2C虚拟寄售模式，其主要特点是取消交易的所有中间环节。

对于原有的二手车交易来说，一辆车在两个C端间流转，需要经历多个环节，包含了多个参与方：4S店、经销商、中小中介等。现在，二手车的利润空间大概为10%，每个人都试图在链条上分一杯羹。C2C模式取消了所有的中间环节，这意味着10%的利润将分给买家和卖家。人人车平台上的一辆车的成交金额比其他任何平台都要高一些。同时，虚拟寄卖的方式也减少了线下的场地成本，不需要考虑车位的流转等问题。

人人车的交易流程为：预约上门服务，由评估师上门拍摄、检测；由平台精选买家，带去线下看车。从人人车提供的数据来看，一次交易平均只需要见面2.2次。

但是，C2C寄售模式也存在缺陷。人人车在C2C模式下还有一层O2O，需要数量可观的线下团队。而这就带来了一个问题：怎么才能够形成网络效应，降低人人车的运营成本？另外一个问题为其平台定价权弱。

【案例分析】阿里的汽车电商之路

进入2014年，汽车电商市场有了实质性的发展。一方面，汽车媒体纷纷开展电商服务，最有代表性的便是国内最大的以汽车资讯闻名的汽车之家；另一方面，互联网巨头开始从多个维度涉足汽车产业的相关市场。其中，互联网巨头更是显示出对汽车电商平台的浓厚兴趣。

7月23日，阿里巴巴宣布和上汽集团合作，将荣威系列车型搬上阿里Yun OS平台，共同打造面向未来的互联网汽车及其生态圈。

同时根据媒体报道，广汇汽车将成立其专属的汽车电子商贸平台，并决定与阿里巴巴合作，双方利润分成且公司认为这一模式比每家投资逾千万元的4S店（包括整车销售Sale、零部件Spare part、售后服务Service、调查回馈Survey等）更有优势。广汇汽车还表示实体4S店将与该电子平台相辅相成，经营模式是以汽车厂商在不同省会投资某个汽车品牌的4S店作为中心，然后辐射至外区的2S店。其分工是4S店负责汽车维修，2S店则负责新车试驾、取车及车牌安装等。据公开资料显示，广汇汽车服务股份公司是中国排名第一的乘用车销售商、中国最大的乘用车融资租赁提供商及汽车经销商中最大的二手车交易代理商。无论是互联网巨头涉足汽车电商平台，还是蜻蜓点水式地涉及汽车相关产业链，这种汽车与互联网的日益结合，本身就表明汽车电商的市场价值正逐步得到市场认同。

其实在上海大众汽车结盟苏宁之前，吉利汽车、江淮汽车、上海通用汽车等汽车品牌就先后登录淘宝、天猫等电商平台卖车。

分析：从阿里的电商之路可以看出，一方面，传统的B2C电商平台正在利用自身的平台优势跨入汽车的在线零售，与原有电商整合形成新的在线综合零售商，这将是今后汽车在线零售的主要发展方向。从汽车网上零售的发展来说，这样的方式更利于形成网上汽车超市，便于客户的对比和购买，对汽车产业的竞争也将是一个巨大的促进。同时这种方式也容易跨越现有的品牌汽车授权销售的政策障碍，使电商平台成为半独立的汽车经销平台。

另一方面，由于进攻市场的需要，各家汽车厂家也在积极推出自有品牌的电商平台，作为对线下经销商的一种销售促进策略。其一可以在上面进行广告和促销的投放；其二也可以成为一个辅助的厂家销售渠道。受限于汽车的销售政策，厂家必然会推动经销商的积极参与，使自有的产品能够更具竞争力。

再者，也有很多汽车厂商或经销商集团选择了网上商城的网络虚拟商店的形式，通过租用电商平台的虚拟商店，开展网上销售或网上促销活动。这种方式更具有灵活性，不论从厂家到集团经销商再到个体经销店，都可以方便地参与其中，将其作为辅助的销售渠道。

本章小结

B2C 电子商务企业的经营模式主要分为两种：经营无形产品和劳务的电子商务模式以及经营实物商品的电子商务模式。

目前已建立或准备建立 B2C 模式的电子商务的企业大致可分为：经营着离线商店的零售商、没有离线商店的虚拟零售企业和商品制造商。

经营 B2C 电子商务网站的企业收益模式有三种：收取服务费、会员制、扩大销售量。

网上商城是在线零售的重要应用形式，它是网上销售模型的具体化系统，需要向各参与主体提供接口和界面，并能够开设网上虚拟商店。重点介绍了网上虚拟商店的基本组成和基本数据流程。

汽车在线零售刚刚起步，主要的在线零售形式是以 B2C 垂直在线零售模式进行，这些平台都可以进行新车的在线销售，大部分都采用的是线上交易，线下 4S 店提车的方式进行。另外，综合型的电商平台正在逐渐加入汽车在线零售的争夺。本章介绍了两种类型的在线零售模式案例：垂直型 B2C 在线零售的代表车易达汽车电商平台和 C2C 网上拍卖的代表车易拍二手车拍卖平台。

同步测试

一、单项选择题

1. B2C 电子商务模式的经营模式中，小说网站的充值阅读属于（　　）。

A. 网上订阅模式　　B. 付费浏览模式
C. 广告支持模式　　D. 网上赠予模式

2. 网上虚拟商店的顾客和零售商界面中功能不包括（　　）。

A. 商店运作　　B. 品牌管理
C. 顾客服务　　D. 店内购物跟踪

3. 网上虚拟商店系统中，（　　）是在线零售系统的核心。

A. 电子商务中心　　B. 电子商家或商场
C. 商务中心支付服务器　　D. 认证机构

4. 国美在线商城属于（　　）

A. 经营离线商店的零售商在线零售
B. 没有离线商店的虚拟零售企业在线零售
C. 商品制造商在线零售
D. 网上店中店

5. 易车网的易车商城属于（　　）

A. 垂直型 B2C 在线零售　　B. C2C 网上拍卖
C. 工厂网络直销型在线零售　　D. 平台型在线零售

二、多项选择题

1. 以下属于 B2C 电子商务模式的经营网上订阅模式的产品有（　　）。

A. 在线服务　　B. 在线娱乐

C. 在线出版　　D. 网上赠予

2. 下列电子支付工具中，属于电子支票类的有（　　）。

A. 智能卡　　B. 电子支票

C. 电子汇款　　D. 电子划款

3. B2C 电子商务的主要环节有（　　）。

A. 物流配送　　B. 支付结算

C. 安全认证　　D. 购物车

4. B2C 电子商务企业的收益模式主要有（　　）。

A. 收取服务费模式　　B. 会员制模式

C. C2C 卖场模式　　D. 降低价格，扩大销售量

5. 现阶段 B2C 电子商务企业采用的物流配送模式基本上分为三类，分别是（　　）。

A. 内置履行服务　　B. 传统流通渠道

C. 快递　　D. 第三方物流

三、判断题

1. 企业实现在线销售目前有两种形式：一种是在网上设立独立的虚拟店铺；一种是参与并成为网上在线购物中心的一部分。（　　）

2. 网上赠予模式可以用于软件产品的网站上。（　　）

3. 在线零售就是 B2C。（　　）

4. 中国的汽车制造商适合自己开设网络交易平台进行自营销售汽车。（　　）

同步训练

项目：B2C 电子商务模拟系统

实训目的：

- 掌握 B2C 的基本框架。
- 掌握 B2C 的买方、卖方、银行、物流、认证中心五方的具体流程。

实训器材：

电脑、Windows 系列操作系统，一方电子商务模拟教学平台

实训内容：

步骤一　以学生的身份登录，出现如图 4-1 所示页面。

步骤二　选择进入 B2C 系统，出现如图 4-2 所示内容。

老师详述 B2C 详细流程，学生照做，完成居民、商店、物流商、银行四个角色的电子商务 B2C 完整流程。

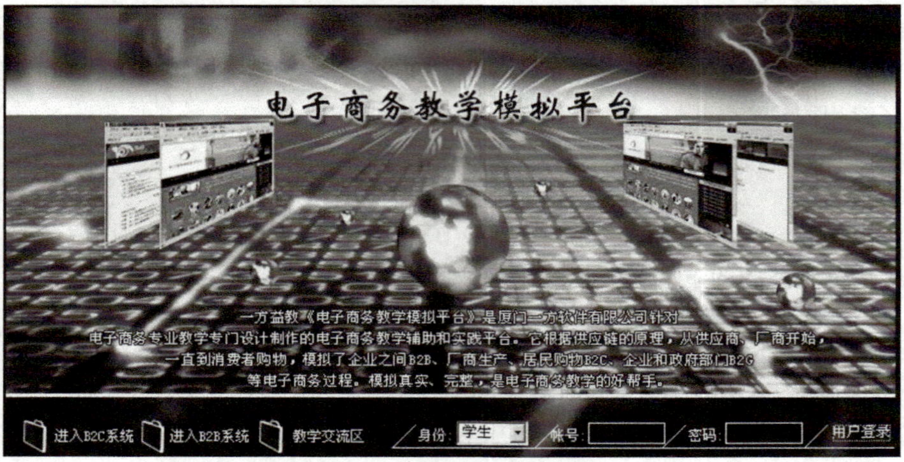

图 4-1　电子商务 B2C 模拟界面

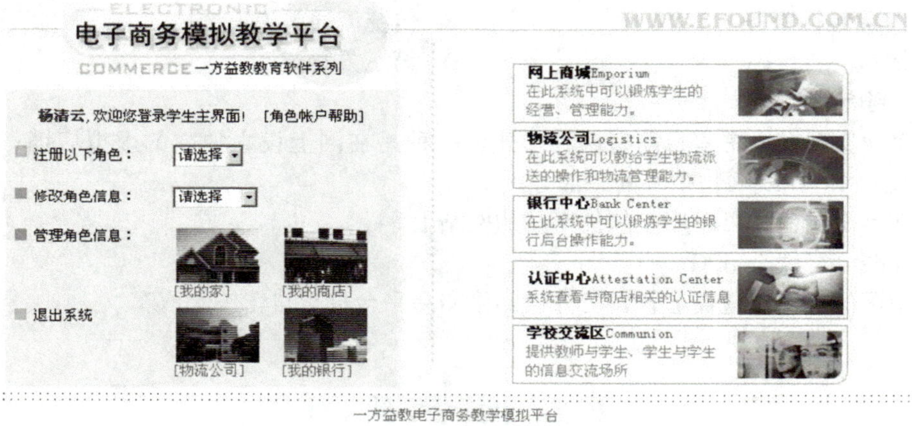

图 4-2　电子商务 B2C 首页

步骤三　上机考试

根据学生的考试账号，进入 B2C 系统，完成以下任务。

1. 建立自己的居民、商店、银行的账号，并完成居民、商店、银行到认证中心的认证过程。所有的账号对应的名称均包含自己的名字，否则该步不得分。例如，居民名称为王小丫，商店名称为王小丫的商店，银行名称为王小丫的银行。(20 分)

2. 到银行中心找到自己的银行，为所建商店在银行申请一个客户代码。到银行后台注册管理栏中审核通过商店客户代码的申请，再到银行中心找到自己的银行，并用这个客户代码为商店在这个银行申请一个银行存折账号，接着到银行后台账户管理栏中审核通过商店存折账号的申请。(20 分)

同上步骤，在银行申请个人的一个支付卡账号，和物流商的存折账号。

3. 到银行中心找到自己的银行，用商店存折账号进入银行，存入 200 万元。(15 分)

4. 到系统供应商 1，给商店采购 1000 个代码为 00203 的机油滤清器，然后完成支付并将货物入库。(15 分)

5. 居民去自己的商店买 2 个 00203 的机油滤清器，支付并选择物流商。

6. 商店成为物流商的特约会员，支付一次性会费 1 万元。(15 分)

7. 物流商根据商店订单送货。

8. 居民收到 2 个 00203 的机油滤清器。(15 分)

第五章

汽车 B2B 电子商务

知识目标

- 掌握 B2B 电子商务定义、特征和模式。
- 理解 B2B 电子商务的盈利和营销模式。
- 掌握汽车企业的 B2B 电子商务应用模式。
- 理解 B2B 和 ERP 的整合。
- 掌握汽车企业 ERP 体系结构。
- 了解易车网的业务模式。

能力目标

- 能解释 B2B 电子商务中出现的问题。
- 能写出汽车企业 B2B 应有模式。
- 能应用汽车企业实施 B2B 的各种技能。
- 能操作汽车企业 ERP 系统。

重点与难点

- 汽车企业 B2B 应用模式
- B2B 和 ERP 的整合
- B2B 下汽车 ERP 体系结构

第一节　B2B 电子商务概述

一、B2B 电子商务概念及特征

（一）B2B 电子商务概念

B2B 是电子商务的一种模式，是英文 Business to Business 的缩写，具体指企业与企业之间通过专用网络或 Internet 进行产品、服务、数据信息的交换，开展交易活动的商务模式。B2B 电子商务不仅能够降低交易成本，提高效率，而且随着新型电子商务基础行业的不断涌现，扩大了企业间电子商务活动的行业范围，为企业特别是中小企业提供了高效、快捷的市场平台，成为近年来电子商务最活跃的领域之一。

（二）B2B 电子商务特征

1）整合。不仅能够实现线上销售，还能够实现线下体验的电子商务模式，有效减少中间物流环节，线上线下共同服务于客户，更加吸引客户。

2）快捷。消费者可直接在线上支付购买需要的商品和服务，以及体验购买程序的简单便捷。

3）方便。客户无须花太多时间到线下进行考察和选购，只需要在空余时间到网站上了解商品进行购买即可，线下有专门的线下商店为客户提供商品配送服务。

4）利于追踪。真实查询到从商品选购到商品被送到消费者手中的每一个环节，对每一个环节都做好追踪，让客户放心。

二、B2B 商务模式

（一）根据交易机制

1. 产品目录式

这种模式主要是为卖方提供了一种能够使用最低成本的销售渠道，同时也为买方提供了方便、快捷的一站式采购站点，产品目录式能够高度分散市场当中的供给方并将需求方汇合到一起，为买方提供需要的产品，为卖方提供可出售对象的信息；能够为买方获得更低的采购成本以及库存成本，能够有效挖掘出更多的潜在供应商，还能够获得更多的商品信息。

2. 拍卖式

这是一些特殊的买卖场所，为买方和卖方都提供了更多的选择及机会，卖方能够吸引更多的竞价人员，能够获得比较高的存货周转速度以及销售价格，同时买方也能够获得更多的采购价格，有了更多选择余地。

3. 交易所式

把所有商品按照行业或者产业细分的方式进行商品摆放，通过 B2B 交易市场为买方和卖方双方提供商品交易信息以及交易量的有关问题，卖方能够通过网上交易削减过多的存货，同时买方也能够获得更加方便和快捷的网上交易，能够有效实现立即购买。

4. 社区式

把所有的买方和卖方一同汇集起来，为其提供产业或者是行业专业信息，还有业内专业人员有关的社区，为买卖双方提供市场信息、行业新闻以及工作机会，还有在线聊天等多种服务，吸引不同行业的买卖双方。

（二）根据企业间商务关系

1. 以交易为中心的 B2B 电子商务模式

以企业双方之间的交易为主要服务内容，目的在于实现商品交易，主要的形式是为买卖双方提供在线产品交易信息，通常都是以一次性买卖活动为主要交易。

2. 以供需为中心的 B2B 电子商务模式

以企业双方之间的供需关系为主要服务内容，主要关注的内容是企业生产过程以及供应链，并不是商品交易，最主要的形式是供应商以及制造商二者之间构成的 B2B 供应以及采购市场，这主要是以供应商以及制造商之间的供需活动为主要内容的，以企业双方之间的合作关系为主要服务对象，通过利用网络信息技术管理合作企业之间的供应链，比如将企业资源计划以及产品数据管理，还有客户关系管理等有机地结合起来，有效实现企业和企业之间的无缝对接。

3. 以协作为中心的 B2B 电子商务模式

主要以企业和企业之间的虚拟合作为主要的服务对象，不仅重视供应链，还重视整个生产过程，尤其重视协作企业之间虚拟组织中价值链的整合与优化，最主要的形式为企业双方之间的协作平台，还有业务活动，主要涉及企业之间的协作，两者之间形成一个虚拟的价值链。通过企业之间协作平台对所有产品生产周期之间的业务活动提供最有效的管理环境。

（三）根据买方和卖方在交易中所处的地位不同

1. 以卖方为主

这种模式是最为常见的 B2B 模式，以卖方为主要服务对象的模式当中，服务的企业或者是提供产品的企业，也就是常说的卖方企业是占据主动位置的，首先由卖方企业将产品信息上传到网上，随后等待买方企业与其洽谈。

2. 以买方为主

这种模式也是很常见的一种 B2B 模式，主要是由买方企业先在网上发布产品需求信息，然后由卖方企业在网上搜寻到买方企业需要的产品信息，向其提供产品买卖。

3. 中立模式

中立模式不管对于买方企业还是卖方企业来说都有着一样的吸引力，双方都希望能够通过 B2B 电子商务获得自己需要的产品或是信息，中立的 B2B 由于此种优势也才更能够在市场上获得成功。

三、B2B 商务营销模式

（一）网上广告形式及收费标准

B2B 电子商务的广告分为两种，一种是义务广告，一种是非会员式的收费广告，其中前者主要是针对签约企业以及合作伙伴等安排在特定的栏目做出特殊的信息接收，而后者主要是针对有专门类别的广告做出的收费标准。其中收费广告还分为会员网络媒体以及传统媒体，B2B 电子商务的网络媒体主要包含了网站首页以及栏目主业，还有内容主页等。

（二）客户细分和协同发展

B2B 电子商务在具体的经营过程中运用了客户细分的策略，其把客户划分为会员、合作卡会员以及公司客户；并且会员当中又分为普通会员及 VIP 会员。不同的会员能够获取的消费优惠也是不同的，这起到了非常好的促销作用，采用发放联名卡的办法有效体现了企业对用户的关怀，进而提升客户的忠诚度。B2B 电子商务还能够通过客户的消费行为做好具体的数据分析，为后期服务做好铺垫。

（三）个性化经营和高质量管理

B2B 电子商务在实际发展过程当中尤其注重网站个性化的发展，不仅能够给用户提供一个能够自我选择以及习性搭配的舞台，还为用户提供丰富的产品以及准确的商品信息。

（四）合作经营和优势互补

B2B 电子商务在实际发展过程当中尤其注重和多方合作，不断壮大自己的实力，弥补自身的不足，与众多企业共同发展。B2B 电子商务和众多企业单位建立了长期稳定的合作发展关系。另外，B2B 电子商务还为用户提供了多方面的商务和信息服务；全方位为用户考虑，为用户提供全方位服务。

第二节　汽车 B2B 电子商务模式

一、符合汽车行业的 B2B 商务模式特点

汽车工业按照本身的生产与市场的发展规律、其行业的体系结构具有一个基本模式，即汽车工业形成了从原材料供应、汽车零件加工、零部件配套、整车装配到汽车分销乃至售后服务的一整套“供应— 制造—销售—服务”供应链体系结构。基于供应链的电子商务模式成为汽车行业 B2B 电子商务发展模式（图 5-1）此种模式有如下特点。

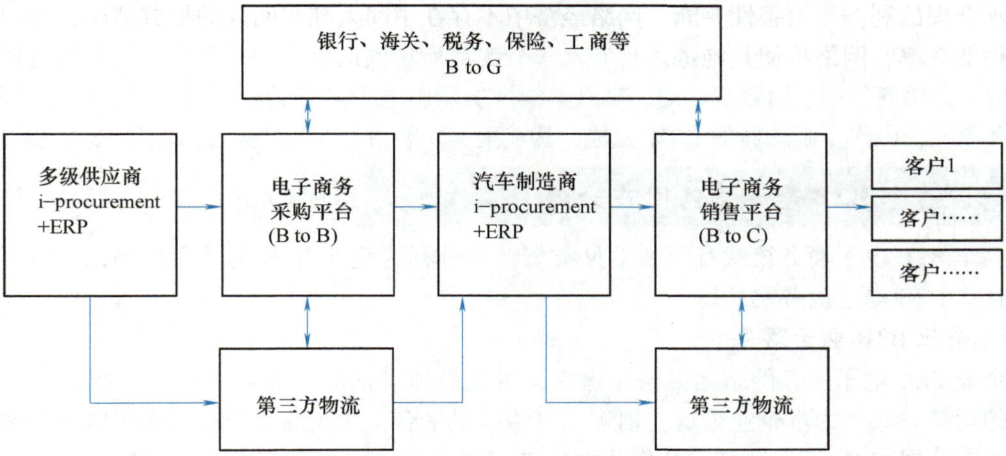

图 5-1　汽车 B2B 电子商务发展模式

1）汽车制造商为了实现全球的广域网络采购（i-procurement），要分离许多零部件生产协作配套厂，使其成为供应商，从而减少低利润的企业，精简公司的投资，通过电子商务平台，汽车制造商与上游供应商（汽车零部件供应商，原材料供应商）将组成一个有效的上游零部件产品供应链。汽车制造商将致力于汽车的设计和研发，几乎不生产汽车零部件，将供应商送来的汽车部件进行最后组装，然后打上自己的品牌。在这方面，福特已经走在其他汽车公司的前面。

2）当网上支付体系，安全保密，认证体系非常完善，网络用户数量很大，大量网络用户个性化需求通过汽车制造商的 CRM 系统快速形成“批量定制”成为可能，已形成的“定制批量”订单触发汽车制造商的 ERP 系统，拉动其“批量生产”。CRM 对成品的整个营销过程进行管理，包括市场活动、客户管理及售后服务三大环节的管理。

3）原材料及汽车零部件供应商、汽车制造商的物流配送体系与其主业剥离，社会化、专业化的物流体系逐步完善，第三方物流配送中心完成汽车产品供应链物流配送功能。信息流为：上游供应商的 CRM—第三方物流系统—汽车制造商的 iProcurement，汽车制造商的 CRM—第三方物流系统—客户需求。第三方物流配送中心通过先进的管理、技术和信息交

流网络、对商品的采购、进货、储存、分拣、加工和配送等业务过程进行科学、统一、规范的管理，使整个商品运动过程高效、协调、有序，从而减少损失，节省费用，实现最佳的经济效益和社会效益。

4）汽车制造商的 ERP 系统定位于企业内部资金流与物流的全程一体化管理，即实现从原材料采购到产品完成整个过程的各种资源计划与控制，主要目标仍是以产品生产为导向的成本控制。企业各种资源的计划与控制通过信息系统集成，形成企业内部各业务系统间通畅的信息流，通过 iProcurement 与上游供应商连接，通过 CRM 与下游分销商和客户连接，形成供应链中各企业的信息集成，提高整个供应链的效率。基于 Internet 技术，企业在应用 ERP 系统实现内部资金流、物流与信息流一体化管理的基础上，借助 iProcurement、ERP 与 CRM 集成一体化运行便可以帮助企业实现对整个供应链的管理。

5）网络经济是一个非常强大和健康的经济体系，它无情地打击了低效率和浪费，自动攻击不合理的利润与迫害性垄断。网络经济中不存在中间人和中间人的抽成情况，中间人就是一种低效率，网络将使其绝迹。现有汽车分销商所扮演的就是中间角色，随着网络经济不断发展，分销商经销渠道逐步萎缩，其汽车销售功能由电子商务销售平台替代，信息的收集、反馈和处理，由汽车制造商的 CRM 完成，物流配送功能由专业化的第三方物流公司完成。

二、汽车 B2B 电子商务模式分类

汽车 B2B 电子商务模式有两种常见类型，一种称为企业 B2B 电子商务网站，另一种称为集合式 B2B 电子商务网站。

1. 企业 B2B 电子商务

企业 B2B 电子商务网站则由企业建立，主要是为了适应互联网时代的变化，创造出一种新的运营方式，为本企业采购、销售、宣传提供平台，为企业客户提供在线服务。例如由通用汽车公司和 Commerce One 合作建立的 TradeXchange 电子商务中心，就是一个企业 B2B 电子商务网站。

20 世纪末，通用汽车公司与美国著名的 B2B 电子商务软件商 Commerce One 合作，建立起了一个名为 TradeXchange 的 B2B 电子商务中心，目的是加速零部件采购过程，降低采购成本。通用汽车公司计划将其所有的零部件采购都在 TradeXchange 上进行，它将强制其所有共计三万余家的零部件供应商使用该系统，采购额将高达每年 870 亿美元，并帮助通用汽车（GM）管理其计划生产、库存管理、消耗品订货事务的整个供应链。

TradeXchange 电子商务中心是偏向于大型汽车制造企业的供应商集成目录中心，流通的主要是生产性产品，购买方式以系统采购方式为主，购买前需要进行供应商资格认定，一旦签订了购买合同，该合同就具有长期效应，供应商与购买方形成长期合作关系。这是一种典型的目录中心模式，它将某特定行业的产品目录信息公布在网上，试图扩大与该产品相关的商品（如零部件、原材料等）供应商的范围。主要目标是在稳定的供货渠道中，使系统采购过程能自动完成，为购买者减少交易费用。

2. 集合式 B2B 电子商务

集合式 B2B 电子商务网站是一个可以将众多的本行业买方和卖方汇聚在一起的交易所，并使其之间以浮动的价格进行交易，成交价格的形成由交易规则决定。例如即将由通用、福特和戴姆勒—克莱斯勒三大汽车公司组建的全球汽车零部件采购网络（COVISINT，就可视

为限定范围内的集合式电子商务网站)。

2000 年，通用、福特和戴姆勒—克莱斯勒三大汽车公司宣布，其将利用各自的电子商务资源，联合组建一家全球最大的汽车零部件采购系统 COVISINT 电子商务中心。三大汽车公司将通过 COVISINT，同 5 万多家供应商进行联网。COVISINT 以每年超过 2500 亿美元的采购额成为全球最大的 B2B 电子商务交易中心。COVISINT 的会员借助于交易中心，减少了交易成本。正如福特经营 B2B 的总裁艾丽斯·迈尔斯（Alice Miles）指出："COVISINT 的真正价值在于通过加强透明度而减少存货。"企业无论规模大小，都可以注册成为 COVISINT 的会员，并通过 COVISINT 网站进行零部件交易，企业间资金的流动以及信息交流，企业内部的供应链管理，包括库存管理、运输管理、发布及获得相关信息等，以及企业之间的合作开发，从而达到降低采购、经销、管理成本，缩短产品开发与生产的周期，提高企业效益和消费者对最终产品——汽车的满意度的目的。

三、模式比较

由表 5-1 可以看出，集合式 B2B 电子商务网站基于动态的定价机制，提高了市场的透明度和交易的流畅性，且是一种双方都受益的模式，这就使集合式 B2B 电子商务网站比企业 B2B 电子商务网站更具竞争优势，但是集合式 B2B 电子商务网站在建设初期有着巨大的弱势。

表 5-1　集合式 B2B 与企业 B2B 比较

模式 特点	集合式 B2B 电子商务网站	企业 B2B 电子商务网站
所有制	一群用户、一个或多个商业投资人、政府	制造企业或流通企业
行为	无偏性，保持中立	偏向性，偏向网站所有者（对于汽车行业，指汽车整车制造商）
市场环境	适合完全竞争市场和垄断竞争市场	适合寡头垄断市场和垄断市场
收入来源	交易费、发布费、会员费、产品目录费、销售信息费、信息使用费、广告和准许营销费、收入提成及软件使用费等	销售和服务收入提成、企业投资赢利等
运营方式	会员制	所有客户
受益方	买方、卖方都受益	买方受益或卖方受益
价格机制	动态的基于市场的价格	在目录价格的基础上议价
购买方式	大多是一次性购买，很少涉及买卖双方的长期合作关系，适合零散的买方或卖方市场	批量购买，基于长期合作关系，适合大的买方市场
增加进入者	增加一个买者或卖者，双方都受益	增加一个卖者，买者受益，卖者不受益

第一，集合式 B2B 电子商务网站必须具有一定数量的买方和卖方，才能获利。当集合式 B2B 电子商务网站不能集合任何一个重要供应商或采购商时，它在本行业就不再具有任何价值了；第二，需要供应商，生产商，互联网服务提供商（ISP）三方共同投资建设，涉及三方利益，协调困难，因此难以实现。相比之下，初期建立企业 B2B 电子商务网站更具优势。其一，汽车制造企业在交易中具有明显的收益（买方受益），其愿意承担相应的风险，建立

企业 B2B 电子商务网站；其二，纵观现阶段我国汽车行业，大型汽车集团占据着大部分的市场份额，汽车零配件生产厂家依附于大型汽车集团生存，这种状况使得零配件生产厂家也愿意加入由大型汽车集团建立的 B2B 电子商务网站。因此，在电子商务中心发展的初级阶段，建立企业 B2B 电子商务网站更具现实意义。当电子商务中心发展到一定阶段，买卖双方都达到一定数量时，再过渡到集成式 B2B 电子商务网站。

第三节　B2B 下的汽车企业信息化——ERP

一、ERP 和 B2B 的整合

电子商务以电子的方式进行交易，侧重与外部交易；而 ERP 是管理企业内部各部门的工具，侧重于企业内部流程。电子商务和 ERP 系统的整合已经成为企业发展的必然趋势。把电子商务和企业资源计划的整合系统引入企业，既是一种技术有效性的需要，也是一项经营管理创新。

透过 B2B 电子商务能够使企业与供应商、客户之间的信息沟通及时、高效地实现，加快企业与供应商、客户之间的物资流、信息流、资金流的交换，降低交易成本；通过 ERP 与电子商务的结合，使生产、物流信息在新的系统运行流程下数据共享、协同，在保障企业物资流、信息流、资金流信息有机统一的同时，保证了数据的一致性、完整性、准确性；整合系统使供应商信息、订单信息、产品和服务的反馈信息通过系统的处理分析，及时地传递给 ERP 系统和企业计划部门，使内部 ERP 系统实现理想的订单生产模式，迅速满足客户个性化需求。同时，ERP 系统中生产的进度、库存情况和财务结算信息可以及时传递到电子商务的客户关系系统中，为客户提供整个交易过程中的全程跟踪服务，最终实现企业高效信息化管理，使企业在激烈的竞争中立于不败之地。

二、汽车企业 ERP 需求分析

汽车行业由于其典型的行业特点成为制造业运营的代表。首先，汽车行业价值链内涵丰富，从原材料的供应，如钢材和橡胶等，到不同层次的零部件供应商，再到整车厂和经销商等，涵盖了制造业价值链的整个过程；其次，汽车行业具备典型的大规模生产模式，同时随着客户需求的差异化，定制化生产已经在业内兴起，汽车行业的运营管理模式与方法成为制造业的典型代表；最后，随着汽车制造业的竞争越来越激烈，汽车制造企业必须借助一套行而有效的方案来配置价值链上的各项资源，使其发挥最大的效能，保证企业的竞争力。也正因为以上几个特点，使得 85% 以上的汽车制造企业都相继选用了 ERP 系统，而汽车制造业的 ERP 使用情况对整个制造业而言具有无可替代的意义。

在汽车行业发展初期，汽车生产的组织形式是按库存生产，那时汽车品种非常单一，例如 20 世纪 20 年代福特公司只生产单一的黑色 T 型车，此时对于汽车企业管理的重点在于如何提高产品质量、扩大企业的生产能力以及提高劳动生产率。而到了 21 世纪的今天，随着人们生活水平的提高，人们对于汽车的消费需求更加注重个性化特点，汽车生产完全由过去的以产品为中心转变为以客户为中心，汽车企业的生产组织形式也由过去的按预测生产转变为按预测加订单的生产组织形式，甚至有些先进的汽车厂家已经做到完全按订单生产。在

B2B 电子商务模式下，汽车管理的重点在于快速响应客户的订单需求、准确合理的排产计划以及精确的成本控制，详细来说，汽车企业的管理需求主要体现在以下几个方面。

1）采购、库存、生产、财务四个业务环节应紧密衔接、数据信息及时充分共享，才能最大程度地避免盲目采购、库存成本增加、生产过剩（或跟不上）等现象的发生。

2）采购计划的编制、采购申请、供应商的选择及考核、采购人员的评价考核、合同的拟订及签订、采购合同的执行等这些构成了一个现代化企业的采购业务的整个过程，而采购作为一个企业业务循环中的一个环节，就必须具备以下特点才能使采购环节更好地服务于生产等其他业务环节。

3）库存管理是汽车制造企业非常重要的一个环节，汽车的零件成千上万，因而对于汽车企业的库存管理更显重要，要做到使成千上万种物料的账物相符、降低库存、减少资金占用、同时避免物料积压或短缺，则现代化的汽车企业的库存业务应具备以下特点：能随时得知某种物料的收、发、存状况；及时得知需要盘点的物料及盘点结果；随时能对现存的物料进行生产配比的模拟预算；在保证生产的前提下，最大程度地降低库存；应和财务部门紧密衔接，形成高效的过账措施；库存物资根据重要性不同，按照企业追溯制度要求，建立物资的库存批号。

4）生产计划环节是汽车制造业企业的核心，也是整个企业管理最烦琐和最难管理的环节。生产计划的制定要求能适应不同的生产模式，特别是能否成功处理按订单装配与按订单设计，这也是考验一个 ERP 产品功能是否强大的重要指标，为了满足个性化生产的需要，需采用精益生产的方式。这对于企业的内部管理、设备与控制系统的能力及人员素质都是一个非常大的挑战。

5）营销管理能够建立分布广、效率高、市场信息反馈灵活的汽车销售网络，从而实现对整个分销网络的管理，对分销点销售订单的汇总以及对产品的分销调拨管理等；增强企业对汽车销售市场需求的应变能力，尽快缩短新产品开发周期以适应市场灵活多变的需要；做好产品售后服务并对来自用户的质量反馈及时处理。

6）成本核算与控制是汽车制造业企业管理的主要核心内容之一。成本分析与成本考核，是对影响企业成本变动的各种技术经济因数及其影响程度做出定量的描述和定性的说明，它既为下一时期的成本预测、决策和控制提供了新的数据依据，同时也为前一时期成本计划执行情况做出了全面的总结，以反映企业成本管理水平，并对企业内部各级单位成本管理的成效或失误进行责任奖惩。成本控制的重点是事前预测并通过事后核算修正预测数据，为以后提供更精确的预测。为了能够为事后核算提供精确的数据用以修正事先的预测数据，需要能够提供实际成本实时统计的功能。

三、汽车企业 ERP 体系结构

ERP 是 MRPⅡ发展的高级阶段，从功能上讲 ERP 完全覆盖 MRPⅡ。在传统的制造业 MRPⅡ中，一般都包括数据管理、销售管理、主生产计划（MPS）、物料需求计划（MRP）、生产作业计划、物资供应管理、能力需求计划及库存管理。而在现代汽车企业的 ERP 中，则需对上述管理功能加以扩充。需将企业内的人力资源、财务、成本核算、生产设备、工模具甚至能源等也纳入管理范围，并更加注重产品的质量控制、销售和售后服务等环节，实现企业内部物质流、资金流与信息流的高度统一管理；同时，将生产经营活动中的社会各有关方面如客户、供应商、生产协作企业、分销网络等纳入自己供应链的范围，将其作为自己的资源一并加以管理。针对汽车企业的行业特点及管理需求，ERP 体系结构（图 5-2）主要由采购管理、库存管理、生产管理、财务管理、质量管理以及销售管理等模块构成。

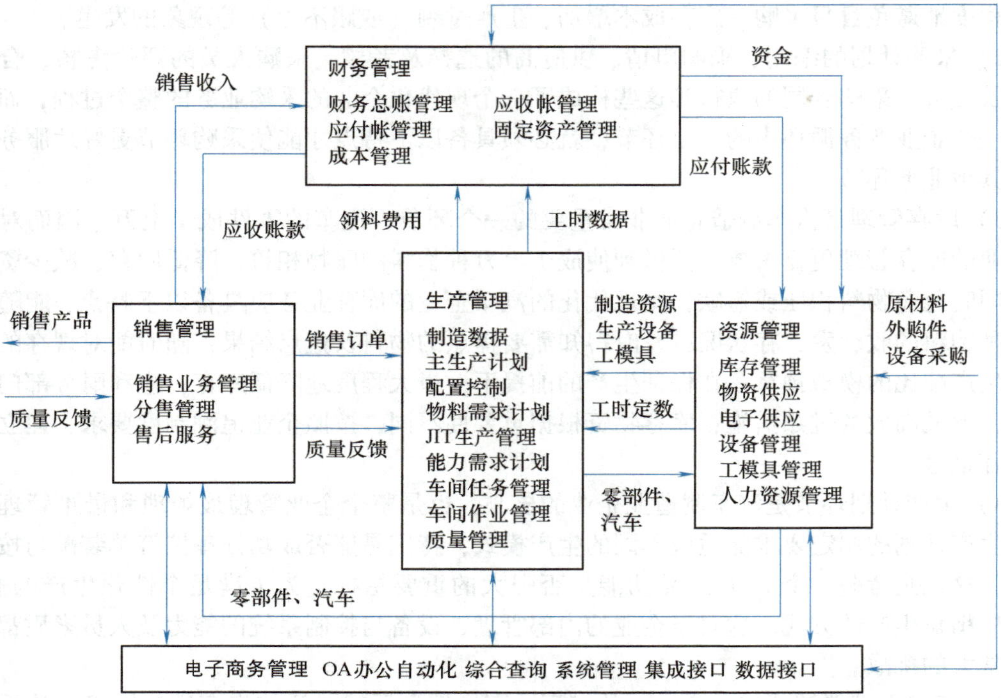

图 5-2　B2B 下汽车企业 ERP 体系结构

第四节　国内最大汽车 B2B 电子商务平台——易车网

一、易车网概况

易车网（图 5-3）是中国最大的汽车网络导购平台，通过对媒体平台、产品平台和互动平台这三大平台的全面整合，形成了独具特色的三位一体运营策略，实现了对汽车消费全过程的覆盖。易车网在数百个城市提供本地服务，率先利用 IP 定向技术精确引导用户。通过从看车、选车、买车到用车的无缝式服务体系，为用户提供与汽车生活相关的全程关怀。

作为同时具有新媒体和新经济双重特性的新型网络发展平台，易车网是汽车市场核心数据的拥有者和提供者，覆盖了百余个汽车品牌下的上千车系，拥有上万款车型资料、数万条视频、百万级汽车图片，几万家经销商及其即时报价；构建了国内规模最大、数据最准确、更新最及时的车型数据库、图片库和报价库。

易车网是汽车厂商和区域经销商整合营销解决方案提供商。通过全新“三级两线”营销整合战略，易车网整合自身优势资源，以营销管理及应用后台、广告营销系统、线下行销手段以及网站编辑运营系统四大系统作为营销手段，为汽车厂商、厂商大区、经销商三级商家提出一系列整合营销方案，并通过厂商联动及区域营销的两条营销主线达成汽车厂商、厂

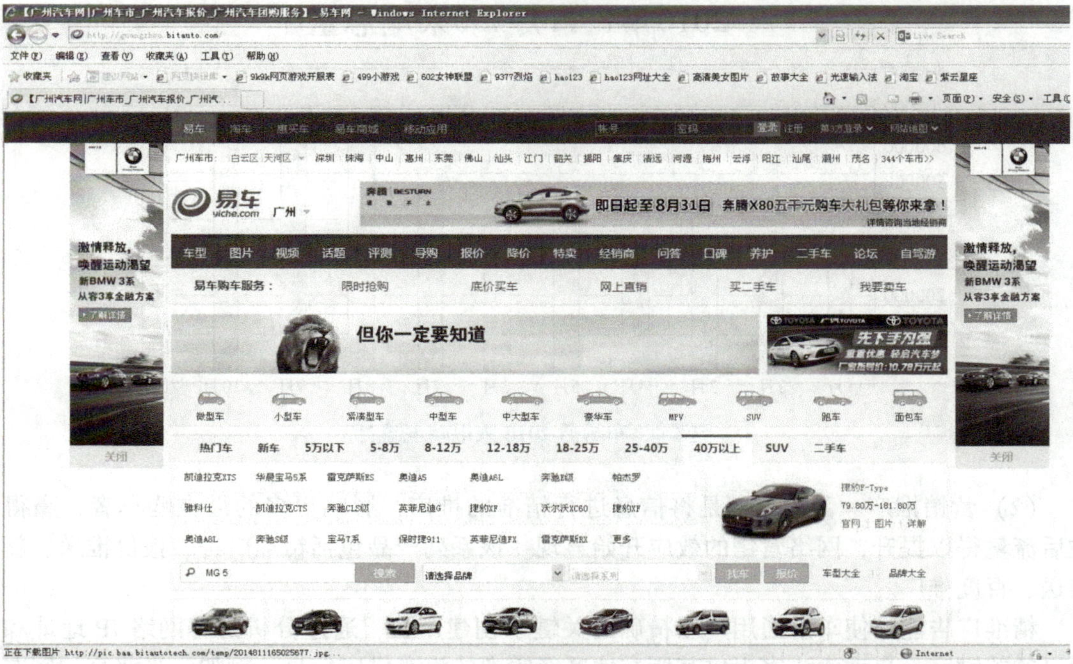

图 5-3　易车网主页

商大区、经销商在品牌及销售方面的营销诉求，最终成为汽车厂商和区域经销商整合营销解决方案提供商。

二、易车网业务模式

1. 车易通——易车网 bitauto. com

车易通是为汽车企业提供的“跨媒体、区域化、互励式”网络营销平台，涵盖了从网站建设、营销推广、商机管理，到决策支持的营销全过程，并为厂商、经销商、集团等多级主体提供了联动的整合营销方案。

车易通产品自 2004 年发展至今，已经从 V1. 0 版本升级到了 V6. 0 ，拥有强大的功能体系，能满足厂商及经销商各级主体的营销需求。车易通 V6. 0 将服务延伸至各项售后经营业务，加入了汽车用品销售、维护服务预约、维修服务预约；车易通帮助客户挖掘后市场巨大利润空间，其为全国 10000 家经销商会员提供 400 呼叫中心服务，平均每月为经销商带来 50 万个电话商机，平均每月传递 10 万个有效订单（图 5-4）。

车易通产品包括四个系列，分别为网站建设、营销推广、商机管理、决策支持。

（1）网站建设　网站建设模块是保证企业的信息发布，向网友展示企业形象是商家进行网络营销的基础，也是必要的平台。经销商可以利用车易通建立专属的汽车网店，该网店的产品包括经销商会员页、旺店管理、报价发布、新闻发布。易车网预先为经销商客户设计了网站模板，客户只需从中选择想要的模板，即可快速建立专属在线展示厅，上传车型信息、汽车图片、报价、促销广告、库存和联系信息。在线展示厅还具有互动功能，消费者可以在线预约试驾、在线提交订单、在线答疑。

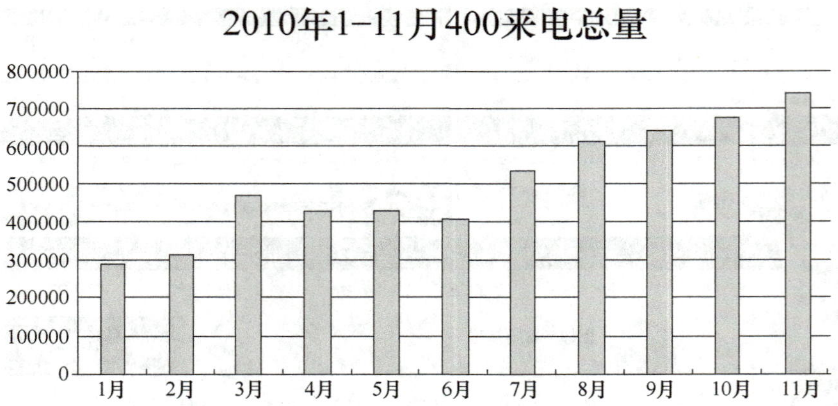

图 5-4　车易通 2010 来电情况统计

（2）营销推广　营销推广是将信息进行精准的推广，影响更多的潜在购车者，赢得关注后流量得以提升，网络营销的效应开始显现。该系列产品包括精准广告、报价推送、新闻推送、百度推广。

精准广告能够使车易通用户以精确的关键字创建广告，通过分析访客网络 IP 地址和该网页的关键字，自动为访客提供其所在地区经销商的汽车供应信息。例如，当北京的网友点开易车网，那么其首先看到的网页是北京汽车经销商提供的汽车信息。信息搜索结果的高匹配度，有利于提高广告的有效性和针对性。精准广告已经运用于易车网及其 36 家合作网站。

另外，车易通将百度搜索引擎推广的功能植入到系统中，经销商用户可以通过车易通直接投放百度搜索推广，在百度进行竞价排名。

（3）商机管理　商机管理是为了当网络营销取得一定的效果，抓住稍纵即逝的商机，通过行之有效的跟踪和维护，将商机"兑现"。该系列产品包括商机中心、呼叫中心（AutoCall）、客户管理。商机中心提供对各类订单线索的集中式管理，包括来电咨询、在线答疑、活动报名、试驾预约、新车订单、汽车用品订单、维修维护预约单。车易通提供了电信级的呼叫中心平台，为每个企业赠送专属 400 号码。截至 2010 年 9 月，已有约 360 万分钟的电话呼叫。

（4）决策支持　决策支持是在了解自身真实的营销状况的基础上，结合营销分析做出正确的对策调整，以适应万变的市场需求。该系列产品包括数据分析、易车指数、车型分析工具。

1）数据分析。车易通为客户提供了详尽的数据报表，用户可以通过查看数据报表了解整个网络营销的效果，并全面地掌握各种信息的动向以及市场发展趋势。

2）易车指数。通过关注、对比、购车、销量、媒体等五大指数体系，真实反映中国汽车消费市场运行状况及发展趋势。易车指数的数据源来自易车网对广大用户行为的深入分析，并综合参考汽车行业相关专业机构的权威数据，为用户提供专业的汽车行业供求关系趋势。

2. 车商通——易车二手车 www.taoche.com

易车二手车是国内最具影响力的专业二手车垂直网站。为二手车买卖双方提供车辆出售、求购信息发布、网上议价交流、车源检查、车源对比、专家在线指导、市场资讯等服务内容和相关功能的网络平台。对供需双方的信息进行完美和精确匹配，同时易车二手车也整合各地二手车交易信息。

车商通是易车二手车针对二手车商品的独特性和行业特点推出的互动式二手车营销产品平台。它结合网络媒体交互性强、覆盖面广的优势，整合企业车源营销、品牌营销、B2B 支持、官网支持、二手车业务管理（UCMS）等诸多功能，为二手车经销商提供整合营销管理方案。

3. 新意互动

新意互动为汽车厂商提供整合数字营销解决方案，包括网络广告投放、创意，网站建设与维护、网络整合公关、网络互动活动、无线营销及广告代理服务等。其子频道包括 B-World 数字销售助手、B-Live 在线互动营销平台、B-Expo 网上 4S 店、B-View 增强现实互动体验产品。

三、易车网运营模式

作为同时具有新媒体和新经济双重特性的新型网络发展平台，易车网是汽车市场核心数据的拥有者和提供者，以 800 多个汽车品牌和 8000 多款车型资料、数万条视频、近百万张的汽车图片以及 13000 多家经销商每天超过 7000 多条的最新报价，构建了国内规模最大、数据最准确、更新最及时的在销车型数据库、图片库和报价库。

通过全新“三级两线”营销整合战略，易车网整合自身优势资源，以“营销管理及应用后台、广告营销系统、线下行销手段以及网站编辑运营系统”四大系统作为营销手段，为“汽车厂商、厂商大区、经销商”三级商家提出一系列整合营销方案，并通过“厂商联动及区域营销”的两条营销主线达成汽车厂商、厂商大区、经销商在品牌及销售方面的营销诉求，最终成为汽车厂商和区域经销商整合营销解决方案提供商。

【案例分析】奇瑞汽车电子商务案例分析

1. 概况

奇瑞公司从 2001 年起陆续开展电子商务建设。公司从一开始的定位就非常明确，即利用互联网和信息技术整合供应、生产、销售、物流、售后服务等整个经营过程和经营活动，提高效率、降低成本扩大客户。基于此战略，奇瑞汽车电子商务是以 ERP 系统为基础，集成客户关系管理（CRM）、供应链管理（SCM）、知识管理（KM）以及财务等内部控制系统构成“以客户管理为中心”的企业内部信息化完整平台，以实现企业的供销存、人力、财务等管理业务的信息化；通过 EPS 系统，将企业与企业所有者、经营者、合作伙伴、分销商及客户联系在一起，以实现不同角色信息的共享。

奇瑞汽车电子商务涵盖了 B2B、B2E、B2C 等电子商务的类型，其中 B2B 主要是实现企业与供应商、分销商及合作伙伴（主要是第三方物流公司）间的信息共享及经营业务；B2E 主要实现企业与员工、管理者之间的信息共享与人力资源管理业务；B2C 主要实现企业与最终客户之间的互动。由于汽车消费属于大宗产品消费，实现网上直接销售还存在很多障碍。

因此，目前奇瑞 B2C 电子商务主要是为客户提供一个客户与企业之间、客户与客户之间的信息交流平台并与企业内部的 CRM 集成，以提高客户满意度。

奇瑞电子商务项目为企业带来了明显的经济效益和社会效益，仅 2005 年为企业带来直接经济效益 1 亿多元，电子商务的应用同时提高了客户的满意度和企业知名度，促进了企业产品销售，为企业创造了巨大的间接经济效益和社会效益。

2. 奇瑞汽车实施电子商务背景

随着中国加入 WTO 和市场化进程的进一步加快，奇瑞汽车作为传统型制造企业在应对全球化竞争格局，加快市场化进程方面存在着巨大的挑战。通过“信息化带动工业化”，积极开展管理变革和信息化建设，实现可持续发展是奇瑞汽车面临的第二次创业。2001 年奇瑞汽车组织自身的技术力量并联合了几个外来的专家，成立了企业信息部，开始对整个公司普及信息化。随后的 3 年里，奇瑞汽车的销售量由 2001 年的 2.8 万辆增至 2004 年的 8.7 万多辆。由于产量的迅猛增长，原有的简单信息化技术已经不能再适应企业的需求。新的问题又摆在了奇瑞人的眼前：是继续增加人手、厂房扩大简单再生产增加现有效益，还是进行变革，打造一个以企业网络信息化为基础的低成本、高效率、高附加值的模式。为了做大做强，在吸取了国外汽车行业中的先进企业的经验教训后，奇瑞汽车放弃了眼前利益选择了实施长久的电子商务战略。

3. 电子商务的具体实施

作为传统的大型制造型企业，奇瑞汽车发展电子商务的目的很明确，就是要通过网络和信息技术的应用，整合供、产、销、运，提高企业的生产能力和经营效率，降低经营成本改变大企业固有的机构庞杂、环节众多、反应慢、效率低的通病，以进一步提升服务客户的能力增强企业市场适应能力和竞争能力。奇瑞汽车在总体发展战略的指导下，提出了自己的电子商务发展战略。

1）建立“以市场为导向、客户为中心”的信息管理系统，在内部信息化高度集成的基础上，建立公司国内外分支机构、经销商、服务站、供应商的统一信息交互平台。

2）通过与客户建立有效的信息沟通渠道建立快速反应的运作机制和系统，逐步实现“客户服务忠诚度管理”。

3）强化数字化设计、制造与管理技术的运用，实现产品的数字化设计、数字化制造和数字化管理以及信息的综合集成，完善设计制造手段提高管理效能，达到缩短产品开发周期，降低产品制造成本、提高产品质量和增加市场竞争力的目标，推动企业生产经营决策与管理的科学化、系统化和信息化。

4）结合先进的制造技术及项目管理技术，实施流程再造，引入先进的管理模式，建立具备快速研制、快速生产及批量生产快速转换的柔性制造体系，培养并提高企业的核心竞争力，将奇瑞公司建设成为中国汽车制造业一流的具备自主知识品牌的汽车生产销售企业。

奇瑞汽车公司为了充分落实所确立的电子商务战略，逐步建立了以 SAP 公司软件平台作为公司电子商务管理的基础平台。通过 PDM（产品数据管理的英文缩写）将产品设计与 ERP 联系起来，最终与 SCM、CRM 联结形成以客户为导向的信息管理系统；建立企业局域网 Intranet，以宽带与 Internet 连接；五年内实现电子商务整体架构中的各项主要功能全面信息化。奇瑞电子商务以 ERP 系统为基础，集成 CRM、SCM、KM 以及财务等内部控制系统，构成以客户管理为中心的企业内部信息化完整平台，以实现企业的供销存、人力、财务等管理业务的信息化，并通过 EPS 系统将企业与企业所有者、经营者、合作伙伴、分销商及客户联系在一起，以实现不同角色信息的共享。

4. 奇瑞汽车电子商务经验及效果

奇瑞汽车电子商务的商业模式经过实施以来的不断摸索与完善，已经基本形成了自己的独特思路。公司以 ERP 为核心、内部网络化为基础，以 CRM 和 SCM 为重要手段，提高企业的生产能力和经营效率，降低经营成本，扩大客户，提高客户满意度和忠诚度，降低采购成本，扩大采购范围减少库存等。同时奇瑞汽车还和其他多家设计研究所、客户代表、银行、中介公司等进行积极的合作和交流，为客户提供更加专业、更具个性化的产品和服务。奇瑞汽车为客户提供其所想要的产品，然后客户再反馈感受和更多的需求来引导企业的生产。这样奇瑞就能不断地贴近客户，制造其所想要的车，从而增加了销量。

车友社区是奇瑞汽车现有商业模式中极具价值的部分，主要包括车友论坛、专家技术支持、信息公告等。奇瑞汽车希望通过车友社区进一步拉近与客户之间的距离，更好地了解客户需求，并为其提供个性化的增值服务，以锁定客户，让这种客户关系为公司持续创造价值，同时成为对其他竞争者的壁垒。但现在车友社区只是处于起步阶段，COIN（兴趣社区）阶段是电子经济的最高级阶段，建立一个成功的虚拟社区，还有很长的路要走。

奇瑞汽车为实施电子商务战略投入了巨资，仅购买 ERP 软件一项，就已经超过 3000 万。虽然整个信息化投资并没有直接迅速产生经济利润，但其仍然为企业带来了巨大的经济价值。据测算，仅 2005 年一年，CRM/SCM 的实施以及内部信息化管理就为企业降低库存占用资金比率 10%（972 万元）；降低管理及销售费用 3%（1056 万元）；采购资金占用率预计降低 10%（240 万元）；加强了销售及财务管理，使得应收账款减少 3%（82.8 万元）；提高了生产计划的准确性及实效性，减少在线资金占用 3%（144 万元）；提高了生产效率 5%（6760 万元）。

2005 年奇瑞汽车销售部大力推行信息化销售，对内利用 SCM 向分销商提出周计划策略，结果库存减少 4 个亿，销售额上涨 100%。其中排序供货（由供应商直接将物料送入生产车间，送上生产流水线）更是效果明显，对外将客户分为三类，向正在购车族发布个性化信息，向有车族提供服务和技术信息，对未来购车族提供宣传信息。同时公司还开展了与国际著名公司联合开发汽车技术平台和系列产品，引进国际先进技术和管理的开发自主型模式。

随着电子商务的逐步实施，奇瑞的内部也在悄悄地发生着变化。奇瑞汽车企业管理层以引进 SAP、ERP 为契机学习、研究和应用国外现代企业管理思想、方法和技术，走出了一条属于奇瑞汽车自己的现代化集成管理与传统分工管理相结合的模式。

本章小结

根据买方和卖方在交易中所处的地位不同，B2B 电子商务有以卖方为主、以买方为主、中立模式等商务模式。B2B 的盈利模式有会员费、广告费、竞价排名、增值服务、线下服务、商务合作和按询盘付费。

目前，国内外汽车厂商所应用的 B2B 交易模式包括前向集成目录中心和双向集成目录中心。

现代汽车企业 ERP 需对传统 ERP 管理功能加以扩充，将企业内的人力资源、财务、成本核算、生产设备、工具、模具甚至能源等也纳入管理范围，并更加注重产品的质量控制、销售和售后服务等环节，实现企业内部物质流、资金流与信息流的高度统一管理；同时，将生产经营活动中的社会各有关方面如客户、供应商、生产协作企业、分销网络等纳入自己供应链的范围，将其作为自己的资源一并加以管理。针对汽车企业的行业特点及管理需求，B2B 下汽车企业 ERP 体系结构主要由采购管理、库存管理、生产管理、财务管理、质量管理以及销售管理等模块构成。

同步测试

一、判断题

1. 消费者可直接在线上支付购买需要的商品及服务，服务及购买程序简单便捷。

2. 以交易为中心的 B2B 电子商务模式主要关注的内容是企业生产过程以及供应链，并不是商品交易。

3. 电子商务和企业资源计划的整合系统引入企业，既是一种技术有效性的需要，也是一项经营管理创新。

4. 客户关系管理（CRM）是 B2B 电子商务系统的一个发展方向。

5. B2B 电子商务是企业与消费者之间通过互联网进行产品、服务及信息的交换。

二、多项选择题

1. B2B 电子商务的特征（　　）。

A. 整合　　B. 快捷　　C. 方便　　D. 利于追踪

2. 根据交易机制，B2B 电子商务模式分为（　　）。

A. 产品目录式　　B. 拍卖式　　C. 交易所式　　D. 社区式

3. 汽车企业 B2B 应用模式有（　　）。

A. 前向集成目录模式　　B. 后向集成目录模式

C. 双向集成目录模式　　D. 中立模式

4. B2B 电子商务系统是由（　　）层次构成。

A. 客户关系管理　　B. 基于 Internet 的采购、订单管理和交易系统

C. 电子商务的基础设施　　D. 企业应用系统集成

三、分析题

1. B2B 电子商务成功的关键是什么？

2. B2B 网站的盈利模式有哪些？

3. 怎样分析 B2B 和 ERP 的关系。

4. 在 B2B 电子商务模式下，分析汽车企业的 ERP 需求。

同步训练

项目：汽车 B2B 交易

实训目的：

- 掌握阿里巴巴 B2B 交易的流程和步骤

实训器材：

电脑、互联网

实训指导：

某汽车公司的采购员小卢打算通过阿里巴巴平台采购一批汽车配件，要求供应商是生产加工企业、阿里巴巴诚信通企业会员，并且拥有阿里旺旺；请按照 B2B 交易流程帮助其完成这笔交易，并将整个操作过程记录并添加到一个新建的文件名为“B2B 交易 . doc”的文档中，文档内容需要用对应序号标出。

1）注册和登录阿里巴巴平台，将登录成功界面截图，如图 5-5 所示，保存到“B2B 交易 . doc”的文档中。

图 5-5　阿里巴巴平台

2）发布求购信息，重点考核求购信息中产品的“详细说明”的编写内容，信息填写完后不需要发布，截图即可。如图 5-6 所示，截图中必须能够清晰地看到用户名

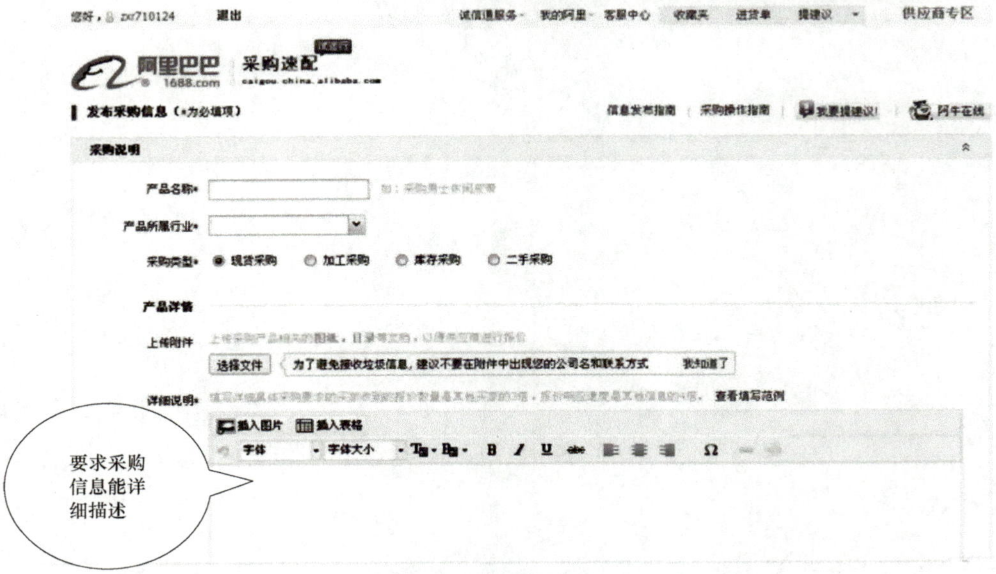

图 5-6　采购产品页面

以及采购信息的“详细说明”中的内容，保存到“B2B 交易 . doc”的文档中。

3）寻找采购产品，如图 5-6 所示，要求供货企业是生产企业、诚信通企业会员，且阿里旺旺在线。使用平台中的高级搜索进行采购产品的搜索，并将此搜索设置截图保存到“B2B 交易 . doc”的文档中。

4）选定 2 家企业进行产品的对比，并将企业对比的界面截图进行批量询价，并对上面选定的 2 家企业进行企业工商号查询的合法性检查，并填写下表。

项目序号	企业名称	平台提供工商号数据	核实数据	核实数据的域名地址
1				
2				

5）网上洽谈。利用阿里旺旺，寻找并添加客户，将包含客户的页面截屏并将图片保存到“B2B 交易 . doc”的文档中。

6）数字证书申请、下载和安装。为双方合同订单签订安全方便，小卢访问中国数字认证网（http：//www.365ca.com）申请了一个企业证书（测试版），申请和下载数字证书（如果网络问题数字证书无法申请和下载，就起用备用的数字证书，即到指定文件夹复制公共的数字证书）。

7）小卢草拟了合同、订单，通过 Outlook 利用数字证书发送签名和加密的邮件到指定邮箱 xyz@126.com，邮件的标题为考生信息号，邮件的附件为“B2B 交易 . doc”文档。

第六章

汽车电子商务信息技术

知识目标

- 掌握管理信息系统定义、功能和系统结构。
- 掌握电子数据交换（EDI）的概念、标准、安全及法律问题。
- 理解 EDI 工作原理。
- 理解管理信息系统和 EDI 在汽车电子商务的应用。
- 了解电子标签、云计算和大数据在汽车电子商务的应用。

能力目标

- 能解释 EDI 的安全及法律问题。
- 能描述 EDI 工作原理。
- 能应用汽车电子商务中的管理信息系统。
- 能掌握并操作 EDI 流程中的技能。

重点与难点

- EDI 工作原理
- EDI 在汽车电子商务的应用
- 管理信息系统的应用

第一节　管理信息系统

一、管理信息系统的定义和功能

管理信息系统是用系统的思想建立起来的，为一个组织（企业）的各级领导提供管理决策服务的信息系统。它由三种互不相同的系统构成，即管理系统、处理系统和传输系统。管理信息系统不只是一个技术系统，而且还是一个包括人在内的人机系统。

管理信息系统的功能是多种多样的，各种不同的管理信息系统除了特有的一些功能之外，都具有信息的收集、存储、处理、传递、提供等基本功能。

二、管理信息系统的结构

管理信息系统的结构是指管理信息系统各个组成部分之间关系的总和。对于管理信息系统的结构问题，目前尚未形成统一的模式，其原因是侧重点不同。有的侧重考虑物理结构，有的侧重于逻辑结构，有的则侧重于功能结构，但目前讨论比较多的有以下几种结构。

（一）管理信息系统的基本结构

管理信息系统的基本结构如图 6-1 所示。信息源是信息的产生地。信息处理器是能完成信息的管理存储、加工处理、传递、显示及提供应用等功能的计算机软件与硬件设备。信息用户是信息的使用者，它利用信息进行决策。信息管理者负责信息系统的设计和实现，并负责信息系统的运行、维护和协调的工作。

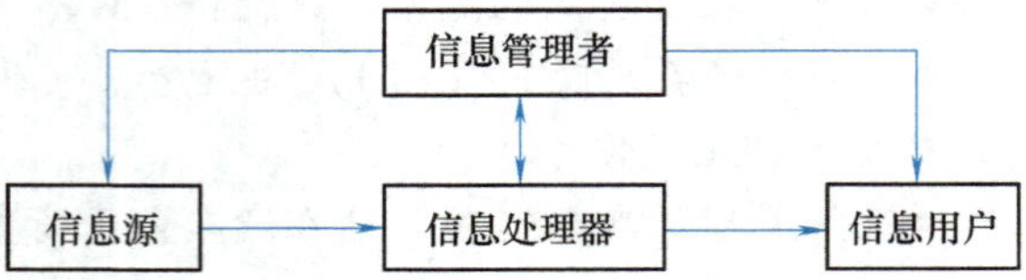

图 6-1 管理信息系统的基本结构

（二）基于管理层次的系统结构

管理信息系统支持管理活动，因此可以根据管理计划和管理控制活动层次来提出信息系统的结构。一般来说，它分为三个层次，如图 6-2 所示。

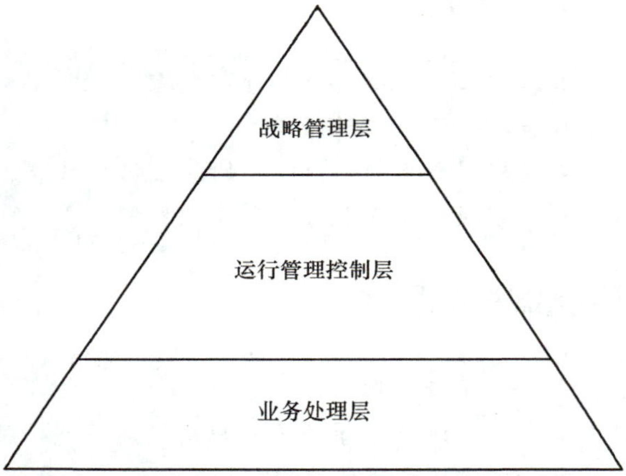

图 6-2 基于管理层次的系统结构

最基层是业务处理层，主要是业务处理系统，也称数据处理系统，它的功能是处理企业的各种具体业务。例如工资计算、账务处理中的原始凭证录入等。这种系统多为一项一项地处理各种信息，各项处理之间的联系很小。

第二层是运行管理控制层，包括运行管理和中层管理控制。在运行控制层主要有操作控制系统，它由支持日常运行和控制的信息资源组成。在这一层次中，包括制定基层的生产作业计划、战术计划和系统政策与决策需要的各种信息资源。它的作用是确保现有设备和资源充分有效地利用，以求在允许的范围内充分有效地完成各项业务活动。在管理控制层主要是管理控制系统，它的主要任务是实现管理控制和制定战术计划。它的功能具有两重性，既有数据处理功能，又有决策功能。在做出决策的同时，该层次又将下层活动的情况总结、归纳、判断后报告给企业最高层次。

第三层是战略管理层。它是最高层次的管理活动，处理的是长期和全局性的问题。例如，制定目标政策、制定市场策略和产品结构的重大问题。它的主要活动是做出决策，在这一层次的决策应当是非结构化和半结构化的决策。该系统所需要的数据一般是从各种不同渠道获得并进行过处理的综合数据，同时还需要大量来自外部信息源的数据。由于在战略性决策中存在不确定的因素，因此这种决策是带有风险性和预测性的。

（三）基于组织功能的系统结构

管理信息系统的结构也可以从组织功能的角度来划分，即将企业内部同类的经济信息集中在一起，建立起若干个专业性的信息子系统，如销售管理子系统、生产管理子系统、财务管理子系统、物资管理子系统和人事管理子系统等。这种按企业的职能来构造的管理信息系统结构是一种具有相对独立并与管理职能结构相平行的信息系统结构，适用于企业内部各个职能部门日益加强的经济联系和各个职能部门对信息日益增多的需求。它有助于克服大企业中上层管理机构各个职能部门之间信息重复现象。管理信息系统的功能结构如图 6-3 所示。

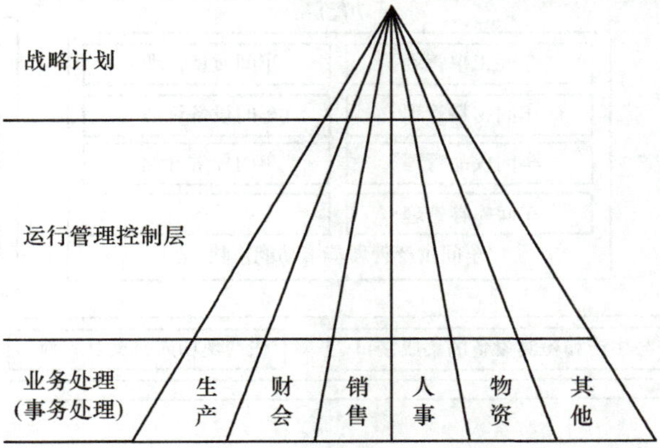

图 6-3　管理信息系统的功能结构

三、汽车企业管理信息系统：以生产管理为例

（一）系统体系结构

汽车企业车间集成化生产作业管理系统是车间生产信息化管理的一个重要支持，其体系结构包括应用层、功能层、集成工具层、支撑层等（图 6-4）。

（1）数据采集与信息交互层　通过生产现场的多功能交互式数据采集器（DCT），可以把集成化生产作业管理系统的功能和应用向下延伸到车间的生产设备和操作人员，从而能实现生产工位与操作人员的集成运行。一方面，现场操作人员能够实时接收到与生产任务相关的信息，如生产任务、作业指导书（SOP）、物料信息、质量需求、物料供应等；另一方面，车间生产现场的进度、质量、物料状况、生产故障等信息能实时反馈到生产作业管理端。

（2）生产作业管理核心功能层　车间生产作业管理系统是 MES 的一个重要组成部分，其核心功能主要是实现生产作业计划的制定、下达和接收，生产任务的分配、调整和监控，生产作业现场的信息采集、反馈、分析和处理等集成运行，主要包括生产作业计划管理、生产作业监控、生产数据采集、综合报表与查询、文档管理等功能模块。

（3）与其他信息系统集成接口层　企业其他信息系统层包括 PDM、MRP、ERP、SCM 等涉及企业产品开发、运作管理、仓储管理、物流管理和客户管理等的信息系统。车间生产作业管理系统可以通过系统之间的集成接口实现与这些系统实现数据传递、信息处理和知识共享。

（4）系统支撑层　企业网络、计算机数据库和企业信息安全等是系统运行的基础和支撑。

（5）人机交互界面层　人机交互界面层是系统与用户信息交互的接口。系统用户有客户、高层管理人员、生产管理人员、班长以及操作人员等。

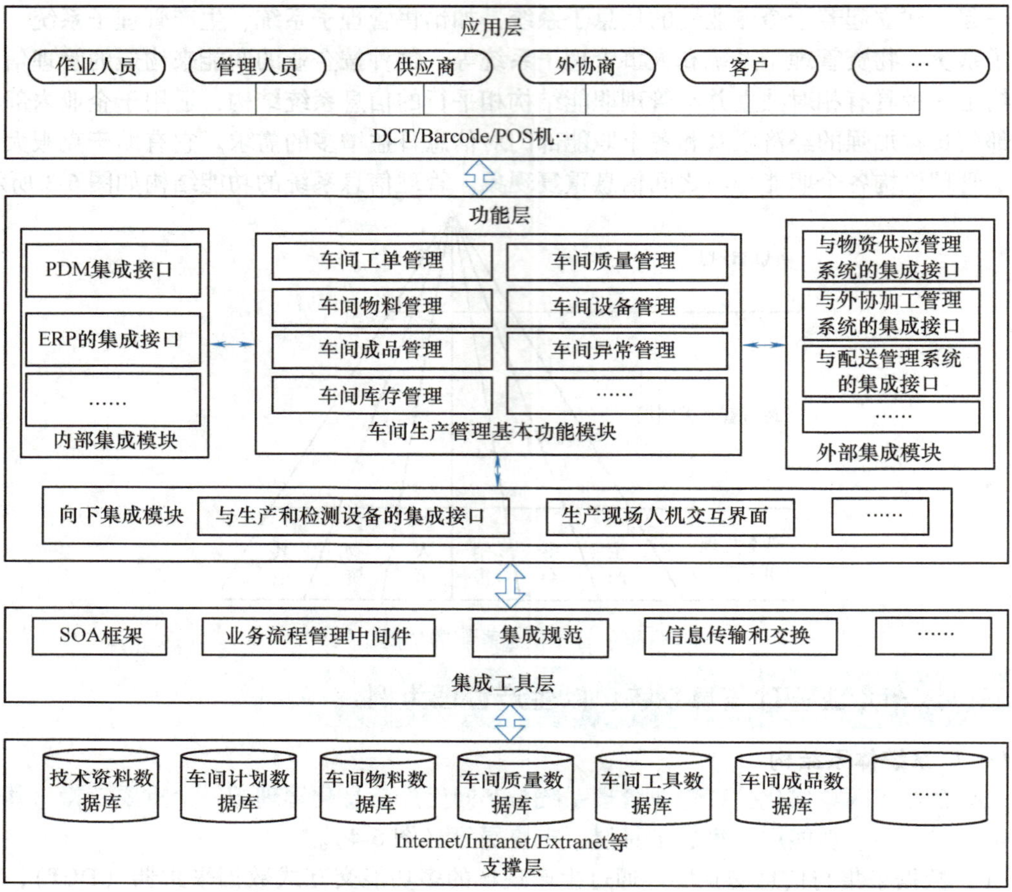

图 6-4　汽车企业管理信息系统体系结构：以生产管理为例

（二）系统功能结构

汽车企业集成化生产作业管理系统包括生产作业计划管理、生产作业进度监控、数据采集、综合报表与查询、文档管理、集成接口等功能模块。

1）系统管理主要包括用户管理、权限管理、操作管理和系统日志管理等。

2）基础数据管理主要包括条码管理、产品工艺管理、生产线及工站管理、产品物料清单（BOM）管理、标准作业程序管理、信息采集终端管理等。

3）生产作业计划管理主要包括生产作业计划制定、下达、接收，以及调整和查询等。本模块可以集成 ERP 系统的生产作业计划，也支持文件导入或手工录入生产作业计划。

4）数据采集指通过多功能交互式信息终端对车间生产作业记录数据、生产事故信息、生产质量信息、物料信息、生产物流信息等进行实时采集。

5）生产作业进度监控模块能够通过多种方式实现对生产作业进度的实时监控，其中包括可以通过集成化生产作业管理系统的查询界面实时查询生产作业进度和生产车间现场状况信息；可以通过管理端的远程登录动态监控车间各条生产线的运行情况；可以实现管理者实时查询跟踪生产线异常、质量信息和在制品信息等。

6）文档管理主要是对生产规范、客户资料、作业指导书、设备管理标准、质量管理标准等进行维护更新，是企业进行数据管理的基本组成部分。

7）综合查询与报表能为企业管理人员提供生产进度、产量、物流、质量等方面的资料。

8）集成接口主要实现本系统与集成化生产作业管理系统中的物料、质量、物流、设备等其他模块的集成，以及与ERP系统、产品设计系统、PDM等外部系统的集成。

（三）系统运行流程

汽车零部件生产车间生产作业管理系统的主要目的是支持车间生产作业计划的制定与下达、接收、执行与动态调整，车间生产现场信息的动态采集，生产物流和统计分析等业务的集成运行，其主要特点如下。

1）通过对生产管理信息系统平台，生产现场工人能实时接收到生产工单、领料单、入库单等作业指令和一段时间内的生产计划以及所需的标准作业程序及工艺文档，并能对车间生产作业现场数据进行实时采集与反馈，实现整个生产作业过程的信息实时化管控。

2）通过生产管理信息系统实现了对生产计划和车间生产状况的有效管理和控制。一方面车间生产管理人员可动态掌握车间生产作业实时状态信息，有利于对车间生产的高效管理；另一方面，生产现场操作人员可实时反馈生产的实际情况，有利于车间生产现场的动态响应和优化管理，提高生产效率。

第二节　电子商务协同技术——EDI

随着Internet的发展，电子商务在企业中也得到了飞速的发展，初级的电子商务平台已经无法适应竞争激烈的市场及瞬息万变的客户需求，无法进一步提升业务效率。电子商务目前正在向一个更高的方向发展，那就是电子商务协同，其使得企业无论是对于无法预测的供求变化，还是对于瞬息万变的市场信息，都能够以敏锐的洞察力和快速的反应能力来应对，从而迅速提高企业的业绩并降低成本，进一步提高企业自身的竞争力，同样提高上下游企业的竞争力，从而达到共赢，提供整个价值链的核心竞争力。EDI作为一项标准，完全能够支撑电子商务协同的进一步发展与扩展。通过价值链上下游指定共同的单据标准，以基础的电子商务平台作为出发点，整合上下游业务单据，指定适应整个价值链的单据标准，甚至可以采取分步实施、共同发展的策略推进电子商务协同技术的发展。

一、EDI的概念

EDI（Electronic Data Interchange，电子数据交换），是将企业与企业之间的商业往来，以标准化、规范化的文件格式及电子化的方式，无须人工介入，无须纸张文件，通过网络系统在计算机应用系统与计算机应用系统之间，直接地进行信息业务交换与处理，是一种先进的通信手段和技术。

从上述EDI定义不难看出，EDI包括以下三方面的内容。

1）用统一的标准来编制资料。EDI是面向商业文件的，如订单、发票、货运单、报关单、进出口许可证等。这些文件必须根据相应的统一标准格式编制，这一点对EDI至关重要。EDI报文之所以能被不同的商业伙伴的计算机编制和处理，其奥秘全在于其标准化。

2）利用电子方式传输信息。信息传递的路径是计算机到数据通信网络，再到商业伙伴的计算机，中间不需要人工干预，这就有别于传统的传送方式。必须指出的是，尽管传真（FAX）和电子邮件（E-mail）也是用电子方法传送，但它们都不是EDI。

3）实现计算机应用程序之间的连接。EDI信息的最终用户是计算机应用软件系统，它自动地处理传递过来的数据，在传递之前和之后，要对单据的内容进行核对，既核对数据的准确性，也核对数据的格式是否符合标准。

二、EDI的工作原理

在EDI工作过程中，所交换的报文都是结构化的数据，整个过程都是由EDI系统完成的。EDI系统结构如图6-5所示。

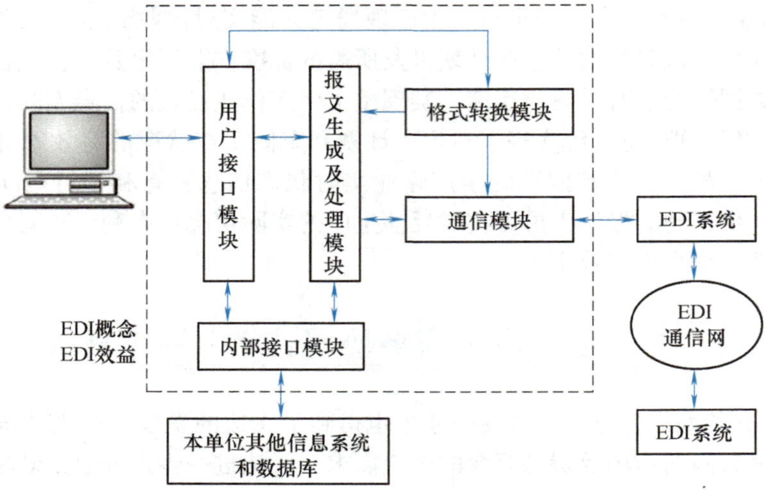

图6-5 EDI系统结构

（1）用户接口模块 业务管理人员可用此模块进行输入、查询、统计、中断、打印等，及时地了解市场变化，调整策略。

（2）内部接口模块 这是EDI系统和本单位内部其他信息系统及数据库的接口。一份来自外部的EDI报文，经过EDI系统处理之后，需要经内部接口模块送往其他信息系统，或查询其他信息系统才能给对方EDI报文以确认的答复。

（3）报文生成及处理模块 接收来自用户接口模块和内部接口模块的命令和信息，按照EDI标准生成订单、发票等各种EDI报文和单证，经格式转换模块处理之后，由通信模块经EDI网络发给其他EDI用户，并自动处理由其他EDI系统发来的报文。

（4）格式转换模块 所有的EDI单证都必须转换成标准的交换格式，转换过程包括语法上的压缩、嵌套、代码的替换以及必要的EDI语法控制字符。在格式转换过程中要进行语法检查。

（5）通信模块 该模块是EDI系统与EDI通信网络的接口，具有执行呼叫、自动重发、合法性和完整性检查、出错报警、自动应答、通信记录等功能。

当今世界通用的EDI通信网络，是建立在MHS（信息处理系统：MHS为EDI创造一个完善的应用软件平台，减少了EDI设计开发上的技术难度和工作量）数据通信平台上的信箱系统，其通信机制是信箱间信息的存储和转发。文件交换由计算机自动完成，在发送文件时，用户只需进入自己的信箱系统。例如图 6-6 所示的是上海一家汽车零配件交易中心的 EDI 通信网络示意图。

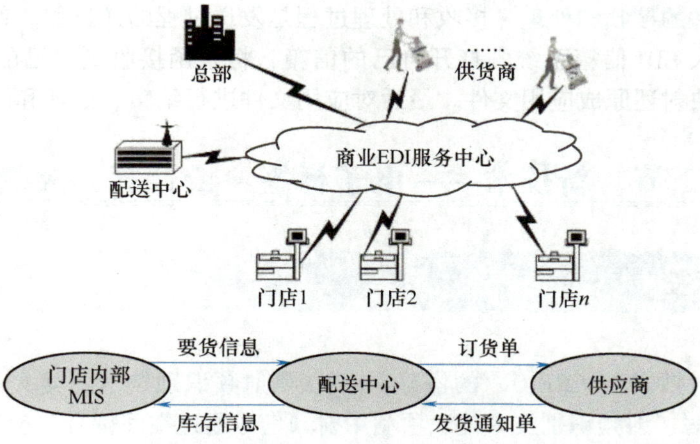

图 6-6　上海汽车零配件交易中心 EDI 通信网络

具体 EDI 通信流程机制如图 6-7 所示，其包括如下几方面。

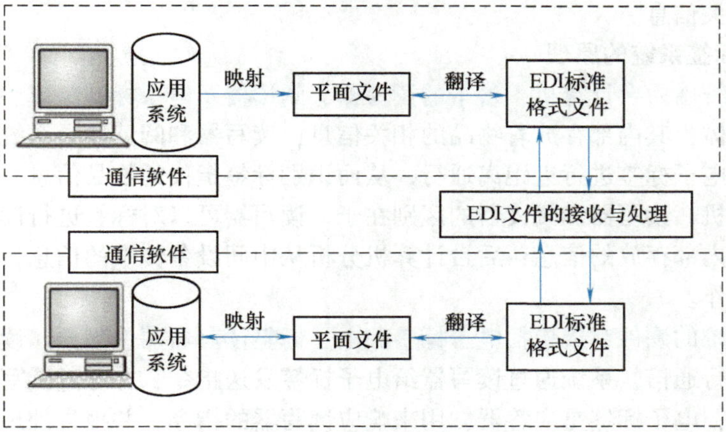

图 6-7　EDI 通信流程

（1）映射　生成 EDI 平面文件。EDI 平面文件（flat file）是通过应用系统将用户的应用文件（如单证、票据）或数据库中的数据，映射成的一种标准的中间文件，这一过程称为映射（mapping）。平面文件是用户通过应用系统直接编辑、修改和操作的单证和票据文件，它可直接阅读、显示和打印输出。

（2）翻译　将平面文件通过翻译软件（translations software）生成 EDI 标准格式文件。EDI 标准格式文件，就是所谓的 EDI 电子单证，或称电子票据。它是 EDI 用户之间进行贸易和业务往来的依据。EDI 标准格式文件是一种只有计算机才能阅读的 ASCII 文件。它是按照 EDI 数据交换标准（即 EDI 标准）的要求，将单证文件（平面文件）中的目录项，加上特定的分割符、控制符和其他信息，生成的一种包括控制符、代码和单证信息在内的 ASCII 码文件。

(3) 通信　由计算机通信软件完成。用户通过通信网络，接入EDI信箱系统，将EDI电子单证投递到对方的信箱中。

(4) EDI文件的接收和处理　接收和处理过程是发送过程的逆过程。首先需要接收用户通过通信网络接入EDI信箱系统，打开自己的信箱，将来函接收到自己的计算机中，经格式校验、翻译、映射还原成应用文件。最后对应用文件进行编辑、处理和回复。

第三节　新技术——电子标签、云计算、大数据

一、电子标签

(一) 概念

电子标签是射频识别（RFID）的俗称，RFID是射频识别技术的英文（Radio Frequency Identification）缩写，射频识别技术是一项利用射频信号通过空间耦合（交变磁场或电磁场）实现无接触信息传递并通过所传递的信息达到自动识别目的的技术。电子标签（RFID）技术是20世纪90年代迅速发展起来的物品自动识别技术。当每件产品制造完成时，赋予其唯一信息的电子标签，使其不管流通到哪里，人们都能够通过识别器（或称读写器）随时获得这件产品的相关信息。

(二) 电子标签系统的原理

电子标签系统由后台计算机，若干的读写器、阅读器及电子标签组成。其中，电子标签是物品识别的载体，其内部存放着物品的相关信息；读写器和阅读器是系统的中间设备，其通过射频信号同电子标签进行近距离通行，从而识别标签指代的物品信息，通过接口把信息汇总给后台计算机，读写器和阅读器的区别在于，读写器可以对标签进行读写操作，而阅读器只能读取标签内部存放的信息；后台计算机分析从中间设备传来的信息，负责管理整个标签系统的正常工作。

电子标签系统的硬件组成包括电子标签和电子标签读写器两个部分。读写器通过射频信号同电子标签进行通信，系统通过读写器给电子标签发送指令，并通过读写器分析电子标签返回的有关信息；电子标签是应答器，用来响应读写器的指令，并报告处理结果。

电子标签由标签天线和标签芯片两部分组成。标签天线是读写器和标签芯片之间进行信号和能量传递的中介。标签芯片则根据读写器的指令，做出相应的操作和响应。

(三) 电子标签在汽车电子商务的应用

当今社会，汽车已经不仅仅是代步工具，人们对汽车的性能、功能配置、外观和舒适度等方面的要求也越来越多，因此市场个性化的要求也越来越多，一种或几种车型已经不能满足市场的要求了，因此，一条生产线生产的汽车型号也越来越多，汽车生产的管理难度和力度逐步加大。在汽车零部件的生产中出现了诸多问题，例如刀具、模具的混型。由于汽车零部件加工车间油污粉尘较多，刀模具的编号经常变得模糊不清，有时还会被损毁，一旦选用了错误的刀模具，将会对生产线的生产秩序造成干扰，同时还会造成不必要的浪费，而在刀模具上使用螺钉标签或磁铁标签就能很好地解决这一问题。在刀模具的合适位置留出一个凹槽，螺钉标签拧在里面或将磁铁标签吸附在里面，在使用时只需用读写器读取标签内的信息，即可确认此刀模具是否是生产所需的型号。使用电子标签可解决生产中的三个主要问

题，一是刀模具的保存和使用更为方便、准确、有序；二是将标签放置在凹槽内，解决了笨重的刀模具在使用和搬运过程中相互碰撞的巨大冲击力对标签的伤害；三是由于电子标签的读取不像条形码那样必须可视化读取，因此，油污粉尘对标签的影响也就很小。

而对于零部件的自动化生产线，例如车体焊接、喷漆等，在零部件上使用电子标签，更好地解决了人员操作失误造成的问题。在生产线的固定位置放置读写器，读写器与生产线控制器相连，当贴有电子标签的零部件进入加工工位时，读写器会读取标签内的信息（型号、数量、加工程序代码等），并将此信息传输给控制器，控制器根据此信息选择合适的加工程序进行加工。这样极大地提高了自动生产线的生产效率，同时将人员对服务器误操作的概率降到了最低。

当汽车零部件进入组装线前后，电子标签的作用就显得更为突出。对于汽车企业，库存一直是其生产成本的一个重要组成部分，现在汽车生产企业都在追求零部件及时准确的调度和零库存，电子标签在这里发挥了极其重要的作用。当零部件按要求生产完毕后，根据组装线的要求，这批部件被装到运送此部件的运输工具上，这时运输工具上的电子标签便开始工作，它里面会记录这批部件的型号和数量、运输工具和运输路线、控制人员、时间等信息，当运输工具离开生产基地时，读写器便通过 GPRS（通用分组无线服务技术的简称）将这些信息发送给组装线的服务器。当这批部件到达组装基地后，读写器又会读到这批部件的相关信息，并将此信息发送给生产服务器，生产服务器根据生产需要对这批部件在生产线的放置地点、顺序等做出指示，如果在放置过程中出现错误，生产线的识别读写器也会及时发现并报警，直到放置正确后才会放行。当零部件进入组装线后，生产工人或机械手便会按照不同的车型进行有序快速的生产，同时在组装线上还有若干识别读写器，即使零部件安装错误，识别读写器也会及时发现并报警。通过使用电子标签，不仅解决了零库存的问题，而且提高了生产效率，降低了人为操作失误带来的损失。

当一辆汽车检验合格出厂后便进入了销售和使用环节，这时汽车生产企业要控制销售成本。例如，北京生产的汽车在北京的销售成本是1000 元，而在新疆的成本是5000 元，这里面包含了运输、存储、维护等费用，而这笔费用是由生产企业负担的，由于销售地的不同会造成较大的销售成本差价，为了防止销售商谎报销售地而骗取销售费用，汽车生产企业必须在每辆汽车上放置唯一的车辆标志。在车辆进行组装时，每辆车都会留一枚标签作为该车的电子身份证，这里面会记录该车的详细信息。当该车被售出时，销售商必须使用读写器将该车的信息录入服务器，这样就可以通过网络或 GPRS 及时将该信息传输给生产厂。当用户在使用过程中出现了问题，负责售后服务的部门又会将出现的问题和解决的情况录入电子标签里，这样，汽车生产企业就能准确掌控每一辆汽车的所有情况，直到该车报废，此时该车的电子标签也就结束了它的使命。

二、云计算

（一）什么是云计算

云计算是一个虚拟化的计算机资源池，一种新的 IT 资源提供模式。云计算就是以公开的标准和服务为基础，以互联网为中心，提供安全、快速、便捷的数据存储和网络计算服务，让互联网这片云成为每一个网民的数据中心和计算中心。云计算借用了量子物理中的“电子云”（Electron Cloud）思想，强调说明计算的弥漫性、无所不在的分布性和社会特性。

“云”是指计算机群，每一群包括了几十万台、甚至上百万台计算机，是数据存储和应用服务的中心，用来完成存储和计算的工作。云计算（Cloud Computing）是分布式计算（Distributed Computing）、并行计算（Parallel Computing）和网格计算（Grid Computing）的发展，或者说是这些计算机科学概念的商业实现。其基本原理是，用户所需的应用程序并不需要在用户的个人电脑、手机等终端设备上运行，而是在互联网的大规模服务器集群中运行，用户所处理的数据也并不存储于本地，而是保存在互联网的数据中心里面。这些数据中心正常运转的管理和维护则由提供云计算服务的企业负责，并由其来保证足够强的计算能力和足够大的存储空间来供用户使用。

（二）云计算的特点

1）云计算提供最安全可靠的数据存储中心，用户不用担心数据丢失、病毒入侵等麻烦。当文档保存在类似 GoogleDocS 的网络服务上，当把自己的照片上传到类似 Google Picasa Web 的网络相册里，就再也不用担心数据的丢失或损坏。因为在“云”的另一端，有全世界最专业的团队来管理信息，有全世界最先进的数据中心来保存数据。同时，严格的权限管理策略可以使用户放心地与指定的人共享数据。

2）云计算对用户端的设备要求最低，使用起来也最方便。只要有一台可以上网的电脑，有一个浏览器，就可以在浏览器中键入 URL（统一资源定位器的英文缩写），然后尽情享受云计算带来的无限乐趣。用户可以在浏览器中直接编辑存储在“云”的另一端的文档，可以随时与朋友分享信息，再也不用担心软件是否是最新版本，再也不用为软件或文档染上病毒而发愁。因为在“云”的另一端，有专业的 IT 人员在维护硬件，安装和升级软件，防范病毒和各类网络攻击，即在做用户以前在个人电脑上所做的一切。

3）云计算可以实现不同设备间的数据与应用共享。在云计算的网络应用模式中，数据只有一份，保存在“云”的另一端，用户的所有电子设备只需要连接互联网，就可以同时访问和使用同一份数据，从而轻松实现不同设备间的数据与应用共享。

4）云计算为人们使用网络提供几乎无限多的可能，为存储和管理数据提供几乎无限多的空间，也为完成各类应用提供几乎无限强大的计算能力。离开云计算，单使用个人电脑或手机上的客户端应用，是无法享受这些便捷的。个人电脑或其他电子设备不可能提供无限量的存储空间和计算能力，但在“云”的另一端，由数千台、数万台甚至更多服务器组成的庞大的集群却可以轻易地做到这一点。个人和单个设备的能力是有限的，但云计算的潜力却几乎是无限的。

（三）云计算在汽车电子商务的应用：以电动汽车运营服务平台为例

作为电动汽车大规模商业化运营的必要条件，只有大力发展电动汽车充换电运营网络，才能为电动汽车的安全可靠运行提供强有力的保障。与此同时，接入规模的不断增大也使得电动汽车不能简单孤立地独自运行，而应将其作为一个信息源，通过车内网络动态地收集、分发和处理数据，实现车与车、车与充换电设施等城市基础设施网络，以及车与互联网络之间的信息交换，以实现车辆智能化监控。因此，基于车联网的电动汽车运营服务平台应运而生，同时与电力系统、交通系统、公交系统、市政系统等实现数据共享和有效互动，这对电动汽车运营服务平台区域互联的海量数据采集、计算、存储，以及多功能子系统的网络化应用、安全部署提出了更高的要求和挑战，最为有效的方法就是将云计算体系纳入电动汽车运营服务管理平台。

如图 6-8 所示，电动汽车运营服务平台纳入车联网的概念，采用 3G/4G、EDI、RFID、呼叫中心等通信手段，在身份识别与认证、数据加密等各种网络安全的基础上，运用海量的数据存储与深度数据挖掘、云存储等技术，与电力系统、交通系统、公交系统、市政系统等实现数据共享和有效互动，实现了基础网络和信息服务的完美融合，给电动汽车用户提供全方位多层面服务。其主要子系统功能涵盖了安全预警、节能驾驶、统计分析、行车诱导、应急救援、远程诊断、资讯服务、休闲娱乐、车友社区、车辆监控、租车业务、资产管理、充换电设施监控等多个应用领域。

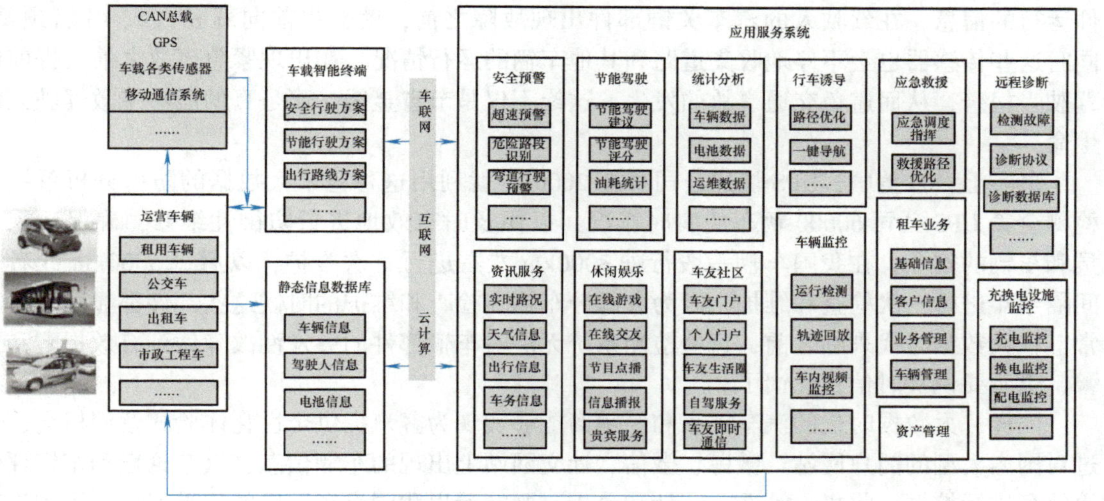

图 6-8　电动汽车运营服务平台功能设计方案

三、大数据

（一）大数据的概念

进入 2012 年，大数据（Big Data）这一词越来越多地被学术界及企事业单位所提及，人们用它来描述和定义信息爆炸时代产生的海量数据，并命名与之相关的技术发展与创新。大数据指快速增长并难以被普通数据管理软件在可容忍的时间范围内进行收集、储存、查询、共享、诊断、分析、展示的数据集。

大数据的概念是一个定性的概念，一般认为其具有四个特征：数据量大、结构复杂、实时性高、价值密度低；将之归纳为“四个 V”，即 Volume，Variety，Velocity 和 Value。

（1）数据量大　根据全球知名咨询公司麦肯锡的数据，2010 年，全球企业共产生并存储了 7EB 的数据，而个人用户的移动设备也收集并存储了 6EB 的数据。国际数据公司（IDC）通过对数字宇宙的研究，预计在未来十年内，全球数据使用量将猛增 44 倍，达到惊人的 35.2ZB；同时全球每时每刻都在产生各种各样的海量数据，这些数据容量高达数 TB 乃至数 EB。

（2）结构复杂　大数据的结构复杂主要是指大数据的来源呈现多样化，目前各种网络日志、微信、微博、网络视频和图片、GPS 导航等都可成为大数据的来源。

（3）实时性高　大数据的实时性高是指大多数的大数据都是实时产生的，因此这就对数据管理工具提出了更高的要求，要求管理工具能够对数据进行实时的诊断和分析，并及时得到真实结论。

(4) 价值密度低　大数据的价值密度低是指单位体积大数据的价值量相对于传统业务数据的价值量要低，能够为用户创造价值的数据往往只占大数据所有容量中很小的一部分。因此如何在海量的大数据中找到有价值的信息并加以利用，是目前面临的一大研究课题。

(二) 大数据时代的汽车生活

人们在大数据时代的汽车生活又将是怎么样的？在大数据时代的背景下，正在驾驶的汽车或许可以提前救驾驶人一命，在汽车全身遍布传感器，这些传感器不间断地收集车辆各部件运行的信息，在驾驶人的汽车关键部件出现故障之前，就会提前向驾驶人或4S店预警；同时这些传感器也会不停地收集道路和其他车辆的运行情况，在出现紧急事故之前，提前向驾驶人报警，从而避免交通事故的发生。这绝不仅是节省金钱，而是真的能够挽救驾驶人的生命。

事实上，在美国，UPS快递公司早在2000年就利用这种基于大数据的防御分析系统来检测全美UPS公司60000辆车的实时车况，以便及时有效地进行防御性维修，确保驾乘人员和车辆的安全；在我国车辆一般行驶3000km左右进行首次维护，以后每5000km或者每间隔半年进行一次检查和维护，因为大部分车辆在检查和维护的时候这些部件都显示运行正常，在大数据时代来临之前，这些检测系统无法对车辆部件的突发性故障做到有效提醒和预警，更不要说实时信息反馈了。

同样，大数据时代的汽车厂家和经销商能够实现为客户提供个性化体验式营销机会，通过对国内大型的门户网站、微博、微信、社交网站上出现的车辆信息，汽车论坛和车辆评价等信息进行挖掘、收集、筛选、统计和分析，既能看出我国汽车网民的驾乘习惯，了解汽车网民的配置兴趣，反映他们的真实意图，也能真实展现我国汽车市场的现状和未来发展趋势，而这些通过传统的调研手段和调研工具几乎是不可能实现的。比如通过对我国汽车网民的行为特征、兴趣爱好、消费习惯、信息来源等数据进行分析和对标，可以评估出不同消费群体对不同汽车品牌、不同汽车型号及不同车辆制造商的消费特性。

由此可见，大数据的应用对我国汽车产业的发展，尤其是营销与制造领域的应用将会带来巨大的推动作用，大数据时代的营销定位将会更加精准，客户分类也将更加精细。从我国汽车产业本身发展的角度来看，受宏观经济调控、相关优惠政策淡出及部分城市限购的影响，我国的汽车产业面临着新一轮的巨大挑战，增速已经不是“高歌猛进”。这时候，更加精准的客户关系管理成为企业生存、发展和制胜的关键，尤其是区分不同类别的客户价值，采取相应的策略并保持有价值的客户是客户关系管理的核心任务。故而在学术界和企业界，基于大数据时代的特征，站在客户全生命周期的角度，根据客户生命周期价值对客户进行全面系统的分类，构建汽车用户分类模型并对汽车用户保持动态策略是汽车电子商务的一个新的发展趋势。

【案例分析】东风汽车EDI案例分析

随着东风汽车公司与日产汽车公司之间业务量的不断增加，两家企业的关系也越来越紧密，双方都迫切希望能在电子商务协同的发展上进一步扩展。因此两家公司启动了EDI数据通道建设项目。项目采用EDI电子商务协同解决方案基础模型，通过Internet搭建企业间的虚拟专用通道，业务方从各自业务系统中提取出业务单据，转换成符合ebXML

标准的平面文件（又称中间文件），EDI平台（数据交换平台）将中间文件进行封装翻译成标准的EDI报文，并组成发送EDI信件，对端通过EDI平台信箱收取信件并进行可逆操作将信件翻译成标准的中间文件然后解析进入对方业务系统中，基础平台的搭建为项目的开展提供了有力保障。

项目主要实施步骤：①明确需要传输的电子单据类型，包括需求单据、合同单据、生产工序单据、质保书信息单据；②明确电子单据的标准格式，规范单据中各数据项的命名、含义等；③确定具体业务需求，业务处理流程；④项目实施；⑤功能测试及数据验证；⑥系统上线。在项目实施过程中，EDI数据处理平台作为业务数据的中转站，需要对双方业务信息交互进行转换及翻译工作，不仅仅是电子单据的传递，同时还将扮演商务协同、流程简化的工作。

项目主体功能包括：需求确认；合同、发票、生产进程信息发送；合同进度跟踪及业务流程中各种辅助功能，如需求评审邮件通知、需求自动评审功能等。

从整个项目来说，电子商务协同是其目标，EDI作为其手段或者技术支持。从原来业务双方邮件或电话的方式处理需求信息，到EDI需求数据自动发送处理的转变极大地提高了工作效率：①EDI数据通道的建设有利于提升用户的满意度，进一步适应业务增长的新形势，对订单数据的核实更加方便简易，有利于降低失误率，还可以以此为切入点逐步完善对海外客户的各项电子商务服务；②通过系统自动将需求信息发送给对方，使得一方对另一方需求的收集没有任何操作上的障碍，为双方更精确地控制订货提供了技术支撑，同时能直接获得合同、发票等单据信息，免除了中间烦琐的沟通流程，更重要的是能获取到台同生产进程信息，为自身的生产安排提供足够的信息支撑。

本章小结

管理信息系统是用系统的思想建立起来的，为一个组织（企业）的各级领导提供管理决策服务的信息系统。它由三种互不相同的系统构成，即管理系统、处理系统和传输系统。管理信息系统的结构是指管理信息系统各个组成部分之间关系的总和。基于组织功能的系统结构将企业内部同类的经济信息集中在一起，建立起若干个专业性的信息子系统，如销售管理子系统、生产管理子系统、财务管理子系统、物资管理子系统和人事管理子系统等。

EDI是将企业与企业之间的商业往来，以标准化、规范化的文件格式，无须人工介入，无需纸张文件，直接地进行信息业务交换与处理，是一种先进的通信手段和技术。在EDI工作过程中，所交换的报文都是结构化的数据，整个过程都是由EDI系统完成的。EDI系统结构由用户接口模块、内部接口模块、报文生成及处理模块、格式转换模块和通信模块构成。

电子标签是射频识别（RFID）的俗称，射频识别技术是一项利用射频信号通过空间耦合（交变磁场或电磁场）实现无接触信息传递并通过所传递的信息达到自动识别目的的技术。云计算就是以公开的标准和服务为基础，以互联网为中心，提供安全、快速、便捷的数据存储和网络计算服务，让互联网这片云成为每一个网民的数据中心和计算中心。大数据指快速增长并难以被普通数据管理软件在可容忍的时间范围内进行收集、储存、查询、共享、诊断、分析、展示的数据集。大数据的概念是一个定性的概念，一般认为其具有四个特征：数据量大、结构复杂、实时性高、价值密度低。

同 步 测 试

一、判断题

1. EDI 就是按照商定的协议，将商业文件分类，并通过计算机网络，在企业内部的计算机网络系统之间进行数据交换和自动处理。

2. 由于采用 EDI 方式出口手续简便，可减少单据费用的开支，并缩短国际贸易文件的处理周期，因此给使用 EDI 的企业带来了巨大的经济利益。

3. EDI 传输的是标准的格式化文件，并具有格式校验功能；而传真、电子信箱等传送的是自由格式的文件。

4. EDI 的使用对象是具有固定格式的业务信息和具有经常性业务联系的单位。

5. EDI 的使用对象是具有固定格式的业务信息和具有经常性业务联系的单位。

二、单项选择题

1. 管理信息系统科学的三要素是（　　）。

A. 计算机技术、管理理论和管理方法

B. 管理方法、运筹学和计算机工具

C. 系统的观点、数学方法和计算机应用

D. 计算机技术、通信技术和管理工具

2. 按照不同级别管理者对管理信息的需要，通常把管理信息分为以下三级（　　）。

A. 公司级、工厂级、车间级　　B. 工厂级、车间级、工段级

C. 厂级、处级、科级　　D. 战略级、策略级、作业级

3. 管理信息系统是一个（　　）。

A. 网络系统　　B. 计算机系统　　C. 操作系统　　D. 人机系统

4. 对管理信息系统进行综合，可以了解到，管理信息系统是由多个功能子系统组成的，这些功能子系统又可以分为业务处理、运行控制、管理控制和（　　）几个主要的信息处理部分。

A. 财务管理　　B. 信息管理　　C. 人力资源管理　　D. 战略管理

5. EDI 是（　　）之间的数据传输。

A. 应用系统　　B. 应用系统与个人　　C. 个人与应用系统　　D. 个人

6. EDI 租用电信部门通信线路的专用网络称为（　　）。

A. 专网　　B. EDI 网　　C. 增值网　　D. 商用网

7. EDI 网络传输的数据是（　　）。

A. EDI 标准报文　　B. 自由文件　　C. 用户端格式　　D. 平面文件

8. EDI 所传送的资料是一般（　　），如发票、订单等，而不是指一般性的通知。

A. 广告　　B. 业务资料　　C. 产品说明书　　D. 图片

三、分析题

1. 请分析管理信息的机构。
2. 请分析 EDI 的工作原理。
3. 请描述 EDI 通信流程包括哪些阶段。
4. 请分析 EDI 的安全和法律问题。
5. 请分析电子标签、云计算和大数据在汽车电子商务的应用，并举例说明。

同步训练

项目：EDI 操作

实训目的：

- 掌握 EDI 工作原理和流程
- 理解 EDI 应用

实训器材：

计算机，互联网

实训指导：

1. 分别访问各 EDI 中心，了解各中心的业务及操作流程（选三个）

舟山港口 EDI 中心（http：//www. zsedi. com/）

上海市 EDI 中心（http：//www. shedi. com/）

宁波港口 EDI 中心（http：//www. npedi. com/ediportal-web/ediweb/index. jsp）

厦门空港 EDI 中心（http：//www. xmairedi. com. cn/）

亿通网（http：//edi. easipass. com/#）

2. 网上搜索国际贸易领域、贸易运输领域、通关自动化中 EDI 应用实例。

第七章 汽车网络营销

知识目标

- 理解网络营销的定义、内涵和特点。
- 掌握网络营销的职能划分。
- 掌握网络调研的步骤和方法。
- 掌握在线问卷调查的方法。
- 了解汽车网络营销的发展趋势。

能力目标

- 能解释网络营销的概念和内涵。
- 能应用各种网络推广工具进行汽车推广。
- 能完成网络调研计划的撰写。
- 能设计网络调查问卷。

重点与难点

- 网络推广工具的应用
- 网络调研计划的撰写
- 网络调查问卷的设计

第一节　网络营销概述

一、网络营销定义

20 世纪 90 年代以来，随着计算机和网络技术以及电信网络设施的飞速发展，互联网成为人类生活的重要组成部分，其对人类的影响是全面而深远的。互联网不仅改变了人类的沟通交流渠道（如现在已经很少人写信、寄信了），还逐渐改变了整个人类的生活方式，这种改变还将持续而且深入地进行下去。

互联网改变了企业营销的环境，用户消费行为的改变，信息产品的兴起，网络销售终端和服务平台的发展，各种新媒体的扩张，促使营销手段和技术不断地创新，改变着原有的企业营销模式，形成了今天发展中的网络营销。有关网络营销的概念和名词很多，还未形成完全一致的认识。

互联网对企业营销活动的改变有部分的，也有系统性的。如大部分企业都建立了自己的企业和产品网站，有很多利用网络广告进行促销和宣传，这是对传统企业营销的促销方式的改变，但并没有系统地改变传统企业营销；也有的企业全部的营销活动都依赖于互联网，从市场调研、产品的发布、产品的销售、产品的促销广告、客户服务都从互联网上提供，这是一种系统的改变。例如小米手机的成功就在于其完整的电子商务网络营销，没有工厂，没有仓储，没有门店渠道，专注于核心的产品开发和网络服务，节省了大笔的运营设施成本。今天，更多的淘宝网店将全部的营销活动放在淘宝网站上，从广告投放、产品目录、客户沟通到客户订单和供货都是在互联网上完成的。

但是，不管网络营销采用了多少新的技术和方法，作为企业进行网络营销的目的仍然和传统营销一致，都是为了满足市场的需求而进行的一系列相关的营销活动，促使商品和服务能够从企业传递到消费者手中。只是这其中的部分或全部的职能变成了以网络为媒介或平台工具来进行的。

因此，网络营销是部分或全部利用互联网为媒介，以数字信息技术为基础，采用方法、工具和理念来促进个人和组织实现商品和服务的交换，满足市场需求的过程。

二、网络营销的职能与层次

网络营销是以新技术和手段开展的营销，是企业整体营销的一部分。它替代或辅助实现了传统营销中的营销要素职能。比如，网上销售成为企业营销中渠道的重要组成部分，实现了实体营销渠道的职能。冯英健教授曾在 2002 年提出了网络营销的八大职能：网络品牌、网站推广、信息发布、销售促进、网上渠道、顾客服务、顾客关系和网上调研。

黄岚等人将网络营销的职能合并为四个，即销售职能、推广职能、服务职能和调研职能，内容也基本涵盖了上述八个职能。另外，还有根据网络营销的职能发展程度将其分为 5 个层次：企业上网宣传、网上市场调研、网络分销联系、网上直接销售和网上营销集成。

网络营销的职能仍然在发展之中，随着新技术的不断应用，汽车网络营销也将越来越深入，甚至不排除将来会出现完全的汽车网络营销模式，即完全的电子商务化，汽车企业将整体的营销职能在网上实现。本章将重点就汽车的网络推广和网上调研展开分析，汽车网络销售在电子交易的 B2C 模式中已经有论述。

第二节　汽车网络推广

网络推广是利用互联网手段来促进销售的活动，是网络营销的基本职能之一。网络推广不仅仅包含了企业产品和服务的推广，也包括企业品牌和企业网站的推广，让更多的潜在客户知晓企业和产品，树立良好形象。目前网络推广包括很多形式，会用到各种网络技术和工具，下面将一一进行分析。

一、汽车网络广告

当前，互联网已成为继“报刊”“广播”“电视”三大媒体之外的第四大传播媒体。与报刊、广播、电视这三大传统媒体相比，互联网使得信息在传播技术、传播效率及传播功能等方面产生了前所未有的变化。互联网正在成为重要的广告媒体市场。

狭义的广告是指商业广告，是以促进销售为目的，通过一定形式的媒体，并消耗一定的费用，公开而广泛地向公众传递有关商品或劳务等有关经济信息的宣传手段。

（一）汽车网络广告的形式

（1）旗帜广告　旗帜广告（Banner）又称“横幅广告”，是一幅放置在网页最上端表现商家广告内容的矩形图片，通常为 GIF、JPG 等格式。旗帜广告又有静态和动态之分，为吸引更多的注意力，往往以动画形式出现。由于位置醒目、图幅大，可以比较自由地以文字图形等形式向浏览者传递信息，引导浏览者与商家深入地互动交流。旗帜广告是企业一般愿意在网站投放的广告形式。

【案例分析】雪佛兰投放在太平洋汽车的动态旗帜广告

如图 7-1 所示，该广告投放在中国主要汽车专业资讯的门户网站之一——太平洋汽车网上，以旗帜广告的信息呈现，出现在网站导航栏目下，是最醒目的广告位，宽度占据网页宽度的 85%，很容易给浏览网站的用户造成视觉冲击，加深印象。

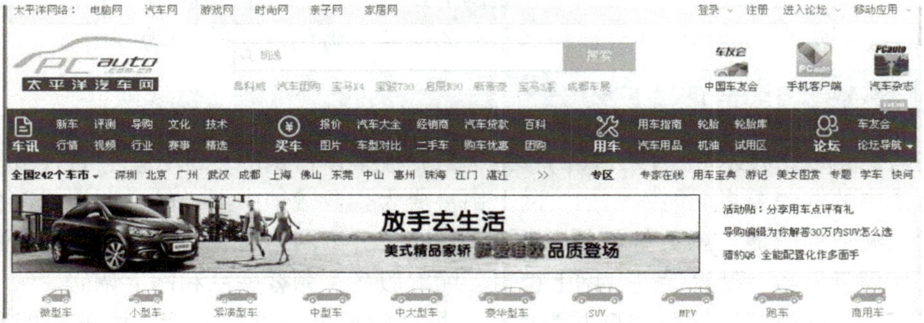

图 7-1　雪佛兰“新爱唯欧”投放在太平洋汽车的动态旗帜广告

如图 7-2 所示的旗帜广告是以 5 个画面交替出现的 gif 格式的图片，循环播放，由于色彩不停变化，能够引起顾客的注意。内容既有品牌、企业，也有产品定位的场景，突出年轻用户享受生活的态度。

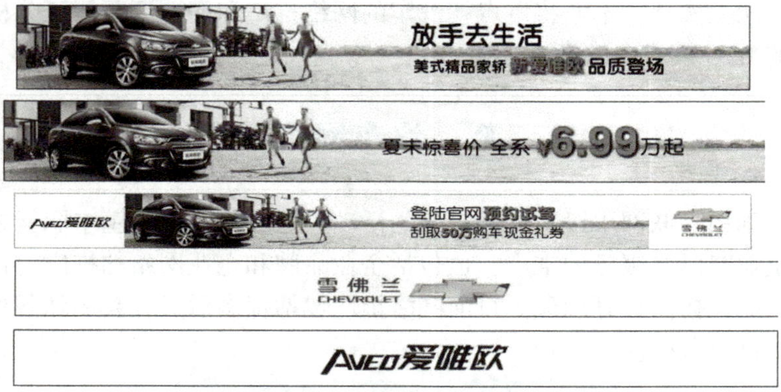

图 7-2　爱唯欧 gif 广告页面

同时，单击gif图片，将打开链接的网页。该网页转到了雪佛兰官网的爱唯欧产品主页，供感兴趣的客户进行详细了解（图7-3）。

图7-3 雪佛兰爱唯欧产品主页

（2）按钮广告 按钮广告（Button Advertising）是从banner演变过来的一种形式，是表现为图标（Logo）的广告，也称图标广告，通常广告主用其来宣传其商标或品牌等特定标志。按钮广告是一种与标题广告类似，但是面积比较小，而且有不同的大小与版面位置可以选择，最早是浏览器网景公司用来提供使用者下载软件，后来这样的规格就成为一种标准。

按钮广告能提供简单明确的资讯，而且其面积大小与版面位置的安排都较有弹性，可以放在相关的产品内容旁边，是广告主建立知名度的一种相当经济的选择。例如，戴尔曾将一个广告按钮放在一份科技类报纸的电脑评论旁边。一般这类按钮不是互动的，当你选择单击这些按钮的时候会被带到另外一个页面。有时这类广告可以提供音效和影像，但要花很多时间下载，因此不是很受用户欢迎。

根据美国交互广告署（IAB）的标准，按钮广告的标准尺寸通常有四种形式，分别是：125 * 125（pixels）方形按钮、120 * 90（pixels）按钮、120 * 60（pixels）按钮、88 * 31（pixels）小按钮。按钮广告由于尺寸偏小、表现手法较简单，多用于提示性广告，容量不超过2K。此广告的不足之处在于其有限性、被动性，因为只有浏览者点选，才能看到有关信息内容。

（3）图片广告 图片广告一般用在企业的产品图片上，单击该图片后即可进入相关的站点内容，了解更为详细的商品信息其特点是直观、形象、清晰。

（4）对联式广告 对联式广告位于浏览页面中特别设置的广告位，以夹带方式呈现，冲击力强（图7-4）。

（5）弹出式广告 弹出式广告是在浏览者打开一个新的网页或在浏览某个网页时弹出一个包含广告内容的新窗口。广告主选择在自己喜欢的网站或栏目之前插入一个新窗口显示广告内容。这里弹出的是一个个人网站广告窗口。这种广告的出现具有强迫性，都是自行出现在浏览器上。

（6）文字链接广告 有些广告发布者，为了节省有限的网页空间，或者节约成本等，常常只在网页中做一段带有特别颜色或者下划线的文字，只要浏览者单击这段文字，就可以跳转到一个广告页面。文字链接广告长度通常为10～20个汉字，内容多为一些吸引人的标

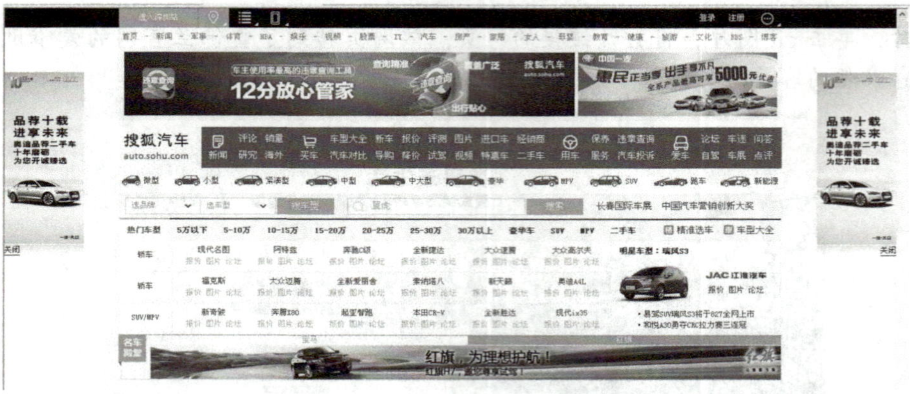

图 7-4　奥迪二手车在搜狐网的对联式广告

题，单击后链接到指定页面。

（7）网视广告　网视广告可以直接将广告客户提供的电视广告转成网络格式，实现在线播放，具有良好的影音品质（如图 7-5 右下角所示）。

图 7-5　K4 在网易投放的网视广告

（8）浮动广告/漂浮广告　这种广告形式的图标在页面来回飘动（沿着某一固定的曲线飘动），具有干扰度低，吸引力强的特点，点击率较高。

这种广告形式对用户的友好性比较差，容易招致用户反感。现在的漂浮广告都设定了自动退出的时间，在几秒之内飘忽完成后自动退出。

（9）电子邮件广告　电子邮件广告可以直接发送，但有时也通过搭载发送的形式。也有的网站使用注册会员制，收集忠实读者群，将客户广告连同网站提供的每日更新的信息一起，准确送到该网站注册会员的电子信箱中。这种形式的邮件广告容易被接受，具有直接的宣传效应。需要注意的是，发送电子邮件广告要预先征得邮件接收人的同意，从而避免滥发垃圾电子邮件带来负面影响。

（10）其他形式的广告　其他形式的网络广告载体包括墙纸广告、电子杂志广告、游戏广告等。

（二）汽车网络广告的策划步骤

汽车网络广告策划与一般广告策划的基本过程是一致的，但在发布媒介上更集中于网络信息手段。

（1）确定汽车网络广告的目标　确定网络广告的目标可遵循 AIDA（注意、兴趣、欲望、行动的英文首字母缩写）法则。“注意”（Attention），即在网络广告中意味着消费者在计算机屏幕上通过对广告的阅读，逐渐对广告主的产品或品牌产生认识和了解。“兴趣”（Interest），即网络广告受众注意到广告主所传达的信息之后，对产品或品牌发生了兴趣，想要进一步了解广告信息，客户可以单击广告，进入广告主放置在网上的营销站点或网页。“欲望”（Desire）即感兴趣的广告浏览者对广告主通过商品或服务提供的利益产生“占为己有”的冲动，其必定会仔细阅读广告主的网页内容，这时就会在广告主的服务器上留下网页阅读的记录。“行动”（Action），即最后广告受众把浏览网页的动作转换为符合广告目标的行动，可能是在线注册、填写问卷参加抽奖或者是在线购买等。

（2）明确网络广告的目标群体　明确网络广告的目标群体，简单来说，就是根据被推销产品本身的特质，确定网络广告希望让哪些人来看，确定客户来自哪个群体、哪个阶层、哪个区域。只有让合适的用户来参与广告信息活动，才能使广告有效地实现其目标。

（3）进行网络广告创意及策略选择　选择网络广告创意和策略时，需要注意以下几点：要有明确有力的标题、简洁的广告信息，发展互动性，合理安排网络广告发布的时间因素，正确确定网络广告费用预算，设计好网络广告的测试方案。

（4）选择网络广告发布渠道及方式　网络广告发布渠道多样，包括自建主页形式、网络内容服务商、专类销售网、企业名录、免费的 E-mail 服务、黄页形式、网络报纸或网络杂志、新闻组。此处还有其他各种渠道，后续将涉及。

二、微博

微博（Weibo），微型博客（MicroBlog）的简称，即一句话博客，是一种通过关注机制分享简短实时信息的广播式的社交网络平台。它是一个基于用户关系信息分享、传播以及获取的平台。用户可以通过 WEB、WAP 等各种客户端组建个人社区，以 140 字（包括标点符号）的文字更新信息，并实现即时分享。微博的关注机制分为可单向、可双向两种。

微博作为一种分享和交流平台，其更注重时效性和随意性。微博客更能表达出每时每刻的思想和最新动态，而博客则更偏重于梳理自己在一段时间内的所见、所闻、所感。目前国内新浪微博是目前最大的微博平台，用户数量庞大。微博用户群体的扩大使其成为汽车网络推广的重要阵地。

微博营销是以微博作为营销平台，以微博听众（粉丝）作为潜在营销对象，企业利用更新微博内容或发布听众感兴趣的话题跟听众交流互动，传播企业信息、产品信息，树立良好的企业形象和产品形象，促进客户认同和客户购买。该营销方式注重价值的传递、内容的互动、系统的布局、准确的定位，微博的火热发展也使得其营销效果尤为显著。微博营销涉及的范围包括认证、有效粉丝、话题、名人微博、开放平台、整体运营等。自 2012 年 12 月后，新浪微博推出企业服务商平台，为企业在微博上进行营销提供一定帮助。

当前很多汽车企业都开通了自己的官方微博，用于发布企业信息和产品信息。同时，还有很多企业利用企业领导人的个人魅力和影响力，建立个人微博，与社会大众进行沟通，也是企业营销中公共关系的重要组成部分。

汽车经销商目前大多建立了自己的官方微博和营销账号，一方面宣传企业形象，一方面进行促销活动的广告，对特定目标人群展开精准营销。很多企业还开设了车友会的微博，通过购车用户的传递，扩大企业的影响力。

微博营销的特点如下。

1）立体化。微博可以借助多种多媒体技术手段，从文字、图片、视频等展现形式对产品进行描述，从而使潜在消费者更形象直接地接收信息。

2）高速度。微博最显著的特征就是传播迅速。一条热度高的微博在各种互联网平台上发出后短时间内转发就可以抵达微博世界的每一个角落。

3）便捷性。微博营销优于传统推广，无须严格审批，从而节约了大量的时间和成本。

4）广泛性。通过粉丝形式进行病毒式传播同时名人效应能使事件传播呈几何级放大。

5）效率高。针对企业产品的 FAQ（Frequently Asked Questions 的首字母缩写，即常问问题）提高效率，并且能帮助客服迅速建立一个互相了解的通道。

如图 7-6 所示，深圳鹏峰汽车集团的官方微博是新浪微博的认证微博，功能几乎相当于企业网站。微博设有文章、招聘、调研等多个栏目，能够发布企业促销信息和企业活动，也能够发布企业的图片、视频等广告。

图 7-6 深圳鹏峰汽车的官方微博

三、汽车企业网站

汽车企业网站，是企业以网络营销为目的，为了在互联网上进行企业宣传，节约宣传成本，增加宣传方式而建设的网站。

根据企业建站的目的、网站的功能及主要目标群体的不同，企业网站大致分为三类：电子商务型，多媒体广告型和产品展示型。在实际应用中，很多网站往往不能简单的归为某一种类型，无论是建站目的还是表现形式都可能涵盖了两种或两种以上类型；对于这种企业网站，可以按上述类型的区别划分为不同的部分，每一个部分都可以认为是一个较为完整的网站类型。

汽车产品是一种复杂的产品，顾客了解汽车产品的功能较多，所以汽车企业一般都会将产品网站作为独立的网站，每一个品牌设立一个网站。栏目通常包括产品的概览、产品详细参数、产品官方指导价、产品技术、经销商查询等内容，方便顾客查看和订购。

在展示形式上，通常用简洁的表格形式展示产品的参数和配置及车型价目，运用解剖图片和 Flash 以及多媒体视频展示汽车动态技术，使客户方便理解汽车的技术运用和创新，引起顾客的购买欲望。

【案例分析】企业网站案例

如图 7-7 所示，广州本田（广本）官网栏目包括车型总览、购车指南、活动专区、新闻中心、走进广本、先进技术、客户服务等七个栏目。车型总览可以连接的广州本田旗下所有在售车型的独立产品网站，可以让客户详尽地了解企业的产品信息。官网不仅仅是客户购买前获取信息的官方渠道，更是广本宣传自身品牌和技术实力的重要阵地。其中新闻中心、走进广本、先进技术等栏目主要任务就是宣传广本的“感世界而动”的企业理念（在感受消费者的需求和社会环境的变化中，洞察到变化的本质，从而以别具一格的做法，挑战新事物，开创新潮流，创造出崭新的价值，并与消费者共享充满惊喜的感动）。与其他出版物一起将广本塑造成一个感世界而动、注重环保、技术先进的有责任感的汽车企业形象（图 7-8、图 7-9）。

图 7-7 广州本田官网

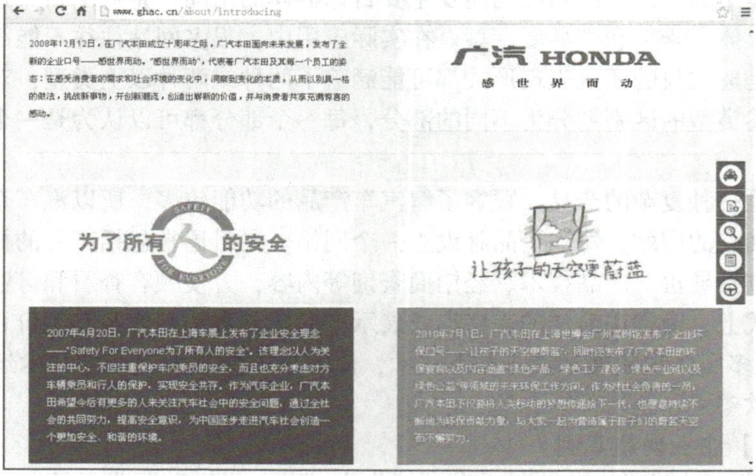

图 7-8　广州本田官网“走进广本”栏目截图

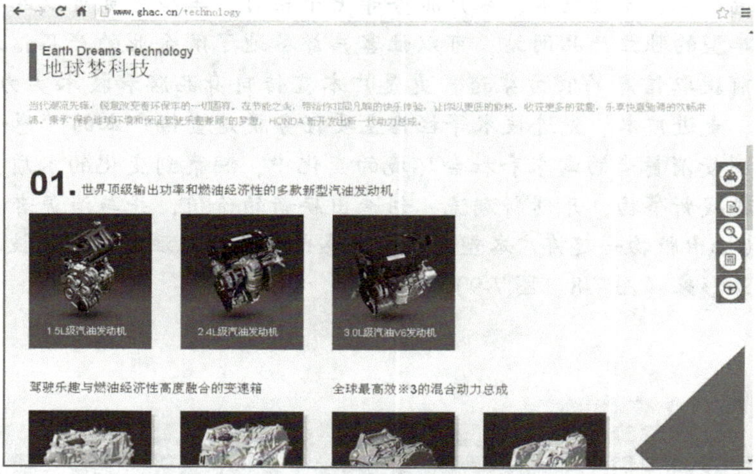

图 7-9　广州本田官网“先进技术”栏目截图

四、搜索引擎

搜索引擎是常用的互联网服务之一。搜索引擎的基本功能是为用户查询信息提供方便，随着互联网上信息量的爆炸式增长，如何寻找有价值的信息显得日益重要，因此搜索引擎便应运而生。由于搜索引擎成为上网用户常用的信息检索工具，这种可以为用户提供发现信息的机会的搜索引擎，也就理所当然地成为网络营销的基本手段之一。

搜索引擎营销（Search Engine Marketing，SEM）是指根据网络用户使用搜索引擎的方式，利用用户检索信息的机会将营销信息传递给目标用户，即企业利用这种被检索的机会实现信息传递的目的。搜索引擎营销是网络营销很重要的一种方法，也是企业网站推广的首选方法。

目前市场上主要的搜索引擎包括 Yahoo、百度、Google 等，搜索引擎行业的集中态势非常明显。最近的一次中国互联网络信息中心（CNNIC）调查显示，国内用户首选的两大搜索引擎品牌分别是：百度和360搜索。

搜索引擎拥有强大的营销推广功能，具体应用如下。

（1）提高网站与网页被收录的机会　网站建设完成并发布到互联网上，但如果不能被搜索引擎收录，用户便无法通过搜索引擎发现这些网站中的信息，当然就不能实现网络营销信息传递的目的。因此，让尽可能多的网页被搜索引擎收录是网络营销的基本任务之一。

（2）搜索结果位置靠前　网站和网页仅仅被搜索引擎收录还不够，还需要让企业信息出现在搜索结果中靠前的位置，这就是搜索引擎优化（SEO）所期望的结果。搜索引擎收录的信息通常都很多，如果企业信息出现的位置靠后，被用户发现的机会就大为降低，营销效果也就无法保证。

（3）信息获得用户关注　通过对搜索引擎检索结果的观察可以发现，并非所有的检索结果都含有丰富的信息，用户通常并不会单击浏览检索结果中的所有信息，而是会对搜索结果进行判断，从中筛选一些相关性最强、最感兴趣的信息进行单击，进入相应网页之后获得更为完整的信息。

（4）获取信息方便　搜索引擎可以根据用户搜索内容进行精确的信息投递，用户一般会在搜索结果的靠前位置找到符合自己兴趣的内容，并直接在搜索结果中单击所需信息，进入企业网站和网页获取更多详尽的资料。整个过程直观简洁，用户获取所需信息方便快捷。

五、电子邮件（E-mail）

E-mail营销是在用户事先许可的前提下，通过电子邮件的方式向目标用户传递有价值信息的一种网络营销手段。E-mail营销有三个基本因素：基于用户许可、通过电子邮件传递信息、信息对用户是有价值的。三个因素缺少一个，都不能称之为有效的E-mail营销。因此，真正意义上的E-mail营销也就是许可E-mail营销（简称许可营销）。

基于用户许可的营销与滥发邮件（Spam）不同，许可营销比传统的推广方式或未经许可的E-mail营销更具有明显的优势，如可以减少广告对用户的滋扰、增加潜在客户定位的准确度、增强与客户的关系、提高品牌忠诚度等。

根据许可E-mail营销所应用的用户电子邮件地址资源的所有形式，可以分为内部列表E-mail营销和外部列表E-mail营销，或简称内部列表和外部列表。内部列表也就是通常所说的邮件列表，是利用网站的注册用户资料开展E-mail营销的方式，常见的形式如新闻邮件、会员通信、电子刊物等。外部列表E-mail营销则是利用专业服务商的用户电子邮件地址来开展E-mail营销，也就是以电子邮件广告的形式向服务商的用户发送信息，许可E-mail营销是网络营销方法体系中相对独立的一种，既可以与其他网络营销方法相结合，也可以独立应用。

许可E-mail营销要与邮件滥发区别开来。目前很多企业购买专业数据公司的海量数据，然后开展E-mail营销或电话营销。这些信息大多通过非正规渠道获取，并未得到用户的许可，不但没有合理分类，而且工作量巨大，投放效果差，甚至引起大量客户的反感，适得其反。这个问题已经引起了社会各界的重视。所以，在E-mail营销的时候，应关注用户感受，注意推广内容的友好性和针对性，并为目标人群分散的E-Mail推广设定退订选项，避免大量频繁发送，减少客户的反感。

六、电子布告栏系统（BBS）

目前，通过 BBS 可随时取得各种最新的信息，也可以通过 BBS 来和别人讨论计算机等各种有趣的话题，还可以利用 BBS 来发布一些“征友”“转让”“招聘人才”及“求职应聘”等生活服务信息，很多还设置了聊天室供多人聊天。

企业 BBS 是供网上顾客自由发表评论，使企业获得顾客对本企业产品、服务等全方位真实评价材料的工具。企业的主管人员应经常主动参与讨论，引导消费者对核心业务发表意见和建议。通过顾客反馈的信息，了解顾客对公司产品的满意程度、消费偏好、对新产品的反应等，准确了解消费者的消费心理决策过程，这对企业提高服务水平、获取客户信息和捕捉商机有很大好处。

在汽车网络营销中，现在很多汽车 4S 店都设立了专门的网络销售部门，负责网上发掘潜在客户和网上促销，其中 BBS 是网络销售的重要战场。网络销售部门会派人员在汽车相关的论坛中寻找客户问题，并进行回答和互动，发掘潜在客户。另一方面，可以通过员工成为论坛版主的方式收集客户信息；再者可以在论坛中发布促销信息，组织团购活动等，通过置顶等方式获取客户关注。如图 7-10 所示，论坛中促销活动信息以公告的形式在论坛的顶端发布，还有很多商家的促销信息置顶，论坛中有很多人对网友问题进行解答，吸引网友关注，并且有大量的话题可以参与，而且有很多是关于购车和用车方面的，是汽车公司的重要潜在客户来源。

图 7-10　易车网 BBS 论坛推广

七、新闻组

简单地说，新闻组就是一个基于网络的计算机组合，这些计算机被称为新闻服务器，不同的用户通过一些软件可连接到新闻服务器上，阅读其他人的消息并可以参与讨论。新闻组是一个完全交互式的超级电子论坛，是任何一个网络用户都能进行相互交流的工具。每个新闻组集中于特定的兴趣主题。

新闻组、电子邮件、远程登录、文件传送同为互联网提供的重要服务内容。在国外，新闻组账号、上网账号和 E-mail 账号并称为三大账号，由此可见其使用的广泛程度。由于种种原因，国内的新闻服务器数量很少。

八、即时通信（IM）

即时通信指可以在线实时交流的工具，也就是通常所说的在线聊天工具。目前常用的即时通信工具有国外的 Skype、国内的 QQ 等。国内电商市场常使用的通信工具有腾讯公司的 QQ（拍拍网）和阿里巴巴公司的阿里旺旺（淘宝网和天猫商城）等。

在网络营销中，企业或客服部门申请专门的企业账号，通过该账号对客户开展营销。其应用主要有以下方面。

1）被动接受客户咨询。在目前的售前服务中，即时通信工具成为非常重要的工具，不但成本低廉，而且避免了与客户面对面沟通造成的尴尬，使顾客可以更加放松地提出问题。同时，可以方便地记录下客户交流的内容。

2）即时通信广告。部分的即时通信界面允许投放广告，或以弹出方式展开，为推广提供了重要的工具。

3）主动向即时通信开展推广。企业收集客户的及时通信账号，并通过企业账号或者其他群发工具向目标客户进行信息传递。

4）即时通信用户的关系，开展连锁拓展客户的活动。

当前，腾讯 QQ 是在国内使用较为广泛的即时通信，并且与腾讯的 QQ 邮箱及微信平台共用账号，使得客户群体非常大，为汽车网络推广提供了重要的途径，而且可以与邮件、微信、腾讯网站结合进行推广和宣传。

九、SNS 社区

SNS 全称 Social Networking Services，即社交网络服务，专指旨在帮助人们建立社交网络的互联网应用服务。SNS 的主要作用是为一群拥有相同兴趣或活动的人创建在线社区，是根据“六度分隔理论”建立起来的网站。我国近些年涌现的 SNS 企业有人人网、开心网、QQ 校友录等，国际典型企业有韩国的赛我网，美国的 Myspace、Facebook 等。

SNS 社区的特点体现在三方面：用户互动交流；内容的产生和共享；用户关系和社区。SNS 的营销方式有：把产品或者品牌渗入 SNS 用户的交互媒介中；建立产品和品牌群组，让用户在潜移默化中接受产品和品牌的概念；通过游戏轻松做营销；举行活动营销，例如开心农场；利用数据挖掘，建立营销数据库，例如在线投票、测试，确定潜在目标用户；直接广告宣传，例如将广告直接植入手机应用（App）游戏中。

第三节　汽车网络市场调研

一、汽车网络市场调研概述

市场调研是指以科学的方法，系统地、有目的地收集、整理、分析和研究所有与网络市场有关的信息，特别是有关消费者的需求、购买动机和购买行为等方面的信息，从而把握市场现状和发展态势，有针对性地制定营销策略，取得良好的营销效益。

网络市场调研是指基于互联网而系统地进行调研问题的发布、收集、整理、分析和研究的方式。网络市场调研是利用互联网发掘和了解顾客需要、市场机会、竞争对手、行业潮流、分销渠道以及战略合作伙伴等方面的情况，针对特定营销环境进行调查设计、问卷设计、资料收集和分析的活动，它为企业的网络营销决策提供数据支持和分析依据。

网络市场调研可以充分利用互联网的开放性、自由性、平等性、广泛性、直接性、无时间和地域限制等特点，展开调查工作。

汽车市场网络调研的内容非常广泛，尤其是对于需要调查样本量大、范围较广的市场调研工作，在网络上进行调研非常有利。

二、汽车市场网络调研的步骤和方法

（一）汽车市场网络调研的步骤

（1）明确调研主题和目标　与传统的线下调研一样，进行网络市场调查首先要明确调查的主题及目的，具体要调查哪些问题事先应考虑清楚，只有这样，才可能做到有的放矢，提高工作效率。

（2）确定调研对象　依据调研目的，可以确定调研对象。网络市场调研的对象，主要分为企业产品的消费者、企业的竞争者、企业合作者。设定调研对象的时候，还要注意网络调研对象的可接触性，确认能够吸引到目标对象接受调查。

（3）设计调研方案　制定有效的调研方案，包括数据来源、数据收集方法、调查工具、抽样方法、项目进度计划、费用计划等内容。

（4）网络收集各种信息　包括一首资料和二手资料的信息，需要根据调查方案来开展。

（5）整理分析收集到的所有信息　从大量的数据中找出与调查目标相关的信息，并整理出数据记录，找出相互关系，并得出对调研问题有帮助的结论。

（6）撰写网络市场调研报告　报告不是数据和资料的简单堆砌，而是对调查数据的系统总结和科学提炼，编制能够为目标用户接受的调查报告。

（二）汽车市场网络调研方法

1. 网络直接调研

网络直接调研指的是为当前特定目的在互联网上收集一手资料或原始信息。网络直接调研的方法有四种：观察法、专题讨论法、网络问卷法、实验法。目前在汽车市场网络调研中用的最多的是专题讨论法和网络问卷法。

（1）网络问卷调研法　网络问卷调研法是将问卷在网上发布，被调查对象通过互联网完成问卷调查。网上问卷调查一般有两种途径：一种是在线问卷调查，将问卷放置在站点上，等待访问者访问时填写问卷，这种方式的好处是填写者一般是自愿性的，但缺点是无法核对问卷填写者真实情况。为达到一定问卷数量，站点还必须进行适当宣传，吸引大量访问者，通过其他网站设置调查问卷的链接。

另一种是通过 E-mail 方式将问卷发送给被调查者，被调查者完成后将结果通过 E-mail 返回。这种方式的好处是，可以有选择性地控制被调查者，缺点是回收率不高，所以往往需要提供更大的激励手段。

（2）网上观察法 网上观察法是一种实地研究方法，在网络中，实地特指一些具体的网络空间。一般是指调研人员通过电子邮件向互联网上的个人主页、新闻组或邮件列表发出相关查询，并进行网上观察的一种调研方法。

（3）网上实验法 网上实验法则是选择多个可比的主体组，分别赋予不同的实验方案，控制外部变量，并检查所观察到的差异是否具有统计上的显著性。这种方法与传统的市场调查所采用的原理是一致的，只是手段和内容有差别。

（4）专题讨论法 专题讨论法可通过 Usenet 新闻组、电子公告牌（BBS）或邮件列表讨论组进行。其步骤如下。

①确定要调查的目标市场；②识别目标市场中要加以调查的讨论组；③确定可以讨论或准备讨论的具体话题；④登录相应的讨论组，通过过滤系统发现有用的信息，或创建新的话题，让大家讨论，从而获得有用的信息。具体地说，目标市场的确定可根据 Usenet 新闻组、BBS 讨论组或邮件列表讨论组的分层话题选择，也可向讨论组的参与者查询其他相关名录。还应注意查阅讨论组上的 FAQ（常见问题），以便确定能否根据名录来进行市场调查。

2. 网络间接调研

网络市场间接调研指的是网上二手资料的收集。互联网虽有海量的二手资料，但要找到自己需要的信息，首先必须熟悉搜索引擎（Search Engine）的使用，同时还要掌握专题性网络信息资源的分布。

网络间接调研主要通过搜索引擎、访问相关的网站（如各种专题性或综合性网站）、相关的网上数据库、BBS、E-mail 等来进行。

三、汽车市场在线问卷调查

问卷调查是现代社会市场调查的一种十分重要的方法，而在问卷调查中，问卷设计又是其中的关键，问卷设计的好坏，将直接决定着能否获得准确可靠的市场信息。本部分将详细介绍问卷设计的有关概念和基本技巧。

调查问卷，又称调查表，是调查者根据一定的调查目的精心设计的一份调查表格，是现代社会用于收集资料的一种最为普遍的工具。

在线问卷是在互联网上制作，并通过互联网来进行调查的问卷类型。此种问卷不受时间、空间限制，便于获得大量信息，特别是对于敏感性问题，相对而言更容易获得满意的答案。

一份完善的问卷调查表应能从形式和内容两个方面同时取胜。从形式上看，要求版面整齐、美观、便于阅读和作答，这是总体上的要求，具体的版式设计、版面风格与版面要求，这里暂不称述。从内容上看，一份好的问卷调查表至少应该目标明确、结构完整、问题清晰。

（一）问卷的基本结构

在线问卷与实地调查问卷结构上基本一致，一般包括四个部分，即说明信、指导语、问卷主体和结束语。其中调查内容是问卷的核心部分，是每一份问卷都必不可少的内容，而其他部分则根据设计者的需要进行取舍。

1）说明信。说明信是调查者向被调查者写的简短信，主要说明调查的目的、意义、选择方法以及填答说明等，一般放在问卷的开头。

2）指导语。说明问卷填写要求及举例。

3）问卷主体。问卷主体是问卷调查的内容，包括各类问题，问题的回答方式及其指导语，这是调查问卷的主体，也是问卷设计的主要内容。

问卷中的问答题，从形式上看，可分为开放式、封闭式和混合型三大类。

开放式问答题只提问题，不给具体答案，要求被调查者根据自己的实际情况自由作答。封闭式问答题则既提问题，又给出若干答案，被调查者只需在选中的答案中打“√”即可。混合型问答题，又称半封闭型问答题，是在采用封闭型问答题的同时，最后再附上一项开放式问题。

每一个问题和答案都需要进行编号，便于将来的统计分析。而问卷的编码则可以不用像纸质问卷需要另外编码，借助计算机技术，可以方便地处理。

4）结束语。结束语一般放在问卷的最后面，用来简短地对被调查者的合作表示感谢，也可征询一下被调查者对问卷设计和问卷调查本身的看法和感受。

（二）问卷设计的过程

在进行问卷设计时，首先要明确各层次的具体设计要求，以便确定问卷的结构和设计重点。

1. 准备阶段

根据调研目的，确定所需信息数据，并逐一列出所需各种数据资料的来源。

2. 设计阶段

根据调研目的及所需资料，进行问卷问题的设计与选择。

1）根据所需各种数据资料的来源，决定调研项目及提问形式和语气。

2）设定问题项目制作。写出问题，注意一个问题仅包含一项待调查内容，且每个问题及答案设计都要考虑如何便于对调研结果恰当统计分类，得到的数据资料是否有助于解决问题。

3）按照逻辑顺序，确定问题顺序。一般来说，简单的、容易回答的客观题放在前面，然后逐步转向难度较大的。问题的排列要有关联并合乎逻辑。审查全部问题，消除倾向性语言及其他不当之处。

4）设计网络调查问卷网页。问题设计好之后，需要先制作出问卷的网页，在发布之后通过链接的方式进行跳转。设计包括网页的页面设计和后台数据库的设计。

调查问卷网页的版面基本与纸质的调查问卷形式相同。由于可以采用数据库的形式存储调查数据，因此，可以不用设计题目的编号和答案的编号。问卷回答方式根据问题的类型来定，网页设计选项工具包括选项按钮、复选框、下拉列表、文本输入框等。

选项按钮为圆形，通常成组出现，只能同时选中其中一项，其他项目则自动变为未选中状态。例如：

您的性别是：○男　　○女

复选框为方形，通常也是成组出现，可以同时选中。例如：

您看购车时最看重车的哪些方面：□性能　□价格　□外观　□服务

对于开放式或半封闭式问题的开放部分，可以采用文本输入框的行驶进行填写。例如：

请问您对电动车的推广有什么建议和想法：

对于单选的封闭性问题，还可以采用列表或组合框来选择。例如：

您的月收入大致是在什么范围：

请选择 ▾ （组合框）

网络调查问卷在单击提交后，需要将结果存入数据库中。数据库的设计应与问卷设计的编码一致，没有编码的则需要在数据库中设计出相应的编码。调查完成后，数据库数据就可以直接用于分析和统计。常用的数据库包括 Access、SQL Server、Oracle 等。一般的调查结果数据量不大，Access 非常实用，小巧灵活，使用非常方便。

3. 测试发布阶段：问卷测试与修改

1）在问卷正式发布以前，初选一些调研对象进行测试，根据发现的问题进行修改、补充、完善。

2）对于修改完善的问卷进行正式发布。

【案例分析】汽车网络在线问卷调查应用案例

中国新能源汽车消费现状与趋势调研问卷

汽车族杂志联合××汽车进行一项有关中国新能源汽车消费现状与趋势研究。希望您能根据自己的实际情况如实回答下面问题，我们会为您的回答保密。感谢您的支持与合作！

新能源汽车包括燃气汽车、燃料电池电动汽车（FCEV）、纯电动汽车（BEV）、液化石油气汽车、氢能源动力汽车、混合动力汽车（油气混合、油电混合）太阳能汽车和其他新能源（如高效储能器）汽车等，其废气排放量比较低。

请注意，本次调研中涉及的新能源汽车主要指纯电动汽车。

1. 请问您了解有关新能源汽车信息的最主要途径是？【多选】

□报刊　□电视　□网络

□户外广告　□亲友告知　□其他

2. 您平时是否关注有关新能源汽车的相关政策？【单选】

○关注　○不关注

3. 您知道哪些品牌在提供新能源汽车吗？【多选】

□奥迪　□宝马　□北汽新能源　□奔驰

□比亚迪　□长安　□大众　□丰田

□江淮　□日产　□特斯拉　□沃尔沃

□众泰　□不了解

4. 请问您的家庭目前是否拥有汽车？【单选】

○1 辆　○2 辆　○3 辆　○4 辆及以上

○尚未拥有汽车

5. 请问您家庭目前所拥有的汽车是否是新能源汽车？【单选】

○是的　○不是

6. 请问您或您家庭在未来什么时间有预购汽车的计划？【单选】

○最近半年内　○最近半年—1 年内　○最近 2—3 年内
○最近 4—5 年内　○5 年以后　○不确定何时购买

7. 请问您想购买新能源汽车的主要原因是?【多选】

□节能减排　□外观造型新颖独特　□功能更加齐备
□发动机噪声小　□国家补贴多　□追求时尚新潮
□受周围人的影响　□体验新生事物
□其他:

8. 请问您在观望要不要购买新能源汽车的最主要原因是?【多选】

□购买费用高　□性能低　□没有成熟的车型
□周围人购买的较少　□维修不方便　□时速慢
□电池续航能力差　□能源获取不方便(充电加氢不便)
□充电时间长　□不安全
□对于品质不够放心，希望观望一段
□交货慢　□不知道去哪里买
□其他:

9. 北京市发改委和市科委日前拟定了《北京市示范应用新能源小客车自用充电设施建设管理细则》，请问，新能源充电基础设施建设完成后，您会考虑购买新能源汽车吗?

○会　○不会

10. 如果可能，您会购买哪种新能源汽车?【单选】

○混合动力汽车　○纯电动汽车　○燃料电池电动汽车
○其他替代新能源汽车

11. 请问您或您家庭计划购买什么价位的新能源汽车?【单选】

○15 万元以下　○15 万—29 万元　○30 万—49 万元
○50 万—79 万元　○80 万—99 万元　○100 万—199 万元
○200 万元以上

12. 请问您或您家庭计划购买多少续航里程的新能源汽车?【单选】

○100 公里　○300 公里　○500 公里
○1000 公里　○更多

13. 请问您在选择新能源汽车时，主要考虑以下哪些方面?【多选】

□品牌　□价格　□续航里程
□速度、性能　□安全性　□先进技术的使用
□配置的丰富程度　□外观及内饰　□养护成本
□售后服务和维修站　□充电、加氢等能源补充的便捷程度
□提车的交付速度
□其他:

14. 您认为新能源汽车给社会能带来的最大利益会是什么?【单选】

○有利于节能减排　○降低消费者用车支出
○促使工业科技发展　○给消费者更多的产品选择

○其他：________

15. 关于充电基础设施配套，您认为新能源汽车更适合哪种方式？【多选】

□公共充电站　　□公共充电桩　　□家庭普通电源充电

□电池换电站

□其他：________

16. 您认为新能源汽车更适合哪种营销方式？【单选】

○厂商直销　　○传统4S店销售　　○新型经销商授权销售模式

○租赁

○其他：________

17. 您认为汽车市场将来的发展方向会是什么样？【单选】

○常规车与新能源车长期并存

○新能源汽车最终将取代常规汽车

○新能源汽车最终将被淘汰

18. 国家出台《关于开展私人购买新能源汽车补贴试点的通知》对购买新能源汽车最高补贴达到6万元。您认为这项补贴足够吗？【单选】

○足够　　○远远不够

19. 在政策方面，国家从减免购置税，到确定公务用车新能源化的硬指标、实施时间表，再到酝酿之中的电动车生产牌照开放，以及充电设施完善等，都似乎在昭示着新能源汽车春天的到来，您对新能源汽车的前景怎么看？【单选】

○非常看好　　○不太看好　　○一般

20. 当政府采取以下哪些措施/政策时，您会考虑购买新能源汽车？【多选】

□购买新能源汽车时给予价格补贴

□基础设施配套如加气站、充电桩等建立完善

□在使用方面给予更多便利，如放宽限号等

□在税收和保险方面，给予新能源汽车更多优惠

□在限购和车牌拍卖方面，购买新能源汽车时给予优惠政策

□其他：________

年龄：

--请选择-- ▼

--请选择--
18岁以下
18-28岁
29-39岁
40-50岁
50岁以上

性别：○男　○女

联系电话：________

收入：

第四节　汽车网络营销新发展

《2014 年全球社交网络数字移动报告》显示，中国有 13.5 亿人口，城市人口比例为 51%，其中互联网网民比例为 44%，达 5.9 亿人；QQ 空间活跃用户达 6.23 亿，中国手机设备持有量超 12 亿台。庞大的网络用户为我国的网络营销提供了强大的市场基础。随着网络技术的进一步发展和网民数量的进一步扩张，网络营销的发展依旧是迅猛的。

汽车网络营销也将持续地深化，从网络推广、网络调研，到网络销售的进一步发展，汽车网络营销和电子交易一定会得到更大的发展。2013 年 7 月 20 日，长城汽车联手国美在线，将在网络开卖哈弗 H6 升级版醇魅红限量版，这款限量版车型仅发售 666 台，并将只在国美在线接受订购，仅此一条网上购买途径，线下不另设购买通道。这预示着汽车网络零售的新发展。

随着互联网和移动网络技术的发展，汽车的网络营销将呈现出新的趋势。汽车电商平台交易、微信营销、网络团购等将成为新的网络营销的战场。

一、电商平台交易将成为趋势

目前汽车网络营销应用最多的还是网络推广、网络调研等基础性的营销职能，真正的汽车电子商务和电子交易还不是很多。由于我国的汽车销售政策的限制，汽车厂商直接进行交易还不能成形；而汽车经销商独立承担网络营销的集成成本又过于昂贵，因此第三方的电商平台将成为电子商务交易的重要渠道。客户在线下体验，线上购买将成为很多网络用户的选择，但这还需要厂商进一步解决网络销售渠道与传统经销渠道冲突。

目前汽车电商平台刚刚起步，汽车用户的网络购买习惯仍在培育之中。随着用户对网购汽车的接受程度的增加，汽车的电商平台将会获得进一步的大发展。汽车电商平台为用户提供了更加便捷的销售渠道和更多的产品选择，促进了汽车产品的竞争，同时也给消费者带来更多实惠。

2014 年 7 月 23 日，阿里巴巴宣布和上汽集团合作，将荣威系列车型搬上阿里 Yun OS 平台，共同打造面向未来的互联网汽车及其生态圈。与此同时，新疆广汇汽车将成立其专属的汽车电子商贸平台，并决定与阿里合作，双方利润分成。广汇汽车表示实体 4S 店将与该电子平台相辅相成，经营模式是汽车厂商在不同省会投资某个汽车品牌的4S店作为中心，然后辐射至外区的2S店。

易车网是中国最大的汽车网络导购平台，通过对媒体平台、产品平台和互动平台这三大平台的全面整合，形成了独具特色的三位一体运营策略，实现了对汽车消费全过程的覆盖。易车网在数百个城市提供本地服务，率先利用IP定向技术精确引导用户；并提供看车、选车、买车到用车的无缝式服务体系。其易车商城已经投入运作，用户可以在网络商店进行订车，下线到店提车。易车网在美国上市，股价已从4美元升值到现在的87美元左右，充分显示了市场对电商平台的认可。

二、汽车微信营销成为重要网络营销形式

微信（Wechat）是腾讯公司于2011年1月21日推出的一个为智能终端提供即时通信服务的免费应用程序，微信支持跨通信运营商、跨操作系统平台通过网络快速发送免费（需消耗少量网络流量）语音短信、视频、图片和文字，同时，也可以使用通过共享流媒体内容的资料和基于位置的社交插件“摇一摇”“漂流瓶”“朋友圈”“公众平台”“语音记事本”等服务插件。微信提供公众平台、朋友圈、消息推送等功能，用户可以通过“摇一摇”“搜索号码”“附近的人”扫二维码方式添加好友和关注公众平台，同时微信将内容分享给好友以及将用户看到的精彩内容分享到微信朋友圈。截至2013年11月注册用户量已经突破6亿，是亚洲地区最大用户群体的移动即时通信软件。

微信一对一的互动交流方式具有良好的互动性，精准推送信息的同时更能形成一种朋友关系。借助微信平台开展客户服务营销也成为继微博之后的又一新兴营销渠道。

微博的天然特性更适合品牌传播，作为一个自媒体平台，微博的传播广度和速度惊人，但是传播深度及互动深度不及微信。

微信营销是网络经济时代企业营销模式的一种创新，是伴随着微信的火热而兴起的一种网络营销方式。微信不存在距离的限制，用户注册微信后，可与周围同样注册的朋友形成一种联系，用户订阅自己所需的信息，商家通过提供用户需要的信息，推广自己的产品，从而实现点对点的营销。

微信营销，包括微信平台基础内容搭建、微官网开发、营销功能扩展；另外还有微信会员卡以及针对不同行业，还有微餐饮、微外卖、微房产、微汽车、微电商、微婚庆、微酒店、微服务等个性化功能开发。

微信介入汽车电商不仅是种营销方式，更有助于打破消费者固有观念。2014年4月21日早上10点，国内首次移动互联网购车活动抢购环节正式开始，仅仅三分钟，388台限量版smart就被微信用户抢购一空。这样的速度不仅创下了smart在中国的销售记录，也成为汽车电商又一次为人称道的案例。此次smart案例并非车企独立完成，其仍属于车企与电商网站合作的老套路。然而，微信的加入，却成为一种新玩法。

首先便是微信对汽车电商实际成交量的拉动。在这方面，3分钟售出388辆smart的成绩足以说明问题。

其次，微信移动社交属性，以及以上的新玩法，使汽车电商的宣传效应呈几何级数倍放大。在目前信息内容碎片化、时间碎片化的营销环境下，如何让消费者更加轻松自在地了解到更多的品牌信息，还能产生情绪共鸣，并主动传播，这是一个课题。据了解，此次smart

活动在微信端推出“720 度看车互动游戏”。在下单前，消费者可以在微信抢购页面上，通过移动手机的角度了解这款特别定制版车型的亮点，还可以通过点赞，实时分享喜欢新车设计的人数，这种新鲜有趣的体验，引发用户在朋友圈的大量主动传播。据了解，从 4 月 14 日活动上线开始，每天吸引近千人注册个人信息。

最后，也是最重要的，是微信营销对打破人们对汽车电商的传统观念和认识偏见的作用。如前所述，目前制约汽车电商发展的最大障碍，是消费者对汽车电商在售后服务等方面的担忧，而这种担忧很大程度上源于认识上的偏差。微信的关系链，是建立在朋友圈的基础上，这使得微信对于信息的分享真实性更强，也更易于接受。在这种情况下，身边的人有汽车电商方面的经历，无疑是打破偏见的最有力武器。

三、汽车网络广告媒体更加多元化

随着富媒体、视频、微电影等新的网络媒体的出现，网络广告的媒体变得更加多元化。

网民数的增长、网民结构的改变和网络环境的改善，为各种新兴富媒体提供了广阔的发展空间。网络广告的载体由文字、图片逐步拓展到二维及三维动画、视频等，并伴随桌面软件、下载工具、网络游戏、电子杂志、即时通信、影音播放器等投放。

本章小结

本章介绍了网络营销的定义和内涵、特点。

网络推广包括很多形式，包含汽车网络广告、微博、汽车企业网站、搜索引擎、电子邮件、电子布告栏、新闻组、即时通信、SNS 社区。

汽车网络广告的形式包括旗帜广告、按钮广告、图片广告、对联式广告、弹出式广告、文字链接广告、网视广告、浮动广告、电子邮件广告等。

汽车市场网络调研方法有直接调研法和间接调研法。汽车市场在线问卷调查的设计过程有准备阶段、设计阶段、测试发布阶段。本章重点分析了案例中国新能源汽车消费现状与趋势调研问卷的详细设计过程。

汽车网络营销新发展有汽车电商平台交易、微信营销、网络团购。

同步测试

一、单项选择题

1. 以下属于网络广告优势的是（　　）。

A. 网络广告的效果评估困难

B. 网络广告表现形式灵活，界面具有交互性

C. 可供选择的广告位置有限

D. 网络广告的创意困难

2. 当今的网络时代，网络信息的收集绝大部分是通过（　　）获得的。

A. 聊天程序　　B. 新闻组

C. 搜索引擎　　D. BBS

3. 搜索引擎主要是通过（　　）来增加自己的数据库（即索引）的。

A. Spider 程序或用户提交的申请　　B. 用户提交的申请

C. Spider 运行程序　　D. 用户申请和人工浏览

4. E-mail 营销与垃圾邮件的本质区别是（　　）。

A. 邮件是否有用　　B. 是否能获得用户许可

C. 邮件是否没有病毒　　D. 邮件是否得到许可

5. 网络问卷调研法属于（　　）。

A. 网络直接调研　　B. 网上观察法

C. 网上实验法　　D. 网络间接调研

二、多项选择题

1. 搜索引擎种类包括（　　）。

A. 全文搜索引擎　　B. 目录索引类搜索引擎

C. 元搜索引擎　　D. 模糊搜索引擎

2. 下列哪些工具可用于汽车网络推广（　　）。

A. SNS　　B. BBS

C. 随机群发邮件　　D. Banner

3. 汽车市场调研的内容包括（　　）。

A. 汽车市场需求研究　　B. 汽车企业员工满意度

C. 汽车购车用户及消费者购买行为的研究　　D. 汽车产品次品率

4. 汽车网络调查问卷的内容包括（　　）。

A. 问卷编号　　B. 说明语

C. 问卷问题　　D. 结束语

5. 汽车网络调查问卷设计中，问卷主体中可采用的控件包括（　　）。

A. 列表框　　B. 组合框

C. 复选框　　D. 按钮

三、判断题

1. 汽车企业网站的主要职能是完成汽车销售。

2. 电子邮件推广的发件者必须亲自得到邮件接收者的发件许可才可发邮件。

3. Google 搜索引擎允许付费提高企业的搜索排名。

4. 微博推广的优势在于客户的关系营销。

5. 网络调研都是二手资料调研。

同步训练

项目：汽车市场网络调查问卷的设计

实训目的：

- 使学生掌握网络问卷设计的过程和规范。
- 使学生掌握网络问卷的网页设计数据统计。
- 能够编写网络调查计划。

实训器材：

电脑、互联网

实训内容：

选择一个汽车市场营销的问题设计问卷，并完成问卷网页的制作。

实训指导：

1. 编写汽车网络问卷的调查计划
2. 设计调查问卷的内容
3. 利用 Dreamweaver 制作调查问卷网页，并根据指导老师要求完成发布。

第八章

汽车电子商务安全体系

知识目标

- 掌握电子商务安全威胁和安全需求。
- 掌握电子商务的安全技术。
- 了解汽车电子商务的安全现状。

能力目标

- 能解释电子商务的安全协议。
- 能写出电子商务的安全需求。

重点与难点

- 电子商务安全技术应用
- 安全电子交易协议（SET）的工作原理

第一节　电子商务的安全概述

一、电子商务安全威胁

互联网发展到今天，在有力地推动社会发展的同时，面临着越来越严重的威胁和攻击，通过 Internet 非法获取信息的次数和数量与 Internet 本身一样都在快速增长，病毒、黑客等成为与 Internet 一样流行的词汇。据统计，网络数据被窃取和破坏造成的直接经济损失每年至少有几十亿美元。电子商务中的安全威胁主要体现在下列几方面。

（一）信息的窃取

如果没有采取加密措施或加密强度不够，攻击者在数据包经过的网关或路由器上可以截获传送的信息。通过多次窃取和分析，可以找到信息的规律和格式，进而得到传输信息的内容，造成网上传输信息泄密。

（二）信息的篡改

当攻击者掌握了网络信息格式和规律以后，通过各种技术方法和手段对网络传输的信息在中途修改，然后发往目的地，从而破坏信息的完整性。这种破坏手段主要有三个方面。

1）篡改。改变信息流的次序，更改信息的内容，如购买商品的发货地址。

2）删除。删除某个消息或消息的某些部分。

3）插入。在消息中插入一些信息，让接收方读不懂或接收错误的信息。

（三）信息的假冒

当攻击者掌握了网络信息数据规律或解密了商务信息以后，可以冒充合法用户发送假冒的信息或主动窃取信息。其主要有两种方式：一是伪造电子邮件，虚开网站给用户发电子邮件，收订货单；伪造大量用户，发电子邮件耗尽商家资源，使合法用户不能正常访问网络资源，使有严格时间要求的服务不能及时得到响应；伪造用户，发大量的电子邮件，窃取商家的商品信息和用户信用等信息。另外一种为假冒他人身份，如冒充领导发布命令、调阅密件；冒充他人消费、栽赃；冒充主机欺骗合法用户；冒充网络控制程序，套取或修改使用权限、密钥等信息；接管合法用户，欺骗系统，占用合法用户的资源。

（四）交易的抵赖

交易抵赖包括多个方面，如发送方事后否认曾经发送过某条信息或内容；接收方事后否认曾经收到过某条消息或内容；购买者做了订货单不承认；商家卖出的商品因价格差而不承认原有的交易等。由于电子商务是在开放的网络上进行的，支付信息、订货信息、谈判信息、机密的商务往来文件等大量商务信息在计算机系统中存放、传输和处理，因此，导致了对电子商务安全的需求，保证商务信息的安全是进行电子商务的前提。

二、电子商务安全需求

要保证电子商务活动的安全可靠，真正实现一个安全的电子商务系统，一般来说，电子商务安全有以下需求。

（一）保密性

电子商务是建立在一个开放的网络环境上的，维护商业机密是电子商务全面推广应用的重要保障。因此要预防非法的信息存取和信息在传输过程中被非法窃取。保密性主要是使信息发送和接收在安全的通道进行，保证通信双方的信息保密；交易的参与方在信息交换过程中没有被窃听的危险；非参与方不能获取交易的信息。信息加密和防火墙技术主要解决这方面的问题。

（二）正确性和完整性

信息的正确性和完整性问题要从两方面来考虑。一方面是非人为因素，如因传输介质损坏而引起的信息丢失、错误等。这类问题通常通过校验来解决，一旦校验出错误，接收方可向发送方请求重发。另一方面则是人为因素，主要是指非法用户对信息的恶意篡改。这方面的安全性也是由信息加密和提取信息的数字摘要来保证的，因为如果无法破译信息，也就很难篡改。

（三）身份的确定性

由于电子商务交易系统的特殊性，交易通常都是在虚拟的网络环境中进行的，要使交易成功，首先要能确认对方的身份，所以对各主体进行身份认证成了电子商务中十分重要的环节，这意味着当交易主体在不见面的情况下声称具有某个特定的身份时，需要有身份鉴别服务提供一种方法来验证其声明的正确性，一般通过认证机构和数字证书来实现。

（四）不可抵赖性

在传统贸易中，贸易双方通过在合同或贸易单据等书面文件上手写签名或印章来鉴别对方身份，确定合同、单据的可靠性，并预防抵赖行为的发生。采用电子商务后，用电子方式谈判、签约、结算，因此要在交易信息的传输过程中为交易主体提供可靠的标识，防止抵赖行为的发生。可通过对发送的消息进行数字签名来解决这个问题。因此，要安全地开展电子商务活动，针对信息的真实性、完整性、保密性和身份的认证，以及交易的不可抵赖性，必须采取一系列的网络安全和交易安全措施和技术。

第二节　汽车电子商务的安全技术分类

一、网络安全技术

网络安全技术是伴随着网络的产生而出现的，但直到20世纪80年代末才引起关注，90年代末网络防护与网络攻击之间的斗争开始愈加激烈。频繁出现的安全问题引起了各国计算机安全领域的高度重视，计算机网络安全技术也因此出现了日新月异的变化，越来越高深复杂的安全技术从不同层次加强了计算机网络的整体安全性。

（一）防火墙技术

1. 防火墙概念

防火墙（Firewall）是Internet上广泛应用的一种安全措施的形象说法。它是指两个网络之间执行访问控制策略（允许、拒绝、检测）的一系列部件的组合，包含硬件和软件，目的是保护网络不被他人侵扰。

防火墙是不同网络之间信息的唯一出口，能根据企业网络安全策略控制出入网络的信息流且本身具有较强的抗攻击能力。防火墙可通过检测、限制、更改跨越防火墙的数据流，尽可能地对外部屏蔽内部的信息、结构和运行状况，以此来实现网络的安全。它作为一种访问控制机制，通常采用两种准则进行设计，即一切未被允许的就是禁止的，一切未被禁止的就是允许的。前者是在默认情况下禁止所有服务，后者是在默认情况下允许所有服务。

在逻辑上，防火墙是一个分离器、一个限制器、一个分析器，有效地监控了内部网和Internet之间的任何活动，保证了内部网络的安全。

2. 防火墙技术的优缺点

防火墙技术有助于提高计算机系统总体的安全性，其优点体现在以下几个方面。

（1）防火墙是网络安全的屏障　防火墙能极大地提高内部网络的安全性，并能通过过滤不安全的服务而降低风险。由于只有经过精心选择的应用协议才能通过防火墙，所以网络环境变得更安全。如防火墙可以禁止诸如众所周知的不安全的NFS协议进出受保护的网络，保护网络免受基于路由的攻击，如IP选项中的源路由攻击和ICMP（控制报文协议的英文简称）重定向中的重定向路径。

（2）控制对主机系统的访问　防火墙有能力控制对主机系统的访问。例如，某些主机系统可以由外部网络访问，而其他主机系统则被有效地封闭起来，防止有害的访问。通过配置防火墙，允许外部主机访问WWW服务器和FTP（文件传输协议的英文简称）服务器，而禁止外部主机对内部网络上其他系统的访问。

（3）监控和设计网络访问　如果所有的访问都经过防火墙，那么防火墙就能记录下这些访问并做出日志记录，同时也能提供网络使用情况的统计数据。当发生可疑动作时，防火墙能进行适当的报警，并提示网络是否收到监测和攻击的详细信息。

（4）防止内部信息的外泄　通过利用防火墙对内部网络的划分，可实现内部网重点网段的隔离，从而限制了局部重点或敏感网络安全问题对全局网络造成的影响。另外，使用防火墙可以隐蔽那些会泄露内部细节的服务，如 Finger、DNS 等。

（5）部署 NAT（网络地址转换英文简称）机制　防火墙可以部署 NAT 机制，用来缓解地址空间短缺的问题，也可以隐藏内部网络的结构。

3. 防火墙的类型

防火墙有多种类型，大体上可以分为两类：一类基于分组过滤（Packet Filter，或称为包过滤），如分组过滤路由器和应用层网关；另一类基于代理服务（Proxy Service），如应用层代理服务器。二者的区别在于：基于分组过滤的防火墙通常直接转发报文，对用户完全透明，速度较快；而基于代理的防火墙则是通过代理服务来建立连接，它有更强的身份认证和日志功能。

（1）分组过滤　分组过滤是一种简单有效的安全控制技术，它通过在网络间相互连接的设备上加载允许、禁止来自某些特定的源地址、目的地址、TCP（传输控制协议）端口号等规则，对通过设备的数据包进行检查，限制数据包进出内部网络。分组过滤技术的最大优点是对用户透明，传输性能高。但由于安全控制层次在网络层、传输层，安全控制的力度也只限于源地址、目的地址和端口号，因而只能进行较为初步的安全控制，对于恶意的拥塞攻击、内存覆盖攻击或病毒等高层次的攻击手段，则无能为力。

（2）代理服务　代理服务是运行于内部网络与外部网络之间的主机之上的一种应用。当用户需要访问代理服务器另一侧主机时，对符合安全规则的连接，代理服务器会代替主机响应，并重新向主机发出一个相同的请求。当此连接请求得到响应并建立起连接之后，内部主机同外部主机之间的通信将通过代理程序实现相应的连接映射。

由于代理机制完全阻断了内部网络与外部网络的直接联系，保证了内部网络拓扑结构等重要信息被限制在代理网关内侧，不会外泄，从而减少了黑客攻击时的必要信息。同时，内部网络到外部的服务连接也可以受到监控，代理服务程序可以将所有通过它的连接做出日志记录，以便检查安全漏洞和收集相关的信息。代理服务器的应用也受到诸多限制。首先是当一项新的应用加入时，如果代理服务程序不予支持，则此应用不能使用。其次，它只能抵御经由防火墙的攻击，不能防止内部应用软件所携带的数据和病毒或其他方式的攻击，也不能对内部计算机系统未授权的物理袭击提供安全保证。

（二）病毒防范措施

1. 计算机病毒概念

计算机病毒是指编制或者在计算机程序中插入的破坏计算机功能或者毁坏数据，影响计算机使用，并能自我复制的一组计算机指令或者程序代码。计算机病毒一般具有以下特征。

（1）传染性　病毒程序一进入计算机系统，就开始寻找准备感染的其他程序或文件。它通过自我复制，很快地会在其他文件中添加自己的病毒代码，使其带有这种病毒，并成为一个新的传染源，甚至通过网络传播到其他计算机上。这是病毒的最基本特征。

（2）隐蔽性　计算机病毒都是一些可以直接或间接运行、具有高超技巧的程序，它可以隐藏在操作系统、可执行程序或数据文件中，病毒的存在、传染和对数据的破坏过程不易被计算机操作人员发现。

（3）触发性　病毒的发作一般都有一个激发条件，即一个条件控制。这个条件根据病毒编制者的要求可以是日期、时间、特定程序的运行或程序的运行次数条件等。

（4）破坏性　病毒在触发条件满足时，立即对计算机系统运行进行干扰或对数据进行恶意的修改。如发一些恶意邮件或破坏硬盘上的文件，造成数据丢失，有的甚至会损坏计算机硬件，造成系统瘫痪。

2. 计算机病毒分类

现在每天大概要产生 30～50 种病毒，病毒总数已经达到 8 万多种。因此，需要对它们进行一个比较详细的分类以便快速识别。病毒的分类方法较多，主要有以下六类。

（1）按病毒依赖的操作系统分类　计算机病毒可分为 DOS 病毒、Windows 病毒、Unix 病毒、Linux 病毒等。

（2）按病毒特有的算法分类　一是伴随型病毒，这类病毒并不改变文件本身，其根据算法产生 EXE 文件的伴随体。当加载文件时，伴随体优先执行，再加载执行原来的文件。二是“蠕虫”病毒，这类病毒是一种网络病毒，利用网络从一台主机传播到其他主机，其一般不改变文件和资料信息，而是自动计算网络地址，不断复制自身，通过网络发送。三是寄生型病毒，除了前面两种，其他均为寄生型病毒，其依附在系统的引导扇区和文件中，通过系统的功能进行传播。

（3）按病毒的破坏方式分类　病毒可分为无害型、危害型、危险型、非常危险型。

（4）按病毒的寄生方式分类　一是文件型病毒，主要以感染文件扩展名为 .COM、.EXE 和 .OVL 等可执行文件为主。它的安装必须借助于病毒的载体程序，需要运行病毒的载体程序，才能把文件型病毒引入内存。二是引导型病毒，感染软盘的引导区以及硬盘的主引导记录或者引导扇区。它是在 BIOS 启动之后，系统引导时出现的病毒，其先于操作系统，依托的环境是 BIOS 中断服务。三是混合型病毒，兼具引导型病毒和文件型病毒的特性，可以传染 .COM、.EXE 等可执行文件，也可以传染磁盘的引导区。计算机一旦被传染此类病毒，就会经开机或执行程序而感染其他的磁盘或文件。因此，此类病毒有相当大的感染性，很难清除干净。

（5）按病毒的传染方法分类　一是驻留型病毒，此类病毒感染计算机后，把自身的内存驻留部分放在内存中，这一部分程序挂接系统调用并合并到操作系统中，它一直处于激活状态，直到计算机关机或重新启动。二是非驻留型病毒，在得到机会激活时并不感染计算机内存。一些在内存中留有小部分，但是并不通过这一部分进行传染的病毒也属于非驻留型病毒。

（6）按病毒的连接方式分类　一是源码型病毒，该病毒攻击高级语言编写的程序，在源程序编译之前就插入其中。被感染的源程序再编译、链接和生成可执行文件时便已经带病毒。二是嵌入型病毒，这种病毒将自身嵌入到现有程序中，把计算机病毒的主体程序与其攻击对象以插入的方式链接。这种病毒只攻击特定程序，针对性强。三是外壳病毒，这种病毒将自身依附在正常程序的开头和结尾，对原来的程序不做修改，大部分文件病毒属于这一种。四是操作系统型病毒，可用其自身部分加入或取代部分操作系统进行工作，具有很强的破坏性。当然，计算机病毒的分类还有其他的分法，例如按攻击程度和寄生方式分等。因此，同一种病毒可以有不同的分法。

3. 计算机病毒的防治

计算机病毒可以说是无孔不入，因此，对于计算机病毒的防范可以从以下几个方面进行。

（1）用户的角度　计算机病毒防治要采取“预防为主，防治结合”的方针，关键是做好预防工作。预防工作从宏观上来讲是一个系统工程，国家应当健全法律法规来惩治病毒制造者，这样可减少病毒的产生；各级单位应当制定出一套具体措施，以防止病毒的相互传播；个人不仅要遵守病毒防治的有关规定，还应不断增长知识，积累防治病毒的经验，不制造病毒，不传播病毒。要有效地阻止病毒的危害，用户要及早发现病毒，并将其消除，堵塞传播途径是防止计算机病毒侵入的有效方法。根据病毒传染途径，做一些经常性的病毒检测工作，既可将病毒的入侵率降低到最低，同时也可将病毒造成的危害减少到最低。

（2）技术的角度　病毒的防治技术总是在与病毒的较量中得到发展。总的来讲，计算机病毒的防治技术分成四个方面，即预防、检测、清除和免疫。

病毒的预防技术是指通过一定的技术手段防止病毒对系统进行传染和破坏，它通过自身常驻系统内存优先获得系统的控制权，监视和判断系统中是否有病毒存在，进而阻止计算机病毒进入系统内存或阻止计算机病毒对磁盘的操作尤其是写操作，以达到保护系统的目的。计算机病毒的预防技术主要包括磁盘引导区保护、加密可执行程序、读写控制技术和系统监控技术等。

病毒的检测技术是指通过一定的技术手段判定出病毒的一种技术。病毒检测技术主要有两种，一种是根据计算机病毒程序中的关键字、特征程序段内容、病毒特征及传染方式、文件长度的变化，在特征分类的基础上建立的病毒检测技术；另一种是不针对具体病毒程序的自身检验技术，即对某个文件或数据段进行检验和计算并保存其结果，以后定期或不定期地根据保存的结果对该文件或数据段进行检验，若出现差异，即表示该文件或数据段的完整性已遭到破坏，从而检测到病毒的存在。

病毒清除技术是计算机病毒检测的延伸，是在检测发现特定的病毒基础上，根据具体病毒的清除方法从感染的程序中除去计算机病毒代码并恢复文件的原有结构信息。现在很多杀病毒软件是把检测和杀毒同时进行了，目前常用的杀病毒软件有 Norton AntiVirus、Kv3000、金山毒霸、瑞星等。

病毒免疫技术目前没有很大发展。针对某一种病毒的免疫方法已没有人再用了，而目前还没有出现通用的能对各种病毒都有免疫作用的技术，也许根本就不存在这样一种技术。现在，某些反病毒程序使用给可执行程序增加保护性外壳的方法，能在一定程度上起保护作用。

二、加密技术

电子商务信息的保密性、真实性和完整性可以通过加密技术来实现。加密技术是一种主动的信息安全防范措施，其原理是将数据进行编码，使它成为一种难以识别的形式，从而阻止非法用户获取和理解原始数据。

在密码学中，原始消息称为明文，加密结果称为密文。数据加密和解密是逆过程，加密是用加密算法和加密密钥，将明文变换成密文；解密是用解密算法和解密密钥将密文还原成明文。加密技术包括两个要素：算法和密钥。其中，算法是经过精心设计的加密或解密的一套处理过程，它是一些公式、法则或者程序。对明文进行加密时采用加密算法，对密文进行解密时采用解密算法。在加密或解密过程中算法的操作需要一串数字的控制，这样的参数叫作密钥，相应地分为加密密钥和解密密钥。

加密技术从原理上可分为两类：对称密钥加密技术和非对称密钥加密技术。其主要区别在于所使用的加密和解密的密钥是否相同。

1. 对称密钥加密技术

对称密钥也称私钥、单钥或专有密钥，在这种技术中，加密方和解密方使用同一种加密算法和同一个密钥。

对称加密的算法是公开的，在前面的例子中，可以把算法“character + x”告诉所有要交换信息的对方，但要对每个消息使用不同的密钥，某一天这个密钥可能是3，而第二天则可能是9。交换信息的双方采用相同的算法和同一个密钥，将简化加密解密的处理，加密解密速度快是对称加密技术的最大优势，但双方要交换密钥，密钥管理困难是一个很大的问题，因此密钥必须与加密的消息分开保存，并秘密发送给接收者。如果能够确保密钥在交换阶段未曾泄露，那么其机密性和报文完整性就可以通过对称加密方法来实现。

目前最具代表性的对称密钥加密算法是美国数据加密标准 DES（Data Encryption Standard）。DES 算法是 IBM 公司研制的，被美国国家标准局和国家安全局选为数据加密标准并于1977 年颁布使用，后被国际标准化组织 ISO 认定为数据加密的国际标准。DES 算法使用的密钥长度为64 位（实际为56 位，有 8 位用于奇偶校验），加密时把一个 64 位二进制数转变成以 56 位变量为基础的、唯一的 64 位二进制值。解密的过程和加密时相似，但密钥的顺序正好相反。

DES 的保密性仅取决于对密钥的保密，而算法是公开的。破译密钥唯一可行的方法就是用所有可能的密钥进行尝试，穷举搜索。一般来说，密钥位数越长，被破译的可能性就越小。例如，一个 4 位的密钥具有 2 的 4 次方即 16 种不同的密钥，顺序列举 16 种密钥就可以将其破译。而 DES 的 56 位密钥存在 2 的 56 次方种的可能性，因此有人认为 DES 是万无一失的，但实际并非如此。1997 年美国 RSA 数据安全公司在 RSA 安全年会上举办了一个密钥挑战竞赛，悬赏一万美金破译 DES 算法。科罗拉多州的一个程序员用了 96 天的时间，在 Internet 数万名志愿者的协同工作下，成功地找到了 DES 的密钥。这一事件表明依靠 Internet 的计算能力，用穷举搜索法破译 DES 已成为可能，这使人们认识到随着计算能力的增长，应必须相应地增加算法的密钥长度。

2. 非对称密钥加密技术

非对称密钥加密技术也称为公开密钥加密技术，这种技术需要使用一对密钥来分别完成加密和解密操作，每个用户都有一对密钥，一个私钥（Private Key）和一个公钥（Public Key），其在数学上相关、在功能上不同。私钥由所有者秘密持有，而公钥则由所有者给出或者张贴在可以自由获取的公钥服务器上，就像用户的姓名、电话、E-mail 地址一样向他人公开。如果其他用户希望与该用户通信，就可以使用该用户公开的密钥进行加密，而只有该用户才能用自己的私钥解开此密文。当然，用户的私钥不能透露给自己不信任的任何人。

非对称密钥加密技术实现机密信息交换的基本过程如下。

1）用户生成一对密钥并将其中的一个作为公钥向其他用户公开。

2）发送方使用该用户的公钥对信息进行加密后发送给接收方。

3）接收方利用自己保存的私钥对加密信息进行解密，接收方只能用自己的私钥解密由其公钥加密后的任何信息。

目前最著名的公钥加密算法是 RSA 算法，它是由美国的三位科学家 Rivest，Shemir 和 Adelman 提出的，已被 ISO/TC97 的数据加密技术分委员会 SC20 推荐为公开密钥数据加密标准。RSA 算法加密强度很高，它的安全性是基于分解大整数的难度，即很容易将两个大的质数合成一个大整数，而相反的过程非常困难。

RSA 的安全性是依赖于作为公钥的大数 n 的位数长度的，为保证足够的安全性，一般认为现在的个人应用需要用 384 位或 512 位的 n，公司需要用 1024 位的 n，极其重要的场合应该用 2048 位的 n。

公钥加密技术较对称密钥技术处理速度慢，因此，通常把两种技术结合起来实现最佳性能，即用公钥技术在通信双方之间传送专用密钥，而用专用密钥来对实际传输的数据加密解。

三、数字签名与数字证书

（一）数字签名

传统的书信或文件是根据亲笔签名或印章来证明其真实性，防止其抵赖行为的。在网络中传送的报文又如何签名盖章呢？这就是数字签名所要解决的问题。数字签名技术是实现交易安全的核心技术之一，它的实现基础就是公开密钥加密技术。

数字签名必须保证以下几点：接收者能够核实发送者对报文的签名；发送者事后不能抵赖对报文的签名；接收者不能伪造对报文的签名。发送者 A 用其私钥 SKA 对报文 X 进行运算，将结果 DSKA(X)传送给接收者 B，B 用已知的 A 的公开密钥得出 EPKA(DSKA(X)) = X。因为除 A 外没有别人能有 A 的私钥 SKA，所以除 A 外没有别人能产生密文 DSKA(X)，这样，报文 X 就被 A 签名了。假如 A 要抵赖曾发送报文给 B，B 可将 X 及 DSKA(X)出示给第三者，第三者很容易用 EPKA 去证实 A 确实发送消息 X 给 B。反之，如果是 B 将 X 伪造成 X′，则 B 不能在第三者面前出示 DSKA(X′)，这样就证明 B 伪造了报文。

数字签名的原理及发送方和接收方的加密解密处理过程（图 8-1）如下。

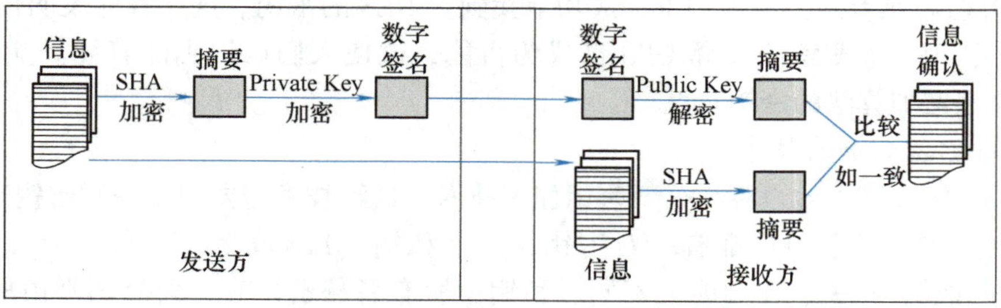

图 8-1　数字签名原理示意图

1）报文的发送方从报文文本中用 HASH 编码加密生成一个 128 位的报文摘要。

2）发送方用自己的私有密钥对这个报文摘要进行加密，形成发送方的数字签名。

3）这个数字签名作为报文的附件和报文一起发送给报文的接收方。

4）报文的接收方从接收到的原始报文中用同样的 HASH 算法加密得到一个报文摘要。

5）再用发送方的公开密钥来对报文附加的数字签名进行解密。

6）将解密后的摘要和接收方重新加密产生的摘要进行对比，如果相同，那么接收方就能确认该数字签名是发送方的，传送过程中信息没有被破坏、篡改。

（二）数字证书

1. 数字证书的概念

数字证书（Digital ID）又称为数字凭证、数字标识，是一个经证书认证机构数字签名的包含用户身份信息以及公开密钥信息的电子文件。在网上进行信息交流及商务活动时，数字证书可以证实一个用户的身份，以确定其在网络中各种行为的权限。在网上交易中，若双方出示了各自的数字证书，并用它来进行交易操作，那么双方都可不必为对方的身份真伪担心。数字证书可用于安全电子邮件、网上缴费、网上炒股、网上招标、网上购物、网上企业购销、网上办公、软件产品、电子资金移动等安全电子商务活动。

目前数字证书的内部格式一般采用 X.509 国际标准，一个标准的 X.509 数字证书包含以下内容：证书的版本信息；证书的序列号；证书所使用的签名算法；证书的发行机构；证书的有效期；证书所有人的名称；证书所有人的公开密钥；证书发行者对证书的签名。数字证书采用公钥体制，用户可以使用数字证书，通过运用加密技术建立起一套严密的身份认证系统，从而保证信息除发送方和接收方外不被其他人窃取，且在传输过程中不被篡改；发送方能够通过数字证书来确认接收方的身份；发送方对于自己的信息不能抵赖。

2. 数字证书的类型

数字证书有以下三种类型：一是个人证书。个人证书属于个人所有，帮助个人用户在网上进行安全交易的网络行为。个人的数字证书安装在客户端的浏览器中，通过安全电子邮件进行操作。二是企业（服务器）证书，企业如果拥有 Web 服务器，即可申请一个企业证书，用具有证书的服务器进行电子交易，而且有证书的 Web 服务器会自动加密和客户端通信的所有信息。软件（开发者）证书是为网络上下载的软件提供凭证，用来和软件的开发方进行信息交流，使用户在下载软件时可以获得所需的信息。三是数字证书的申请。

四、认证中心

认证中心 CA（Certification Authority）承担网上安全电子交易的认证服务，主要负责产生、分配并管理用户的数字证书。创建证书的时候，CA 系统首先获取用户的请求信息，其中包括用户公钥（公钥一般由用户端产生，如电子邮件程序或浏览器等），CA 将根据用户的请求信息产生证书，并用自己的私钥对证书进行签名。其他用户、应用程序或实体将使用 CA 的公钥对证书进行验证。对于一个大型的应用环境，CA 往往采用一种多层次的分级机构，各级的 CA 类似于各级行政机关，上级 CA 负责签发和管理下级 CA 的证书，最下一级的 CA 直接面向最终用户。

（一）CA 整体框架

一个典型的 CA 系统包括安全服务器、CA 服务器、注册机构 RA、LDAP 目录服务器和数据库服务器等，如图 8-2 所示。

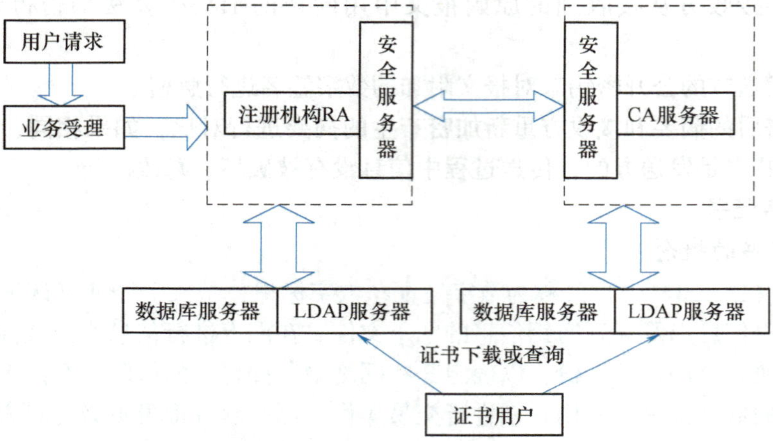

图 8-2　CA 总体框架

(1) 安全服务器　安全服务器面向普通用户，用于提供证书申请、浏览、证书撤销列表以及证书下载等安全服务。安全服务器与用户的通信采取安全通信方式。用户首先得到安全服务器的证书（该证书由 CA 颁发），然后用户与服务器之间的所有通信，包括用户填写的申请信息以及浏览器生成的公钥均以安全服务器的密钥进行加密传输，只有安全服务器利用自己的私钥解密才能得到明文，从而保证了证书申请和传输过程中的信息安全性。

(2) CA 服务器　CA 服务器是整个证书机构的核心，负责证书的签发。CA 首先产生自己的私钥和公钥，然后生成数字证书，并且将数字证书传输给安全服务器。CA 还负责为操作员、安全服务器以及注册机构服务器生成数字证书。安全服务器的数字证书和私钥也需要传输给安全服务器。CA 服务器是整个结构中最为重要的部分，存有 CA 的私钥以及发行证书的脚本文件，出于安全考虑，应将 CA 服务器与其他服务器隔离，任何通信采用人工干预的方式，确保认证中心的安全。

(3) 注册机构 RA　登记中心服务器面向登记中心操作员，在 CA 体系结构中起着承上启下的作用，一方面向 CA 转发安全服务器传输过来的证书申请请求，另一方面向 LDAP 服务器和安全服务器转发 CA 颁发的数字证书和证书撤销列表。

(4) LDAP 服务器　提供目录浏览服务，负责将注册机构服务器传输过来的用户信息以及数字证书加入到服务器上。这样用户通过访问 LDAP 服务器就能够得到其他用户的数字证书。

(5) 数据库服务器　是认证机构中的核心部分，用于认证机构数据（密钥和用户信息等）、日志和统计信息的存储和管理。实际的数据库系统应采用多种措施，如磁盘阵列、双机备份和多处理器等方式，以维护数据库系统的安全性、稳定性、可伸缩性和高性能。

（二）CA 的功能

CA 是一个负责发放和管理数字证书的权威机构，主要有以下几种功能。

(1) 证书的颁发　CA 接收、验证用户的数字证书的申请，将申请的内容进行备案，并根据申请的内容确定是否受理该数字证书申请。如果 CA 接受该数字证书申请，则进一步确定给用户颁发何种类型的证书。新证书用 CA 的私钥签名以后，发送到目录服务器供用户下载和查询。为了保证信息的完整性，返回给用户的所有应答信息都要使用 CA 的签名。

（2）证书的更新　CA 可以定期更新所有用户的证书，或者根据用户的请求来更新用户的证书。

（3）证书的查询　证书的查询可以分为两类，其一是证书申请的查询，CA 根据用户的查询请求返回当前用户证书申请的处理过程；其二是用户证书的查询，这类查询由目录服务器来完成，目录服务器根据用户的请求返回适当的证书。

（4）证书的作废　当用户的私钥由于泄密等原因造成用户证书需要申请作废时，用户需要向 CA 提出证书作废请求，认证中心根据用户的请求确定是否将该证书作废。另外一种情况是证书已经过了有效期，CA 自动将该证书作废。CA 通过维护证书作废列表（Certificate Revocation List，CRL）来完成上述功能。

（5）证书的归档　证书具有一定的有效期，过了有效期之后就将被作废，但是不能将作废的证书简单地丢弃，因为有时可能需要验证以前的某个交易过程中产生的数字签名，这时就需要查询作废的证书。基于此类考虑，认证中心还应当具备管理作废证书和作废私钥的功能。

第三节　电子商务的安全协议

电子商务的一个主要特征是在线支付，为了保证在线支付的安全，需要采用数据加密和身份认证技术，以便营造一个可信赖的电子交易环境。现实中，不同企业会采用不同的手段来实现，这就在客观上要求有一种统一的标准来支持。

目前电子商务中有两种安全协议被广泛采用，即安全套接层 SSL（Secure Socket Layer）协议和安全电子交易 SET（Secure Electronic Transaction）协议。

一、安全套接层 SSL 协议

SSL 协议是由网景（Netscape）公司 1994 年推出的一种安全通信协议，其主要目的就是要解决 Web 上信息传输的安全问题。其为在 Internet 基础上提供的一种保证私密性的安全协议，能使客户/服务器应用之间的通信不被攻击者窃听。SSL 协议位于 TCP/IP 协议与各种应用层协议之间，在应用层协议通信之前就已经完成加密算法、通信密钥和认证工作，在此之后应用层协议所传送的数据都会被加密，从而保证通信的保密性。SSL 采用 TCP 作为传输协议，提供数据的可靠传送和接收。

SSL 协议主要提供三方面的服务。

（1）用户和服务器的合法性认证　其使得用户和服务器能够确信数据将被发送到正确的客户机和服务器上。客户机和服务器都有各自的识别号，由公开密钥进行编排，为了验证用户是否合法，SSL 要求在握手交换数据时进行数字认证，以此来确保用户的合法性。

（2）加密数据以隐藏被传送的数据　SSL 协议所采用的加密技术既有对称密钥技术，也有公开密钥技术。具体而言，在客户机与服务器进行数据交换之前，交换 SSL 初始握手信息，在 SSL 握手信息中采用了各种加密技术对其加密，以保证其机密性和数据的完整性，并且用数字证书进行鉴别。这样就可以防止非法用户进行破译。

（3）保护数据的完整性　SSL 协议采用 Hash 函数和机密共享的方法来提供信息的完整

性服务，建立客户机与服务器之间的安全通道，使所有经过 SSL 处理的业务在传输过程中都能完整准确地到达目的地。

在电子商务交易过程中，由于有银行参与，按照 SSL 协议，客户购买的信息首先发往商家，商家再将信息转发银行，银行验证客户信息的合法性后，通知商家付款成功，商家再通知客户购买成功，并将商品寄送客户。在流程中可以看到，SSL 协议有利于商家而不利于客户。客户的信息首先传到商家，商家阅读后再传至银行，这样客户资料的安全性便受到威胁。在电子商务的开始阶段，由于参与电子商务的公司大都是一些大公司，信誉较高，这个问题没有引起人们的重视。随着电子商务参与的厂商迅速增加，SSL 协议的缺点完全暴露出来。SSL 协议逐渐被新的电子商务协议（如 SET）所取代。

二、安全电子交易 SET 协议

SET 协议是一个在互联网上实现安全电子交易的协议标准，是由 VISA 和 MasterCard 共同制定，于 1997 年 5 月联合推出的。其主要目的是解决通过互联网使用信用卡付款结算的安全保障性问题。

SET 协议是在应用层的网络标准协议，其规定了交易各方进行交易结算时的具体流程和安全控制策略。SET 协议主要使用的技术包括对称密钥加密、公共密钥加密、HASH 算法、数字签名以及公共密钥授权机制等。SET 通过使用公钥和对称密钥方式加密保证了数据的保密性，通过使用数字签名来确定数据是否被篡改，保证数据的一致性和完整性，并可以防止交易抵赖。

SET 协议运行的目标如下。

1）信息在互联网上安全传输。防止数据被黑客或被内部人员窃取。

2）保证电子商务参与者信息的相互隔离。客户的资料加密或打包后通过商家到达银行，但是商家不能看到客户的账户和密码信息。

3）解决网上认证问题。不仅要对消费者的银行卡认证，而且要对在线商店的信誉程度认证，同时还有消费者、在线商店与银行间的认证。

4）保证网上交易的实时性。使所有的支付过程都是在线的。

5）仿效 EDI 贸易的形式。规范协议和消息格式，使不同厂家开发的软件具有兼容性和互操作功能，并且可以运行在不同的硬件和操作系统平台上。

电子商务的工作流程与实际的购物流程非常接近。从顾客通过浏览器进入在线商店开始，一直到所定货物送货上门或所定服务完成，然后账户上的资金转移，所有这些都是通过 Internet 完成的。SET 所要解决的最主要的问题是保证网上传输数据的安全和交易对方的身份确认。一个完整的基于 SET 的购物处理流程如图 8-3 所示。

（1）支付初始化请求和响应阶段　当客户决定要购买商家的商品并使用 SET 钱夹付款时，商家服务器上 POS 软件发报文给客户的浏览器 SET 钱夹付款，SET 钱夹则要求客户输入口令然后与商家服务器交换握手信息，使客户和商家相互确认，即客户确认商家被授权可以接受信用卡，同时商家也确认客户是合法的持卡人。

（2）支付请求阶段　客户发报文，包括订单和支付命令，其中必须有客户的数字签名，同时利用双重签名技术保证商家看不到客户的账号信息。只有位于商家开户行的被称为支付网关的另外一个服务器可以处理支付命令中的信息。

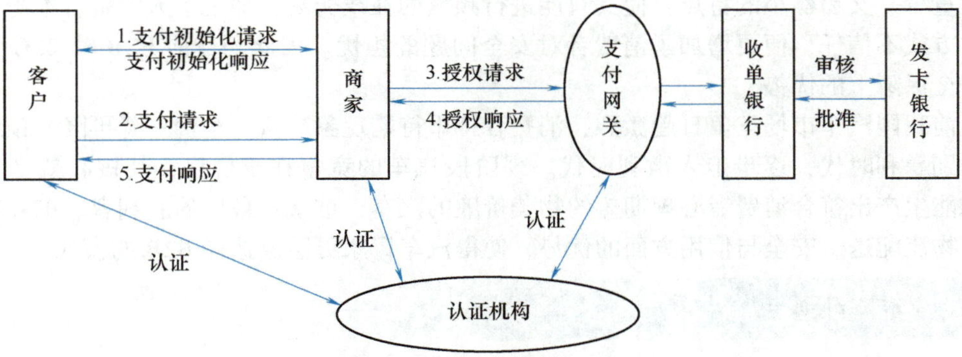

图 8-3　基于 SET 的购物处理流程

(3) 授权请求阶段　商家收到订单后，POS 组织一个授权请求报文，其中包括客户的支付命令，发送给支付网关。支付网关是一个 Internet 服务器，是连接 Internet 和银行内部网络的接口。授权请求报文通过到达收单银行后，收单银行再到发卡银行确认。

(4) 授权响应阶段　收单银行得到发卡银行的批准后，通过支付网关发给商家授权响应报文。

(5) 支付响应阶段　商家发送订单确认信息给顾客，顾客端软件可记录交易日志，以备将来查询。同时商家给客户装运货物，或完成订购的服务。到此为止，一个购买过程已经结束。商家可以立即请求银行将款项从购物者的账号转移到商家账号，也可以等到某一时间，请求成批划账处理。

在上述的处理过程中，通信协议、请求信息的格式、数据类型的定义等，SET 都有明确的规定。在操作的每一步，持卡人、商家和支付网关都通过 CA 来验证通信主体的身份，以确保通信的对方不是冒名顶替。

SET 标准更适合于消费者、商家和银行三方进行网上交易的国际安全标准。网上银行采用 SET，确保交易各方身份的合法性和交易的不可否认性，使商家只能得到消费者的订购信息而银行只能获得有关支付信息，确保了交易数据的安全、完整和可靠，从而为人们提供了一个快捷、方便、安全的网上购物环境。

第四节　汽车企业电子商务安全现状

一、安全现状

信用与安全保障是开展电子商务不可忽略的问题。关于信用问题，汽车 B2B 业务面对的汽车零配件厂、汽车经销商都是与汽车整车厂有着长期贸易关系的伙伴，通过对历史交易情况的分析，容易对其进行信用等级的评定，可将交易风险控制到最低；B2C 业务主要面对的是成千上万的个人，但是目前我国还没有建立起个人信用制度，很难对个人信用进行考察，因此交易风险大。对于在线支付的安全问题，B2B 业务有批次少、批量大、交易额高的特点，使其可以、采用银行专线网络的支付方式，从而避开在线支付；而 B2C 业务的批次大、批量少、交易额小的特点，使其只能进行频繁的在线交易，加之个人消费者本身就对在线支付方式不信任，便更增加了消费者对安全问题的担忧。因此，目前 B2B 较 B2C 具有信用和安全保障上的优势。

目前我国汽车市场竞争日趋激烈，消费者持币待购现象严重，车价一降再降，预示着汽车将告别暴利时代，逐步走入微利时代。现阶段汽车的竞争在于价格，其核心就是成本之争。谁能生产出符合消费者心理期望的物美价廉的汽车，谁就是最后的胜利者。B2B 在降低成本、物流配送、安全与信用方面的优势，使得汽车厂家更愿意选择 B2B 的模式。

二、存在问题

根据调查显示，目前汽车电子商务安全主要存在的问题是：计算机网络安全；商品的品质；商家的诚信；货款的支付；商品的递送；买卖纠纷处理；网站售后服务。

以上问题可以归结为计算机网络安全和商务交易安全。计算机网络安全与商务交易安全实际上是密不可分的，两者相辅相成，缺一不可。电子商务的一个重要技术特征是利用 IT 技术来传输和处理商业信息。没有计算机网络安全作为基础，商务交易安全就犹如空中楼阁，无从谈起。没有商务交易安全保障，即使计算机网络本身再安全，也仍然无法达到电子商务所特有的安全要求。只有解决好以上的矛盾，电子商务才能保证又快又好的发展。

（一）密码安全问题

在汽车电子商务网上交易过程中，必然涉及各种账户密码的安全问题，一旦这些账户密码被不法分子盗取或者猜解出来，很可能会给当事人带来巨大的经济损失。很多个人或者公司，对于密码往往管理不善，要么使用简单密码，要么各种账户使用相同的或者有限的几个用户名和密码，这就给了不法分子可乘之机。而去年年底的各大网站明文密码泄露事件，更让人认识到足够强的密码安全意识绝对是有必要的。

（二）网络病毒、木马问题

在经济利益的驱使下，网络上各种病毒木马层出不穷，各种木马的主要目的就是盗取各种账号密码，这些木马程序会监控用户的操作，在用户进行登录时记录下键盘输入的用户名和密码，或者采用伪造的登录界面直接骗取用户账号和密码信息。如果这些网站没有更为严密的保障安全的措施，这些被窃取的账号和密码信息就有可能直接导致受害者的经济损失。

（三）钓鱼平台

“网络钓鱼”的英文单词为“phishing”，即单词“fishing”的变写，这是一种相对古老的网络诈骗手段。攻击者通过伪装成知名银行的网站或者邮件，骗取用户信息，受骗者如果经验不足，就会泄露自己的财务数据，如信用卡号、账户号和密码等。

（四）网上认证问题

客户认证是汽车网络交易的前提条件，只有通过一定的认证手段，才能让交易双方建立一定的信任关系，从而保证交易的进行。客户认证主要包括身份认证和信息认证。身份认证就是在交易之前就采用某些方法，判明和确认交易双方的真实身份，如淘宝利用用户提供的银行卡信息，将网上的身份认证转变成银行在现实世界中对个人的身份信息验证，但是这个过程存在不少漏洞，例如身份信息的冒用，这是目前网上交易过程中最薄弱的环节。在实际的运作中，网络 CA 电子身份证书有时仍然被人怀疑，究其原因，还是在于现实世界中的真实身份与网络中的 CA 证书持有人无法保证其一致性。

三、安全策略

除了要不断完善上文讲的加密技术、数字签名技术、网络安全技术、认证技术，以及完善电子商务安全协议、实施设施和环境外，我国汽车电子商务交易的安全性首先要从相关的法律法规入手，尽快推动电子商务的相关立法工作，研究和制定保护电子商务参与者个人信息和保护网上消费者权益等方面的法规，为汽车电子商务的发展提供基本的法律保障。其次，在汽车电子销售行为得到有效监管的基础上，应充分借鉴国际先进经验，不断推进网上银行交易的法规建设，并适时调整银行和消费者之间的权利义务关系，强化银行的审查义务和追偿义务，保障消费者的财产安全；同时，网络运营商对汽车网上经营者管理不到位、责任不明确的情况也应明确整治措施、处罚条例，明确消费者、网络运营商和电子企业间的权、责、利，严格监管、明确处罚，才能更有效地保障网上电子交易的安全性。

【案例分析】汽车产业链协同商务平台的数据传输安全案例分析

1. 汽车产业链协同商务平台

汽车产业链协同商务平台体系结构如图 8-4 所示，其是以制造厂为中心，支持各种企业的业务协同需求而开发的，平台用户包括制造厂、供应商、经销商、服务商，提供动态联盟管理、协同采购管理、协同销售管理、协同售后服务管理等服务。对制造厂而言，很多都有自己的内部系统，而且每个制造厂的 ERP、PDM 等系统都不尽相同，随着平台用户的不断增加，需求也是各种各样的，所以协同商务平台的目的就是和企业 ERP 系统进行有效集成，使制造厂内部数据能够通过平台数据交换系统转换成平台的标准格式供合作企业使用，同时，服务商提交给平台的各类数据也能通过数据交换系统转换成企业内部系统的数据格式，返回企业内部信息系统中。

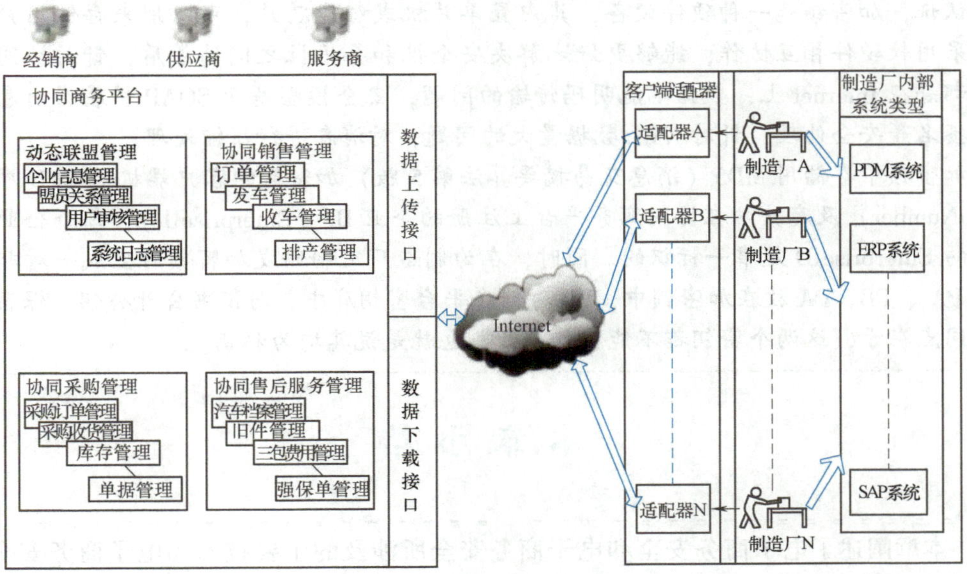

图 8-4　汽车产业链协同商务平台体系

2. 协同商务平台数据交换特点及安全需求

由于协同商务平台部署在互联网上，企业间通过平台进行的交易通过网络传输，有效的身份认证及数据安全处理对协同商务平台的长久发展起决定性作用。根据上述要求，数据交换安全平台应具备以下功能。

(1) 动态的数据交换　由于制造业产业链上各企业业务协作内容的多样性和数据交换不可预测性的特点，所以动态的数据交换是系统设计的关键。

(2) 双向交互　业务数据有时需要从平台交换到制造厂内部系统，然后经制造厂处理后在交换到平台。

(3) 有效的身份认证　汽车产业链协同商务平台现有用户 5000 多家，为了防止非法用户假冒合法用户窃取敏感数据，有效的验证服务请求者的真实身份是必需的。

(4) 数据传输安全　通过分析发现系统可能会遇到的安全威胁有身份欺骗、篡改数据、信息泄露、抵赖。协同商务平台通过 Web Service 进行数据传输，并以相关安全关键技术解决数据在传输过程所面临的安全隐患，建立适合协同商务平台的数据传输安全模型。

3. 协同商务平台数据交换安全模型

协同商务平台数据交换具有不可预测性，但是以平台为中心数据交换可以简单地分为数据上传和数据下载两个服务，数据上传服务的主要功能是将制造厂内部的数据交换到平台供经销商使用，数据下载服务主要功能是将平台的数据交换到制作厂内部供制造厂使用，在整个数据交换的过程中，客户端是主动执行方，服务器端是被动执行方。

在安全方面，针对用户名/口令易被猜测及生物特征实时性差、破损难复原等问题，安全模型采用加密锁技术、SOAPHEADER 头部认证扩展相结合的方式对服务请求者进行身份认证，加密锁是一种硬件设备，其内置单片机或智能芯片，可以用来存储用户的密钥，采用软硬件相互协作，能够更好地解决安全性和易用性之间的矛盾；针对协同商务平台部署在 Internet 上，数据不能明码传输的问题，安全模型基于 SOAP 扩展对消息进行加密签名等安全处理；针对 XML 数据量大的问题，对消息进行压缩处理。

加密锁中存储用 MD5（消息交易摘要算法第 5 版）加密后的客户端机器 CPU 序列号（CPUNumber）及客户端在协同商务平台上注册的企业 ID（EnterpriseID），每个企业在平台上的 EnterpriseID 是唯一标识的。同时，在为制造厂定制颁发加密锁时生成一对非对称密钥 PA 、PB，PA 放在加密锁中，PB 存储在平台密钥库中，与证书公开公钥、保密私钥的不同点在于，这两个密钥都不能对外公开，也就是说其均为私钥。

本 章 小 结

本章阐述了电子商务安全和电子商务安全所涉及的主要技术和电子商务安全协议。

电子商务安全的现状是不容乐观的，导致了电子商务安全需求。

网络安全技术主要介绍了防火墙和病毒防范技术。防火墙是设置在不同网络间的一系列部件的组合，是一种应用性安全技术。计算机病毒防范应从用户和技术两个方面来进行，以预防为主，防治结合。

加密技术主要包括对称密钥加密和非对称密钥加密技术。数字签名技术的实现基础就是公钥加密技术，其为实现交易安全的核心技术之一。数字时间戳技术能提供电子文件的日期和时间信息的安全保护。

认证技术主要介绍了数字证书和认证中心。数字证书提供了一种在 Internet 上验证用户身份的方式，它是由认证中心发行的。

本章主要介绍的电子商务安全协议有 SSL 协议和 SET 协议。

同步测试

一、单项选择题

1. 下列选项中不属于电子商务过程中买家面临的问题的是（　　）

A. 付款后不能收到商品　　B. 保密性丧失

C. 没有隐私　　D. 拒绝服务

2. “也许网络的另一端是一只狗”这句话指出了下列电子商务中的哪一个安全需求（　　）

A.　信息传输的保密性　　B. 交易文件的完整性

C. 交易者身份的真实性　　D. 信息的不可否认性

3. 古罗马时代使用的“恺撒密码”算法属于（　　）

A. 通用密钥密码体制　　B. 非通用密钥密码体制

C. 公开密钥体制　　D. 非公开密钥体制

4. 下列属于对称密钥加密算法的是（　　）

A. RSA　　B. DES　　C. DSA　　D. RST

5. 公开密钥密码体制中私钥与公钥之间有着一种（　　）

A. 对称关系　　B. 非对称关系

C. 特殊的数学关系　　D. 相关性

6. 下列属于公开密钥密码体制的算法的是（　　）

A. RSA　　B. DES　　C. DSA　　D. RST

7. 下列技术能实现对电子文件发表时间的安全保护的是（　　）

A. RSA　　B. DES　　C. DSA　　D. DTS

8. 下列与数字证书无关的是（　　）

A. 数字凭证　　B. 数字标识　　C. 数字符号　　D. X. 509

9. SSL 协议对于电子商务应用的劣势主要是无法保证（　　）

A. 信息的真实性　　B. 信息的完整性

C. 信息的不可否认性　　D. 信息的保密性

10. 在 SET 协议定义的三个交易阶段中，与每个阶段都有关联的只有（　　）
A. 用户　　B. 银行　　C. 商家　　D. 中间平台

二、多项选择题

1. 网上信息传输主要涉及的安全需求有（　　）
A. 信息传输的保密需求高　　B. 交易文件的完整性要求高
C. 抗抵赖需求　　D. 身份的有效判断需求
2. 电子商务的安全控制要求主要是（　　）
A. 信息传输的保密性　　B. 交易文件的完整性
C. 信息的不可否认性　　D. 交易者身份的真实性
3. 认证中心的作用主要有（　　）
A. 证书的颁发和更新　　B. 证书的查询
C. 证书的作废　　D. 证书的归档
4. SSL 协议的作用主要有（　　）
A. 服务器认证　　B. 客户认证
C. SSL 链路上的数据完整性　　D. SSL 链路上的数据保密性
5. SSL 协议对于电子商务应用的优势主要是可以保证（　　）。
A. 信息的真实性　　B. 信息的完整性
C. 信息的不可否认性　　D. 信息的保密性
6. SSL 协议包括的子协议有（　　）。
A. 记录协议　　B. 握手协议　　C. 链接协议　　D. 应用协议
7. SSL 协议中使用的算法有（　　）。
A. 对称密钥算法　　B. 公钥加密算法　　C. 数字签名算法　　D. 数字指纹算法
8. SET 协议的设计指导思想主要包括（　　）
A. 保证信息的加密性　　B. 验证交易各方
C. 保证支付的完整性和一致性　　D. 保证互操作性

三、分析题

1. 请分析电子商务中，卖方面临的安全威胁主要包括哪些方面？
2. 与 SSL 协议相比 SET 协议的优点主要有哪些？
3. 图示并说明 SSL 协议工作过程。
4. 什么是数字签名？图示并说明数字签名过程。
5. 时间戳有哪几部分内容？图示并说明时间戳的产生过程。

同步训练

项目 1：电子商务安全实训
实训目的：

- 了解电子商务安全的主要手段
- 了解 CA 证书的操作
- 了解防火墙的操作
- 了解 SSL 和 SET 的作用

实训器材：

计算机，互联网

实训指导：

1. 登录认证中心网站，了解数字证书使用流程并申请试用证书。

参考网站：江苏电子商务认证中心　http://www.jsca.com.cn/

MYCA　http://www.myca.cn/myca/;

国富安　http://www.gfapki.com.cn/support/index.jsp

2. 网上搜索 SSL 和 SET 协议的应用实例，比较两者的优缺点。
3. 网上搜集在国际贸易中电子商务及 EDI 应用引发的法律问题。
4. 网上搜索在 EDI 及电子商务系统中使用的加密方法？
5. EDI 及电子商务活动中报文传输系统的安全策略有哪些？
6. 网上搜集保证电子商务安全的手段。

第九章 汽车行业电子商务应用

知识目标

●了解汽车整车行业、汽车零配件行业、汽车金融行业以及汽车经销商企业的行业发展概况。

●理解汽车整车行业、汽车零配件行业、汽车金融行业以及汽车经销商企业的电子商务应用的各种模式。

能力目标

●能解释汽车整车行业、汽车零配件行业、汽车金融行业以及汽车经销商企业简要的行业发展过程。

●能应用汽车整车行业、汽车零配件行业、汽车金融行业以及汽车经销商企业的电子商务应用的各种模式的优势或特点来判断其发展前景。

重点与难点

●汽车整车行业、汽车零配件行业的各种电子商务应用模式；各种电子商务应用模式的含义、原理、实现工具和特点

第一节 汽车整车电子商务

一、汽车整车制造企业电子商务模式

1. 产品的构思

汽车整车制造企业可在自己的网站建立新产品构思的交互性栏目。企业利用 J2EE 或 NET 技术再加上 Oracle/SQL SERVER 数据库便可轻松地建立该栏目。新产品构思包括登录客户的姓名、电话、地址、新产品构思细节以及新产品构思效果图等内容。当用户将自己的构思内容填入网页表单中的相应空白处后，可单击页面中的提交按钮便可将用户所填写内容通过互联网传递到企业的后台新产品构思数据库中。利用新产品构思数据库和系统数据库可以产生数据仓库，利用数据仓库进行 OLAP（联机分析）和数据挖掘，进行智能化的决策。

2. 构思的筛选及概念的形成

企业内部的专家们可从新产品构思数据库中查看到不同用户所提交的汽车整车构思信息。通过分析，筛选出符合本企业发展目标和长远利益并与企业资源相协调的产品构思。企业在筛选出构思的基础上对于产品的功能、形态、结构等进行详细的描述，使其在顾客心目中形成一种潜在的产品形象，即产品概念。

3. 新车研制

汽车整车制造企业在新产品的研制过程中，可通过互联网与相应的汽车经销商和配件供应商进行双向的沟通交流。通过相互合作可以最大限度地提高新产品开发的速度，整车网上新产品开发流程方案如图 9-1 所示。

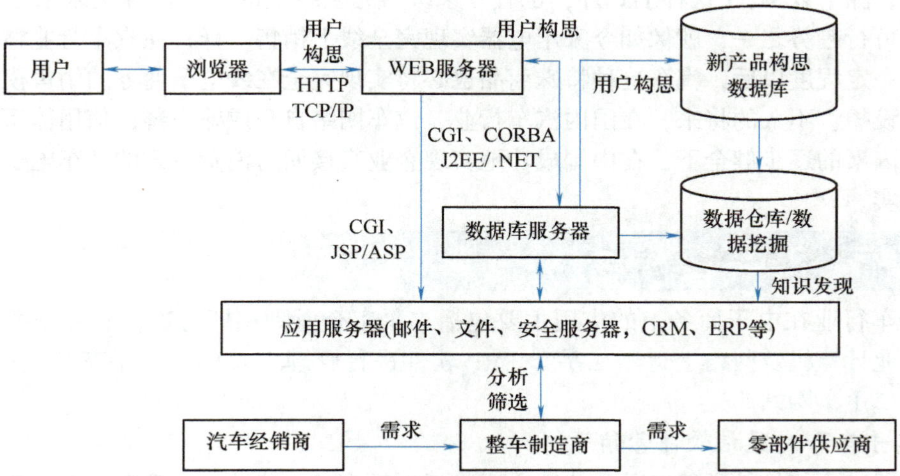

图 9-1　整车网上新产品开发流程方案

二、新车销售电子商务的发展趋势

汽车电子商务在中国的前景无须质疑。通过互联网，一辆辆三维汽车图像呈现在用户面前，用户可根据各款的性能报告进行“个性化”购车选择，当用户把需求信息通过网络反馈给厂家后，可以在最短的时间内得到厂家的信息反馈。目前国外及国内，汽车消费者的个性化需求及对厂家生产的影响越来越明显，个性化、小批量、柔性化的个人定制式生产正在成为现实。厂家必须和用户进行交互式的信息沟通，并得到大量个性化需求信息，而这种个性化需求信息交互的实现，只有网络可以提供。

同时，由于受到各大一线城市汽车限购政策的持续影响，迫使厂商的渠道进一步下沉到三、四线城市。而在厂商不断开拓新渠道的同时，网络购物潮此起彼伏，波及了汽车产业，中国的汽车厂商不得不开始思考，互联网是否也是一个可以被利用的集客和销售渠道。更重要的是，如果现在不进入互联网领域，那么如果被竞争对手抢得先机，赢得了那批互联网忠诚消费者的眼球和喜爱，就得不偿失了，毕竟伴随互联网成长起来的一代，是不可被忽视的群体。

汽车作为特殊商品，很难在线上完成销售的整个过程，所以将 O2O 模式用在汽车整车电商领域将是必然趋势。通过嘉之道汽车咨询对国内众多汽车专家及企业高层的调查，发现

70% 以上的业内人士认为 2015 年后，汽车网络营销将在中国实现，并有 10% 的企业已经开始通过 O2O 模式进行汽车网络销售。其中只有极少数业内人士支持完全电商模式，被调查者中，九成以上的业内人士更看好 O2O 的电商模式，因为此种模式能够在方便消费者选择订单的同时，满足汽车这种特殊商品的服务体验需求，而完全脱离线下经销商的汽车销售模式还不具备实施的现实条件。

但是哪些部分在线上完成，哪些在线下完成，线上线下如何衔接，是每一个新车电商都必须严谨考虑的命题。对整车厂而言，还要考虑自己产品的渠道分布，什么产品通过线上销售，什么产品只能通过经销商渠道销售，哪里付款，哪里提车，线上产品靠什么吸引消费者，线下的经销商利益又如何保障，这些都要做详细的考虑和安排。

当然，除了以 O2O 这种形式外，也有专家认为完全线上的电子商务是未来汽车电子商务发展的可行趋势之一，就像如今家用电器实现完全线上销售一样，在汽车行业整体品牌能力发展到一定程度以后，汽车这种特殊商品也必将实现完全在线电子商务的销售模式。

可以设想，不久的将来，在国内汽车行业、汽车网络自身成熟完善，信用体系、金融防范机制等因素的逐步健全下，在中国成功地实现企业直接面对消费者式的新车电子商务，定将成为现实。

三、二手车电子商务应用

二手车行业在电子商务上的应用主要包括二手车企业利用即时通信软件进行二手车营销、在企业计算机及网络上运用二手车 ERP 软件进行管理以及建立二手车车型电子目录、以及建立二手车网站。

1. 二手车即时通信软件营销

利用即时通信软件进行二手车营销主要包括二手车 QQ 营销。二手车 QQ 营销主要是在 QQ 即时通信的平台基础上，专为二手车企业用户量身定制的在线客服与营销平台。其基于 QQ 海量用户平台，致力于搭建客户与二手车企业之间的沟通桥梁，充分满足二手车企业客服稳定、安全、快捷的工作需求，为二手车企业实现二手车车型推介服务和二手车客户关系管理提供的电子商务应用模式。二手车 QQ 营销主要功能包括支持群发二手车车型信息，群发有关二手车的问卷调查，二手车 QQ 消息转发到手机。作为一种新的电子商务模式，二手车 QQ 营销与传统方式相比带来的主要优势如下。

①二手车 QQ 营销可以利用相关软件实现 24 小时在线，只要有客户访问，工作人员就可跟访客对话，同时能够把访客的个人 QQ 号码记录下来。24 小时帮助公司积累二手车潜在客户。

②在二手车 QQ 营销软件里面，更可通过 QQ 专属的企业查找、关键词搜索找到公司，大幅提升曝光量。

③营销 QQ 号码、二手车企业空间、二手车企业微博都有腾讯公司认证标志，提高公司的可信度。

④对外是以 400 或者 800 开头的统一靓号，对内可以多个工号协同工作。对外展示公司统一的企业形象，对内提高工作效率。

⑤海量客户存量，通过二手车 QQ 营销软件初始最多可以添加 10 万客户。

⑥二手车客户管理功能，对客户进行分类、分组的管理。每一个客户建立一个客户档案。

⑦群发消息、群发调查功能，轻松面对主动营销，达到率远超各类产品。

⑧所有聊天记录永久漫游保存，随时随地查看聊天消息。

⑨管理权限，1001 工号可以查看其他工号跟客户聊天的情况。

⑩宣传功能，专属的好友分组，24 小时的品牌展示。

实现二手车 QQ 营销主要是建立 QQ 即时通信的平台，可以建立以二手车为主题的 QQ 群进行二手车 QQ 营销，也可以借助专业的营销 QQ 软件平台来进行，例如可以利用 2013 年 7 月发布的营销 QQ2.0（SP15）来进行。

2. 二手车 ERP 软件管理及二手车车型电子目录

二手车企业在电子商务上的应用也可以借助于二手车 ERP 软件进行管理，其为二手车企业信息化建设的重要工具。二手车 ERP 软件采用当前较流行的 BS 架构和 CS 架构相结合的架构模式，做到二手车信息化管理的系统化、网络化、科学化与精准化；二手车 ERP 软件管理从公司内部流程管理，财务统计，公司决策到公司对外信息发布均可通过一步到位；是目前国内较先进的二手车企业信息化解决方案，并可基本实现零维护。二手车 ERP 软件管理可以帮助二手车企业实现以下功能。

（1）二手车企业车源客源管理　客源管理是二手车 ERP 软件管理核心业务系统。发布车源客源时，具有权限的人员可以自己定义某些项目是否必填，或自定义判断重复的条件。严格遵循 ERP 系统科学规范的车源客源管理模式，将为以后公司业务的迅速发展奠定基础。

（2）二手车企业车源客源推介　二手车 ERP 软件管理让具备权限的业务人员将其个人关心的信息通过收藏按钮进行收藏，以后可以通过选择收藏车源，快速调出车源信息，方便查看，提高工作效率。同时，提供车源推荐功能，将重点车源推荐给业务人员。

（3）加密车源　二手车 ERP 软件管理将车源的车牌号、车主姓名和电话等设置为加密项，员工想要查看加密项，必须填写跟进内容，强制员工跟进，加强工作效率。车源的所有信息都公开，为公盘信息，ERP 系统支持完全私盘制、部分私盘制、完全公盘制，并支持定时批量私盘转公盘的功能，提高了公司车源数据的安全性。

（4）二手车企业多级别多职务权限管理　二手车 ERP 软件管理实现操作种类、权限级别、员工职务的多维综合权限管理。操作种类权限管理，例如规定业务员只能查看和增加自己的车源，不能修改和删除车源；多级别权限管理，例如规定业务员只能查看自己的车源，或者可以查看本部车源；多职务管理，可以指定员工为普通业务体验还是门店经理等。

（5）二手车企业报表浏览　二手车 ERP 软件管理用户可以灵活设置以报表形式、设置 Excel 或 Word 格式打印或导出多条车源和客源信息，提供灵活的海报浏览和在线打印功能。同时，管理人员可以在系统查询显示设置中，设置宽度和显示项目，足够灵活，满足二手车连锁门店对报表功能的要求。

（6）二手车企业车源照片管理　二手车 ERP 软件管理提供企业采集的二手车车身外观/内饰等全方位多角度照片，可让客户察看实景情况。一套车源可以添加不限数目的照片；支持多种照片格式；网络多门店可以共享此照片。实现一次现场看车的电子保存后，全公司皆能全方位电子看车，从而大大提高效率。

（7）二手车企业保密管理　二手车 ERP 软件管理提供黑名单策略，员工输入黑名单信息中的数据及时提醒，避免添加无效信息；提供保密查看限制功能，使管理员可以及时了解员工查看保密信息情况；管理员也可以通过操作日志查看员工的详细操作；可以查看使用统计信息。

（8）二手车企业电子考勤　二手车ERP软件管理可以灵活设置员工的上下班时间，系统自动记录上下班时间，通过电子考勤簿登记考勤详细信息，可以灵活设置考勤功能，同时提供强大的打印报表功能，灵活打印指定部门或整个公司的员工考勤信息。

（9）二手车企业动态新闻　公司管理部门及公司业务员有重要信息可以通过二手车ERP软件管理通知整个公司，可以设置滚动新闻，各个软件终端实时动态显示最新新闻，第一时间让整个公司知道重要信息，实现公司信息及时化、一体化。

（10）二手车企业财务管理　二手车ERP软件管理统一管理所有的交易合同，明确每一份合同的用处，记录合同使用详细信息，方便管理员的调用、查找；每份合同由财务人员审核验证。清楚记录每一笔收入、支出款项，明确每一笔款项的使用详情，使账证更加规范，账目更加清晰，减轻财务人员繁重的劳动，节约成本，提高公司效率。

二手车ERP软件管理适合以二手车为主要业务的企业采用。而一些以新车生产和销售为主要业务的汽车厂商在4S店经销商开展二手业务时常常会采用另外一种电子商务应用，即建立自身品牌车型的二手车电子目录，并将其安装在其4S店经销商的计算机上，并通过网络不断更新车型信息。二手车车型电子目录可以支持4S店开展二手车置换业务。

3. 二手车网站

二手车网站主要利用丰富的现车资源来建立值得信赖的二手车一条龙服务和网上电子商务交易平台，内容包括建立庞大的二手车车辆信息内容、提供网上二手车车辆交易洽谈以及相关的汽车装饰配件甚至二手车维修维护服务。

【案例分析】二手车网站主要内容版式样例

常规的二手车网站设立的文本内容与版式一般包括以下内容。

一、建站目标

提供二手车收售、汽车配饰、零部件、维修维护等网上交易平台。

二、板块

大信息板块、交易板块、服务板块、交流板块。

三、页面

（1）标签栏　买车、卖车、导航页、关键词、车行、服务信息，网店等。

（2）浏览页面　车图、车型、价格、购置时间、公里数、车主售车说明。

（3）详情页面　价格、车型参数、所在地、保险信息、上牌时间、公里数、图片。

（4）交易流程　网上选车、预约看车、鉴定试驾、签约过户。

（5）租购模式　提供租车、贷款服务。

（6）周边产品　装饰配件、导航仪、记录仪、零部件、保险等。

（7）车型分类　微型车、小型车、紧凑型车、中型车、大中型车、豪华车、SUV、MPV、跑车、货车、微型面包车。

四、信息内容

（1）汽车品牌　雪铁龙、标致等各汽车品牌，下设品牌车系。

（2）价位　3~5万元、5~8万元、8~10万元、10~15万元、15万以上。

（3）年限　1~2年，2~3年，3~5年，5年以上

（4）里程　1万公里以内、1~3万公里、3~5万公里、5~10万公里，10万公里以上。
（5）车行商户　××车行、×××车行、××××车行等。
（6）精品车型　车龄在两年内、公里数4万内，原厂保修期内。

第二节　汽车配件电子商务

一、汽车零配件业务的电子商务应用

汽车零配件企业在其主要业务上的电子商务应用主要包括汽车配件的电子化采购、汽车配件仓储的电子化管理、汽车配件电子检索；配件企业的计算机和网络管理；配件企业建立企业网站进行网络营销等。

1. 汽车配件的电子化采购

电子化采购通过网络和计算机技术应用，使传统的采购业务运作方式发生了本质的变化，更重要的是其带来了传统采购方式所不具有的种种优势。其优越性有：显著降低采购成本；有效提高采购效率；拥有采购主动权；优化采购管理；保证采购质量；增加交易的透明度；加强供求双方之间的业务联系；适应电子商务发展大潮。

汽车零配件的电子化采购方式，在企业内部一般通过 Intranet 实现，然后再通过 Internet 与供应商联系。对采购方来说，电子化采购系统一般应包括采购申请、采购审批和采购管理三个模块，不同模块的主要功能概括如下。

1）采购申请模块。采购申请这一模块主要应实现以下功能。

①接受配件销售部门提交的采购申请；

②接受企业 ERP 系统自动提交的配件采购申请；

③接受管理人员、后勤服务人员提出的采购低值易耗品或服务方面的申请等。采购申请应通过浏览器登录网上采购站点的页面进行或通过 ERP 系统自动传递。

2）采购审批模块。采购审批模块应主要完成以下功能。

①系统能根据预设的审批规则自动审核并批准所接收到的各种申请。

②对接收到的配件采购申请，直接向仓库管理系统检查库存，如库存已有，立即通知申请者领用，如库存没有，用 Email 通知申请者：申请已批准，正在采购。

③对于被自动审批未获通过的申请，立即通知或邮件通知申请者：申请由于何种原因未获批准，请修改申请或重新申请。

④通过自动审批无法确定是否批准或否决的申请，邮件通知申请者的主管领导，由领导登录采购系统，审批申请。

⑤对于已通过的采购申请，邮件通知申请者，并提交给采购管理模块。

3）配件采购管理模块。配件采购管理模块的主要功能如下。

①接受采购管理部门制定的年度或月份采购计划，制定供应商评估等业务规则。

②对所接受的采购申请，依据设定规则确定是立即采购或是累积批量采购。

③对已生成的订单，依据设定规则决定是立即发给供应商，或者是留待采购管理部门再次审核修改。

④所有订单，依据预设的发送途径向供应商发出。

⑤自动接受供应商或承运商提交的产品运输信息和到货信息。

⑥定购产品入库或服务完成后，系统自动邮件通知或采购管理部门电话通知申请者申请已执行完毕。

⑦定购配件入库或服务完成后，系统自动生成凭证向财务管理部门提交有关单据。

⑧依据设定规则，系统在发出订单时或者产品验收入库后，自动向供应商付款，或者采购部门依据有关收货单据人工通知财务部门对供应商付款。

2. 汽车配件仓储的电子化管理

汽车配件仓储的电子化管理是指利用计算机及网络对仓储配件的合理保管和科学管理。

（1）汽车配件仓储的电子化管理的好处

①实现汽车配件的库存数量的实时动态监控。

②利用网络实时监控保证汽车配件的质量完好。

③存储记录作为汽车配件的采购依据。

④保证汽车配件及时高效的进销。

（2）汽车配件仓储的电子化管理的储存原则　汽车配件应依据“安全、方便、快捷、节约”的原则存放。汽车配件的分区分类法如下。

①按配件部、系、品种系列分区分类法。

②按配件车型系列分区分类法。

③混合储存法。

将汽车配件分区分类后，对配件进行货位编号并输入仓库电子管理系统。利用仓库电子管理系统合理安排配件的存放位置。管理系统存有配件的详细技术资料，并能对配件数目及存放位置进行实时监控，这样可实现配件出入库的高效率运转，并能及时反映库存情况。利用网络系统实现仓库管理系统和配件采购系统的信息共享，提高了配件服务的质量。

3. 汽车配件的电子检索

汽车配件的电子检索主要依靠带有配件电子目录的计算机光盘或在计算机及网络上应用的配件服务系统。光盘存储形式的电子目录具有信息承载量大、查询简单、更新方便、成本低的特点，因此在配件经销领域获得了广泛的应用。随着互联网技术的发展，基于互联网的配件目录也逐渐进入实用阶段，在国内，中车在线汽车服务网也将 Mitchell 配件目录实现了网络化，突破了存储容量的限制，降低了对计算机配置的要求，更重要的是其可以及时更新，使用户获得最准确的配件信息。

4. 配件企业的计算机管理

在汽车配件经销过程中，存在着大量的配件、商务、供应商及客户之间需要交换与共享的内容，这就是汽车配件管理和商务信息。在这些信息中，包括配件的基本信息（配件名称、配件编号、适用车型等）、商务信息（库存、价格、市场需求等）以及客户信息（客户名称、经营范围、经营规模等）。因此，信息是汽车配件管理和商务活动的基础。计算机在汽车配件营销管理中的应用主要体现在以下几个方面：配件信息查询、配件订货与采购、配件库存管理、配件销售、客户关系与售后服务管理以及财务管理等。

计算机信息管理技术进入当前汽配行业，能使企业提高工作效率、保证工作质量、挖掘产品供应市场、降低生产经营成本，这是成功应用计算机后所取得的效果。作为一个有数个门市、上百家供应商、上万个配件品种、上千万件的配件库存且每年几千万元人民币销售额的汽配公司的领导层和工作人员，为使本公司在激烈的竞争中占有一定的市场份额，就需要随时能掌握各门市、各车型配件的销售、库存、进货情况，确定合理的库存结构，加速资金周转，避免断档和积压，确定质量最优、价格最低的进货厂家，使投入的资金发挥最大的效益。这些都是汽配公司的领导层最关心的数据信息，这是手工统计所难以提供的，唯有利用计算机技术，才能使汽配行业和汽配市场的管理更进一步规范化。

5. 零配件企业网络营销

对于汽车配件销售企业来说，互联网可以更方便地收集顾客购买汽车配件过程中所提的各种问题，并及时将这些信息反馈给汽车配件生产企业。生产企业可以据此分析出顾客的购买意愿，从而尽早生产出符合市场需求的汽车配件，这样既节约了时间和费用，又抢得了市场先机。汽车配件经销商减少了库存，加快了资金流通，获得了较满意的收益。对用户来说，其可以通过互联网像“点菜单”似的选取自己所需要的汽车配件。市场信息对于汽车配件生产企业和经销商来说至关重要，而通过互联网即可轻松获得，互联网还可起到一定的广告促销作用。在传统的汽车配件销售过程中，经销商所经销的汽车配件中总有一部分畅销，而另一部分滞销。滞销部分占用资金所引起的费用就要分摊到卖出去的汽车配件上。通过互联网，生产企业和销售商都可以及时避免生产和销售市场销售不好的汽车配件。有了互联网的便捷服务，不仅仅节约了时间和费用，更重要的是，互联网还可引起一种观念的变革，使汽车配件生产企业、经销商和顾客贴得更近。

目前国内的许多大中型汽车修理企业建立电脑管理系统，实现了内部联网。这种网络覆盖了整个维修业务。从业务接待到派工领料，再到检验结算。电脑化的实时控制使经营者可随时了解到厂内的实时状态，从而可以进行监控，并且大大提高每位员工的工作效率，更重要的是可取代手工做账和对账，加强配件管理。与此同时，一些经营规模较大、业绩较好的汽车配件经销商还将内部网联入互联网。此类汽配经营管理网络涵盖了汽配经营的全流程。从产品入库、确定零售和批发价格以及按车型、编号等方式分类管理，最后到出货、结算乃至做账、销账。连锁经营搞得比较好的经销商已把这种网络管理扩大到了其整个分销点，形成了一定规模化的电子商务，并从中获得了较好的收益。

二、汽车零配件企业电子商务化前景

汽配产品已成为电商的主角之一。近几年，从淘宝、京东、eBay 中国等网购平台来看，汽配产品的销量逐年上升，eBay 中国上的汽配产品增长迅猛，已成为第四大品类。汽配行业似乎也越来越受到电商的青睐。事实上，尽管电子商务进入传统产业的实践已超过十年，但汽配产品进入电商平台却乏善可陈，汽配销售电商的发展并不乐观，其原因主要为：①信用及支付环境还需要进一步完善，中小网站还不足以取得消费者的信任；②已有的购物网站在搜索引擎方面更占优势，比如想搜索一个汽车配件，可能淘宝、京东等网站的同类产品会在更好的位置，最大的竞争对手往往不是来源于本行业，而是跨行业的覆盖者；③第三方的物流市场不成熟，有实力的企业均自建物流，中小平台在物流竞争中也没什么竞争优势。

垂直汽配电商要做大做强，必须要解决数据的专业性，以及自有品牌的问题。除此以外，整个汽配电商的发展，还需要在电商平台上建立全产业链，帮上游解决销售，帮中下游提供服务。线上线下必须互动协作，整个项目的可盈利水平才会大大提升。

第三节　汽车金融电子商务

目前，各国普遍采用的汽车金融服务模式以分期付款零售为主，同时融资租赁、信托租赁和汽车分期付款合同转让与再融资也是常见的模式。商业银行和汽车金融服务公司是汽车金融服务的主要提供者，但近年来商业银行主导的汽车金融服务占比逐年下降。以市场成熟最高的美国为例，其商业银行在汽车金融服务中占比已从 1998 年的 35% 左右下降至目前的 20% 左右，而汽车金融服务公司占比则逐步上升，目前已达 50% 以上。

针对车主和经销商的汽车金融业务可分为零售金融和批发金融两大类。由于过去十年车市的迅猛发展催生了经销商批发金融业务的快速发展，目前基本上所有的汽车经销商（4S 店）都在使用汽车金融服务。从 2004 年第一家汽车金融公司——上汽通用汽车金融有限公司（GMAC-SAIC）成立至今，我国真正意义上的汽车金融业务的发展已历经十多年。期间，国内先后成立了十几家汽车金融公司，但大部分为外资主导设立，包括丰田、福特、大众等。目前，越来越多的厂商看好国内汽车金融业务的未来前景，广汽、奇瑞等部分自主品牌也已设立或计划设立汽车金融公司。

汽车金融服务公司已经将电子商务引入到自身的业务之中，其中应用的业务包括电子商务在汽车消费信贷中的应用和电子商务在汽车金融租赁中的应用。

一、电子商务在汽车消费信贷中的应用

汽车消费信贷业务已成为国有商业银行改善信贷结构，优化信贷资产质量的重要途径，银行、保险公司、汽车经销商三方合作的模式，成为推动汽车消费信贷高速发展的主流做法。电子商务在汽车消费信贷业务中的应用包括对客户信息的电子化采集及管理、汽车金融公司利用银行网络对贷款人信用及资格审查、在贷款的发放及贷款人还款的过程中利用网络银行进行电子支付。有的汽车金融公司已在计算机及网络中建立了专门的汽车消费信贷系统来整合上述功能。

【案例分析】汽车消费信贷系统案例

> 从 2007 年起，在建设银行（建行）支持下，汽车金融公司长行汽车租赁有限（长行）公司就开始汽车分期付款服务的专业探索，经过长期实践积累，形成了这一业务领域的专业能力：一是利用网络对客户资信的快速评估和风险化解能力；二是建立了个人资信评估和服务、汽车回购销售、风险处置于一体的汽车消费信贷业务计算机系统。2008 年建行开展汽车消费信贷业务以来，长行、建行和经销商之间就展开专业化分工合作。长行公司利用汽车消费信贷业务计算机系统负责客户资信评估和风险处置，并为客户承担还款连带保证责任，建行负责客户资信审核和贷款发放，而经销商只负责汽车销售和售后维修服务。到目前为止，已合作发放十多亿汽车消费贷款，没有给银行造成一笔不良贷款。

二、电子商务在汽车金融租赁中的应用

汽车金融租赁有限公司在国内已开始汽车租赁业务的电子商务应用，租赁业务依托网站

以厂商租赁与经销商租赁为主要模式，并结合不同车型的特点与需求，系统开发租赁业务，降低了制造商的销售成本，实现大批量销售，为国内汽车制造企业进入研发、生产、销售、发展的良性循环提供了专业的金融租赁服务。其中加入了电子商务应用的主要业务流程如下。

1）在汽车金融租赁有限公司网站上进行租赁申请。客户在线向公司递交《租赁申请书》，表明租赁需求；公司相关业务部门向客户介绍业务流程及业务模式，并收集客户及项目的基础资料。

2）借助银行的网络征信系统进行业务考察、评估、受理。根据公司对客户及项目的考察办法，业务人员将对客户从资质、资信、经营情况及整体财务状况等方面进行客观、全面的评估，评估合格者，公司正式受理租赁申请。

3）利用网站在线进行业务洽谈。业务部门根据对客户和项目的评估结果补充收集相关资料，与客户进行商务洽谈及信息交流，同时与客户洽谈有关租赁期限、利率、还款方式等租赁要素，形成租赁合作框架。

4）在公司内部网络进行业务审批。业务人员根据项目实际情况及租赁方案，形成书面材料并通过内部网络提交公司审批。

5）签订租赁合同。在公司对项目审批通过后，业务人员根据批复条件会同律师设计法律文本，并在与客户协商一致后签订租赁相关合同及协议。

6）车辆的交付及验收。公司与客户共同完成车辆交付及验收工作。公司可代为办理相关的运输、保险等手续。

7）通过电子支付交货付款。在车辆验收合格的基础上，由客户向公司出具《到货确认书》及《货款支付申请书》，公司对外付清全部货款。租赁期间，车辆所有权在公司，使用权在客户。

8）收取租金。按照合同约定，客户需按时足额向公司支付租金及其他相关费用；一般情况下，租金包括租赁本金和利息两部分。

9）租赁期末租赁车辆的处理。租赁期满，根据合同约定，租赁公司以名义价格将租赁物的所有权转让给客户或办理续租手续。

第四节　汽车经销商的电子商务应用

汽车经销商企业的主要业务是销售新车并提供售后服务。在传统经销商中，采购、销售、库存管理是一系列分散的独立活动，其分属于不同的职能部门，彼此之间缺乏协调。各部门各自制定政策，采取措施以求优化本部门的目标，但相互之间却往往会存在一些消极影响，从而导致企业的整体利益受损。实际上采购、销售、库存管理是相互关联，相互支持的。企业要实现利润最大化，就必须设法达到四个目标——向客户提供最好的服务，耗费最低的生产成本，占用最少的库存，使用最少的分销费用。要实现这些经营管理的目标，达到企业总体目标最优，就必须将采购、销售、库存管理有机地集成在一个系统中，这就是汽车经销商企业实施电子商务应用所要达到的目的。

汽车经销商企业实施电子商务应用可以借助于对汽车销售及售后业务的信息化管理实现。信息化管理是指在管理中运用现代信息技术，通过对信息资源的深入开发和广泛利用，达到不断提高管理水平，提升企业竞争力的目的。具体来说，管理人员借助信息技术建立一套集成的进销存管理系统，实现采购、销售、库存三模块间完全的信息共享和畅通的数据交流。根据销售预测确定采购规模，同时通过供应链与供应商结成利益共同体，优化采购管理。通过 Internet 及 Intranet 技术实时收集销售业务数据，如市场占有率、销售利润、客户满意度等，并借助相关软件进行分析，从而实现对销售活动的动态控制，销售战略的动态调整，优化销售管理。通过信息技术手段动态掌握企业与市场、供应商的供求关系，实现零库存，优化库存管理。

汽车经销商企业实施信息化管理可以借助于信息化管理软件。信息化管理软件是帮助企业实现进销存信息化的有效手段。这一软件基本上包含四大功能模块：采购管理（采购订单、采购单、付款单、采购明细/汇总表、应付明细/汇总表、采购订单汇总表管理）、销售管理（销售订单、销售单、收款单、销售明细/汇总表、应收明细/汇总表、销售订单汇总表管理）、库存管理（进仓单、出仓单、转仓单、盘点单、库存明细/汇总表管理）、POS（销售自动化系统）管理（开票、报表、日结、设置管理）。

一、汽车销售业务电子商务应用

伴随着计算机和网络技术的发展和普及，电子商务在汽车经销商企业的销售业务中开始广泛应用。

汽车销售电子商务是指利用电子设备、互联网和中介服务站来实现贸易活动过程的一种方便、实用、有效、快捷、安全的汽车销售方式。目前，利用电子商务已经发展到通过网络交易和结算，在此基础上发展起来的网络销售已成为现代汽车销售不可缺少的重要手段。

电子商务可以最大限度地降低成本，获得最大利润。汽车销售电子商务的特点如下。

①书写电子化、传递数据化（这发生在企业与企业之间，以及企业内部）。

②减少店面租金成本。

③减少商品库存压力。

④降低行销成本。

⑤经营规模不受场地限制。

⑥支付手段高度电子化。

⑦便于收集客户信息。

⑧提高供应链管理水平。

在汽车销售业务中实施电子商务可以提高汽车经销商企业的供应能力，订单的管理和处理能力，最大化地利用人力资源，从而增强商务的基础建设；增加业务收入市场份额，搜寻新的市场空间，增强区域和全球的合作伙伴关系；保持和取悦用户，提高客户服务能力和水平，交叉和相关销售；降低内部成本，加速现金流动，消减中间环节，降低通信成本，保持竞争地位，满足业务伙伴的需求；保护市场份额，利用网络刺激市场。对于汽车经销商企业来说，一个好的电子商务解决方案，应该具备以下特点。

①收集并分析顾客需求信息。

②自动完成采购预测。

③经销商与汽车厂商间的实时信息交流。

④物流的跟踪与库存控制，合理设置。

⑤自动补货监测。

二、汽车售后业务电子商务应用

随着汽车消费的不断扩大，汽车保有量的不断增加，汽车售后市场正逐渐浮出水面，成为汽车业发展中的一个新亮点。电子商务是开发这一市场的有效手段。电子商务的发展一方面提升了服务的地位，另一方面也为现代化服务的实现提供了更为有利的条件。通过汽车维修服务管理系统向客户提供维修服务信息，对客户信息进行网络化管理，既可取得极为可观的经济效益，又可大大提高顾客的满意度。汽车售后业务服务中的电子商务应用主要有以下3个方面。

（1）客户信息管理　客户信息管理是指企业在整个经营活动中对涉及客户的这一领域，尤其是客户管理与服务过程中所产生的数据、文件和各类信息，进行收集、整理、储存、利用与维护的过程。实现对企业经营过程中所有客户信息集成管理的系统开发，典型的有CRM（客户关系管理）综合系统的开发，具体涉及对各种客户信息收集分系统的建设，典型的有呼叫中心、网站客户信息跟踪系统等；涉及对各种客户信息数据存储分系统的建设，典型的有数据库、数据仓库等；涉及对客户信息进行分析与利用的各种分系统的开发，典型的有联机分析系统，数据挖掘系统，信息推送系统等。

此外，还包括各种与系统建设相适应的组织与制度的建设，如客户资源共享机制的建设，与客户进行实时沟通制度的建设，专门客户信息管理人事组织，如呼叫中心的人工座席安排、客户投诉处理人员安排等。汽车消费是一个长期过程，建立CRM（客户关系管理）综合系统，以便为客户提供长期持续的、个性化的专业服务；其次，汽车经销企业必须动态地跟踪客户对维修、维护等方面的意见和建议，以便与客户维持长期的、稳定的合作关系，能够在汽车产品上对客户的意见和建议迅速做出反应。

（2）维修配件管理　对汽车经销企业来说，零配件实现电子商务后，可通过互联网迅速找到质优价廉的汽配产品，最终实现零库存，从而最大限度地降低成本。

（3）维修技术资料或技术信息资源的应用　电子商务这一新兴应用技术出现的最大优势是使数据处理和信息传递突破了时间和地域的限制，这使汽车经销企业在维修服务中能够及时了解汽车的技术资料和技术信息，加快维修人员对新技术的及时掌握，可大大提高了服务质量和效率。

【案例分析】用友汽车流通企业电子商务应用方案

用友汽车流通企业电子商务应用方案综合了整车、配件、汽车流通企业售后等各方面的电子商务应用，包括销售过程管理和客户服务管理，全面覆盖整车销售、配件经营、维修服务和信息反馈业务。

用友汽车流通企业电子商务解决方案是一个企业级B/S（浏览器/服务器）结构集成应用方案，能够帮助企业利用Internet技术建立一个统一的、集成的、共享的客户资源管理、销售和服务平台，为营销链中的每个节点同时提供跨部门的客户管理能力，实现凝聚客户关系，提升资源价值的目标。方案的功能包括销售、服务管理各方面，全面覆盖售前、售中、售后3阶段。

用友汽车流通企业电子商务应用方案针对汽车行业4S营销模式构造了应用模型和解决方案，帮助汽车流通企业构建了CRM系统。

用友汽车流通企业电子商务应用方案的主要体系功能结构如下。

1）系统管理是电子商务应用方案系统基本功能，主要包括账套管理、用户管理、角色管理、功能数据权限管理和各种基础数据的定义。系统管理主要是系统管理员和主管人员使用。

2）客户管理是电子商务应用方案系统基本功能，主要包括客户档案信息管理和客户分配、客户共享、客户类别转换、客户合并等管理功能。

3）销售过程管理主要包括意向管理、合同管理、订单管理、库存管理、计划管理、客户催款等。

4）服务管理主要包括维修管理、客户回访、客户投诉、客户关怀等。

5）企业门户是面向客户、合作伙伴和供应商的信息交换平台，包括 WEB 方式、Email 方式等。WEB 方式可实现的功能为：商品档案查询、新产品发布、网上订单提交与查询、网上维修服务请求与查询、网上企业公告、网上投诉与反馈、网上咨询、网上市场调查等。

6）数据交换是利用标准的 XML 数据交换平台，与企业其他应用系统如 ERP、SCM 等进行数据交换。由于 CRM 是企业应用的最前端，需要 CRM 系统向其他系统提供客户业务数据。

7）商业智能主要是利用分析工具对各种数据进行整理、统计、分析，以图表的形式提供管理人员对所有 CRM 系统数据进行分析，辅助领导决策。

本章小结

本章简要介绍了汽车整车行业、汽车零配件行业、汽车金融行业以及汽车经销商企业的行业发展概况及主要业务，列举了电子商务应用的各种模式，分析了电子商务应用的各种模式的含义、原理、实现工具和特点。

同步测试

一、单项选择题

1. 在汽车产业较成熟的国家和地区，汽车销售商的利润来源中，二手车经营一般来说占（　　）。

A. 10%　　B. 20%　　C. 30%　　D. 40%

2. 在二手车企业中，能够实现群发二手车车型信息的电子商务应用模式是（　　）。

A. 建立二手车车型电子目录　　B. 建立二手车网站

C. 利用手机短信　　D. 二手车 QQ 营销

3. 一般来说汽车零配件企业普遍存在投资不足、资金分散、人才缺乏、产品水平不高等问题，最根本的解决方式是（　　）。

A. 增加零配件企业的电子商务应用　　B. 增加投资

C. 增加人才招聘　　D. 增加零配件企业的电子商务应用

4. 在零配件企业中，能够实现通过零件号查询配件的功能，并显示配件的三维立体视图，观察零件的各个细节的电子商务应用模式是（　　）。

A. 汽车配件电子检索　　B. 汽车配件的电子化采购

C. 建立企业网站　　D. 配件企业进行网络营销

5. 根据汽车零配件企业与整车企业的合作关系，汽车零部件行业市场中的整车配套市场常常称作（　　）。

A. TM 市场　　B. AM 市场　　C. OCM 市场　　D. OEM 市场

6. 根据汽车零配件企业与整车企业的合作关系，汽车零部件行业市场中的售后服务市场常常称作（　　）。

A. TM 市场　　B. AM 市场　　C. OCM 市场　　D. OEM 市场

7. 汽车金融的发展源于美国，汽车金融已有超过 90 年的发展史。美国汽车销售大部分是经由汽车金融实现的，这个比例是（　　）。

A. 60%　　B. 70%　　C. 80%　　D. 90%

8. 电子商务在汽车消费信贷方面进行应用时，汽车销售企业引入的关键合作方是（　　）。

A. 商业银行　　B. 保险公司　　C. 运输公司　　D. 汽车制造商

9. 汽车经销商企业实施电子商务应用可以借助于对汽车销售及售后业务的信息化管理实现，汽车经销商企业实施信息化管理的主要工具是（　　）。

A. 公司董事会　　B. 公司财务报表

C. 公司的 INTERNET 网络　　D. 信息化管理软件

10. 以下属于汽车售后业务电子商务应用的是（　　）。

A. 试驾网络预约　　B. 汽车网络销售　　C. CRM 系统应用　　D. 车型电子目录

二、多项选择题

1. 在汽车行业的电子商务应用领域包括（　　）。

A. 汽车整车行业　　B. 汽车零配件行业

C. 汽车金融行业　　D. 汽车经销商企业

2. 实现二手车 QQ 营销主要是建立 QQ 即时通信平台，建立 QQ 即时通信平台的方式可以是（　　）。

A. 申请个人 QQ 号　　B. 将 QQ 好友加入手机联系人

C. 建立以二手车 QQ 群　　D. 利用营销 QQ2.0（SP15）

3. 汽车零配件企业在其主要业务上的电子商务应用主要包括（　　）。

A. 汽车配件的电子化采购　　B. 汽车配件仓储的电子化管理

C. 汽车配件电子检索　　D. 配件企业的计算机和网络管理

4. 汽车金融服务公司已经将电子商务引入到企业的业务之中，其电子商务应用主要包括和（　　）。

A. 电子商务在汽车消费信贷中的应用

B. 电子商务在汽车配件采购中的应用

C. 电子商务在汽车维修服务中的应用

D. 电子商务在汽车金融租赁中的应用

5. 汽车经销商企业在其主要业务上的电子商务应用主要包括（　　）。

A. 电子商务在汽车销售业务中的应用　　B. 电子商务在汽车试驾中的应用

C. 电子商务在汽车清洗中的应用　　D. 电子商务在汽车售后业务中的应用

三、分析题

1. 试分析汽车整车的二手车行业的电子商务应用为二手车企业的哪些业务带来了好处。与传统经营方式相比这些好处体现在什么方面？

2. 试分析在汽车零配件行业的电子商务应用为汽车零配件企业的哪些业务带来了好处。与传统经营方式相比这些好处体现在什么方面？

3. 试分析在汽车金融行业的电子商务应用为汽车金融企业的哪些业务带来了好处。与传统经营方式相比这些好处体现在什么方面？

4. 试分析在汽车经销商企业的电子商务应用为汽车经销商企业的哪些业务带来好处。与传统经营方式相比这些好处体现在什么方面？

同步训练

项目：建立二手车 QQ 营销群

实训目的：

- 了解二手车销售业务
- 理解二手车电子商务应用的具体模式
- 掌握二手车 QQ 营销

实训器材：

计算机、互联网

实训指导：

①通过网络下载腾讯 QQ 软件并安装在个人计算机上。

②建立以二手车为主题的 QQ 群。

③邀请 5 名同学加入 QQ 群作为客户。

④向群中上传 3 台二手车的资料，请群中客户下载资料并在群中洽谈。

第十章 汽车电子商务网站设计与建设

知识目标

- 了解网页设计软件 Dreamweaver 基本功能。
- 掌握网页 HTML（超文件标记语言）语言常用命令和使用方法。
- 理解 IIS（互联网信息服务的英文缩写）的基本功能和应用。

能力目标

- 能正确安装 Dreamweaver 软件，并创建站点文件。
- 能通过汽车网站格局的分析和需求规划网站的布局和内容。
- 能应用 Dreamweaver 和 HTML 编辑简易静态汽车网页。
- 能按网站的功能特点对汽车网站进行深入美化。
- 能在局域网和互联网网上发布网站，申请域名和虚拟空间。

重点与难点

- HTML 的表格与布局。
- IIS 的建站和发布。

第一节 网页设计基础

一、网页与网站基本概念

1. 网页（web）

网页，是网站上的某一个页面，其为一个纯文本文件，是向浏览者传递信息的载体，以超文本和超媒体为技术，采用 HTML、CSS、XML 等语言来描述组成页面的各种元素，包括文字、图像、音乐等，并通过客户端浏览器进行解析，从而向浏览者呈现网页的各种内容。

网页是一个纯文本文件，通过 HTML、CSS 等脚本语言对页面元素进行标识、然后由浏览器自动生成的页面。构建网页的基本元素包括文本、图像和超链接，其他元素包括声音、动画、视频、表格、导航栏、表单等。

目前，常见的网页有静态网页和动态网页两种。静态网页的 URL 通常以 htm、html、shtml、xml 等形式为后缀，而动态网页的 URL 一般以 asp、jsp、php、perl、cgi 等形式为后缀。从网页制作者使用的不同技术来看，也可以将网页分为 ASP、ASP. NET、JSP、PHP 等多个种类。

2. 网站（Website）

网站是指在互联网上，根据一定的规则，使用 HTML 等工具制作的用于展示特定内容的相关网页集合，其建立在网络基础之上，以计算机、网络和通信技术为依托，通过一台或多台计算机向访问者提供服务。平时所说的访问某个站点，实际上访问的是提供这种服务的一台或多台计算机。

网站是 Internet 发布和传播信息的计算机系统。一般地，网站是由网站的空间、文件、资源和地址组成。用户可以通过各种浏览器对其进行访问，网站通常是由许多网页组成的，网页组成网站的各个栏目。

3. Web 服务器

Web 服务器可以解析 HTTP 协议。通俗地讲，Web 服务器传送页面使浏览器可以浏览。确切地说，Web 服务器专门处理 HTTP 请求。在 Internet 上所浏览的各种网站，归根到底其实就是用浏览器打开存储于 Web 服务器上的网页文档及其他相关资源。

利用 Dreamweaver 网页设计软件，可以在本地计算机上创建出站点的框架，从整体上对站点全局进行把握。在站点设计完毕，可以利用各种上传工具，例如 FTP 程序，将本地站点上传到 Web 服务器上以形成 Web 站点，供广大用户浏览。

二、标记语言 HTML

（一）HTML 简介

一般在使用 Internet 上网时，透过浏览器所看到的网站，是由 HTML 语言所构成。HTML（超文件标记语言）是一种建立网页文件的语言，透过标记式的指令（Tag），将影像、声音、图片、文字等显示出来。其目的在于运用标记（Tag）使文件达到预期的显示效果。

HTML 是 WWW 的描述语言，不是程序设计语言，其只是标示语言，基本上只要明白了各种标记的用法便算学懂了 HTML。HTML 的格式非常简单，只是由文字及标记组合而成，在编辑方面，任何文字编辑器都可以，只要能将文件另存成 ASCII 纯文字格式即可，当然以专业的网页编辑软件为佳，比如主流的 Dreamweaver 或 FrontPage。HTML 语言是网页的基础，无论是静态、动态网页还是各种复杂形式的网页包括 XML、XHTML 等，形成页面后都可以表达成 HTML，或者都是由 HTML 演变进化而来。因此，掌握好 HTML 就是踏入了网页设计的门槛，意义非常重要。

1. HTML 标记的语法

①任何标记皆由“ < ”“ > ”括住，如 <P>。

②标记名与小于号之间不能留有空白字符。

③某些标记要加上参数，如 <font size = " +2" >Hello </font>，参数只可加于起始标记中。

④在起始标记之标记名前加上符号“/”便是其终结标记，如 </font>

⑤标记字母大小写皆可。

⑥标记按形态分为围堵标记与空标记。围堵标记以起始标记及终结标记将文字围住，令其达到预期显示效果。空标记是指标记单独出现，只有起始标记没有终结标记。

2. HTML 文件基本架构

<HTML> 文件开始

<HEAD>标头区开始

<TITLE>... </TITLE> 标题区

</HEAD>标头区结束

<BODY> ... </BODY> 网页主体内容区

</HTML> 文件结束

说明

<HTML>：网页文件格式；

<HEAD>标头区 ：记录文件基本资料，如作者、编写时间；

<TITLE> 标题区 ：标题须使用在标头区内，可在浏览器最上面看到标题；

<BODY>内容区 ：网页主体内容，即在浏览器上看到的网站内容。

(二) HTML 网页常用命令

HTML 网页常用命令格式和用途如表 10-1 所示。

表 10-1 HTML 常用标记

标　记	作　用
<HTML> </HTML>	文档标签，包含的是 HTML 文档
<HEAD> </HEAD>	提供文件整体资讯
<TITLE> </TITLE>	定义文件标题，显示于浏览顶端
<BODY> </BODY>	设计文件格式及内文所在
<! - - 注解 - - >	为文件加上说明，但不被显示
<P> </P>	为字、画、表格等之间留一空白行
 	令字、画、表格等显示于下一行
<HR>	插入一条水平线
<CENTER> </CENTER>	令字、画、表格等显示于中间
<DIV> </DIV>	设定字、画、表格等的摆放位置
<STRONG> </STRONG>	产生字体加粗的效果
<B> </B>	产生字体加粗的效果
<H1> </H1>……… <H6> </H6>	一级标题标记，变粗变大加宽，程度与级数呈反比
<FONT> </FONT>	设定字形、大小、颜色
<TABLE> </TABLE>	表格标记，设定该表格的各项参数
<TR> </TR>	表格列，设定该表格的列

（续）

标　　记	作　　用
<TD> </TD>	表格栏，设定该表格的栏
<FORM> </FORM>	表单标记，决定单一表单的运作模式
<INPUT>	输入标记，决定输入形式
<IMG>	图形标记，用以插入及设定图形属性
<A> </A>	连接标记，加入连接
<FRAMESET> </FRAMESET>	框架设定，设定框架
<MAP> </MAP>	影像地图名称，设定影像地图名称
<EMBED> </EMBED>	多媒体，加入声音、音乐或影像
<STYLE> </STYLE>	样式表，控制网页版面
<SPAN> </SPAN>	自订标记，独立使用或与样式表同用

三、网页制作工具 Dreamweaver

Web 页的制作不只是用一个工具、一个程序就能完成的，由于网页内容的多样化，需要对不同形式的对象进行编辑就需要用到不同的应用工具。网页又分为静态和动态两种。初期的网页都是静态的，一般只有文字，图形，图像等，用户只能被动地接收这些信息。因此，这一类 WEB 的服务仅限于提供大量的信息。而随着网络的发展，人们希望 WEB 能反馈用户所提交的信息要求，更有效率而准确地提供相关内容，使得用户与站点之间具有交互性。所以动态的网页利用 HTML 的表单收集用户信息，并把信息要求发送到服务器端，服务器根据具体的需要生成内容符合用户要求的内容，并按照动态页面指定的格式回送到客户端浏览器。动态页面数据处理的要求比静态页面强得多，所以仅用 HTML 是不能满足这种需求的。所以还必须要有编写动态网页的语言，例如 CGI、ASP、PHP 加上数据库等，这属于网页的高级应用。本书首先着重于开发静态网页的能力。

目前常用的网页设计工具有 InterDev，Dreamweaver 等。其中由 Macromedia 公司开发出来的 Dreamweaver 以其强大的操作功能和方便的操作，赢得了网页制作专业人士的青睐，成为专业制作网页的首选工具。Dreamweaver 是 Macromedia 公司开发的集网页制作和管理网站于一身的“所见即所得”网页编辑器，利用其可以轻而易举地制作出跨越平台限制和跨越浏览器限制的充满动感的网页。Dreamweaver、Flash 以及之后推出的针对专业网页图像设计的 Fireworks，三者被称为“网页三剑客”，几乎是每个网页设计者必须学习使用的工具套件。Dreamweaver CS3 工作界面如图 10-1 所示。

大致把其界面直观地划分为 8 个部分（除菜单栏）：文档窗口、插入工具栏、文档工具栏、状态栏、属性面板、结果面板、面板组、文件面板，对这 8 个部分具体的功能掌握后，对于 Dreamweaver 的基本使用方法便可以很快掌握。

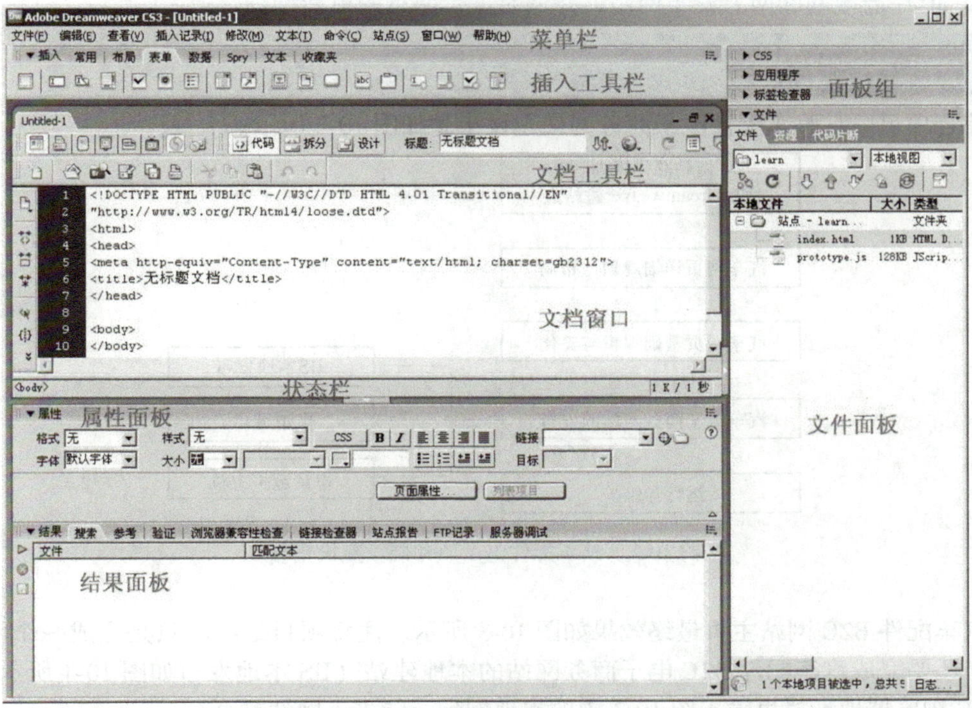

图 10-1　Dreamweaver CS3 界面

第二节　汽车网站建设综合项目总体说明

本章采用完成一个综合网站项目的任务来全面说明网站建设和网页设计的整体流程和详细步骤，并在各节的流程中贯穿实现。

一、项目描述

某汽车配件企业需建立电子商务 B2C 网站。其主要功能是配件宣传和信息发布，并实现网上配件交易，重点是交易功能。网站中涉及公司的汽车配件产品宣传与购买、汽车品牌列表和搜索功能等主题内容。

请按照公司的要求建立一个网站，实现公司形象的展示。

1）利用 Dreamweaver 软件设计一个汽车电子商务网站主页。

2）按公司网站的功能特点对汽车主页进行美化（暂不实现交易功能）。

3）在本地 IIS 中发布，并申请域名，在 Internet 中发布虚拟空间。

二、项目目标

1）能正确在 Dreamweaver 软件中创建站点文件。

2）能通过网站格局的分析和需求规划网站的布局和内容。

3）能通过 Dreamweaver 的可视化界面编辑简易静态页面，并细化美化。

4）能在局域网和网上发布网站，并适时进行网页的更新维护。

三、项目实现步骤

综合项目——汽车配件电子商务网站建设步骤如图 10-2 所示。

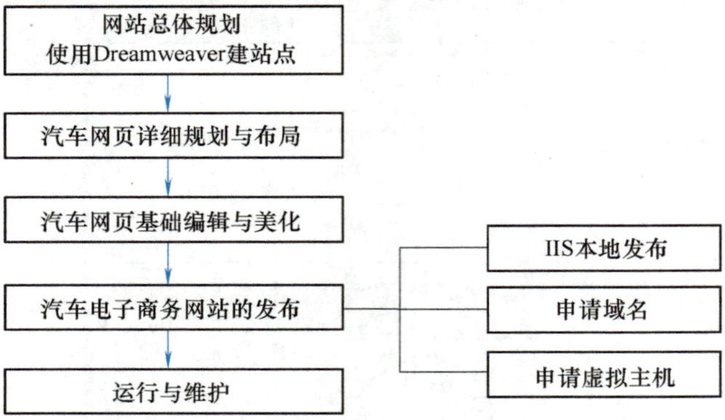

图 10-2　汽车配件电子商务网站建设步骤

汽车配件 B2C 网站主页最终效果如图 10-3 所示。注意项目最终不只是完成一个网站的设计，还要完成汽车配件 B2C 电子商务网站的本地建站（IIS 本地发布如图 10-4 所示），这样在 IE 浏览器地址栏里输入图 10-3 中的本地网址，能进入网站首页。

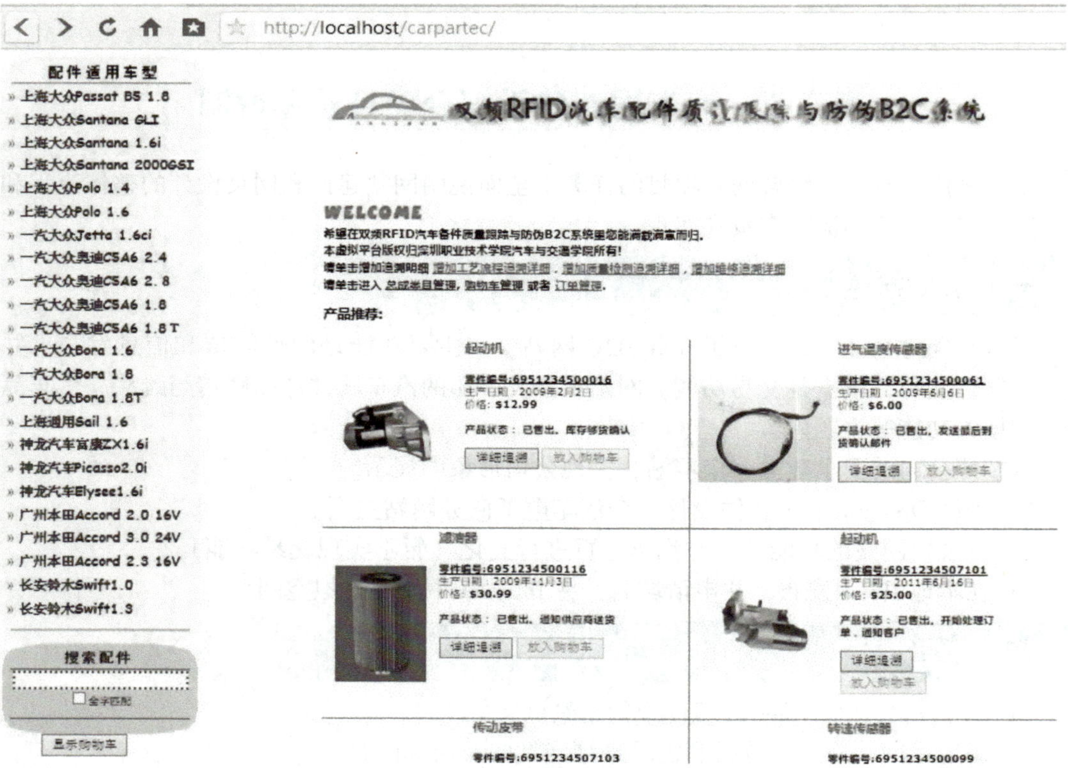

图 10-3　汽车配件 B2C 网站主页最终效果图

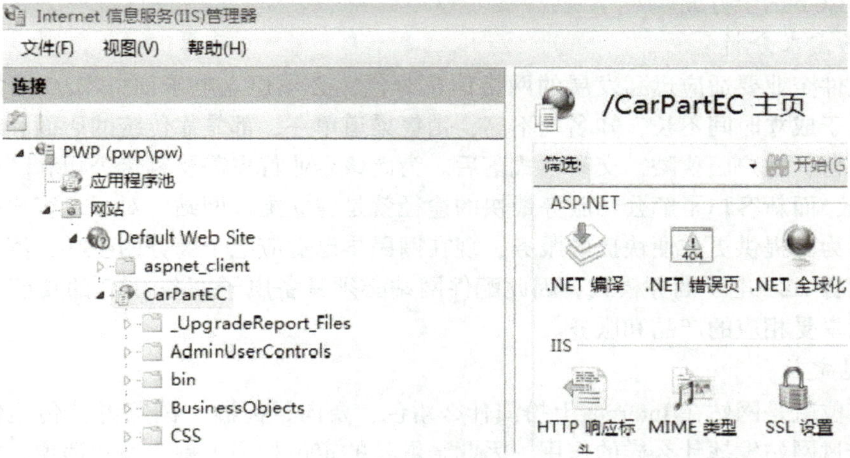

图 10-4 汽车配件 B2C 网站 IIS 本地发布

完成这个贯穿整章的综合项目，将熟练掌握静态网页设计和网站建设的技能，达到本章学习目标。以下为汽车配件 B2C 网站综合项目的详细实现。

第三节 汽车电子商务网页设计与实现

一、总体规划并建立汽车站点

（一）实施流程

汽车配件企业需建立电子商务 B2C 网站。其主要功能是配件宣传和信息发布，并实现网上配件交易。网站中涉及公司的汽车配件产品宣传与购买、汽车品牌列表和搜索功能等主题内容。那么现在如何根据企业要求进行网站站点的建立呢？项目工作可按照图 10-5 的流程进行。

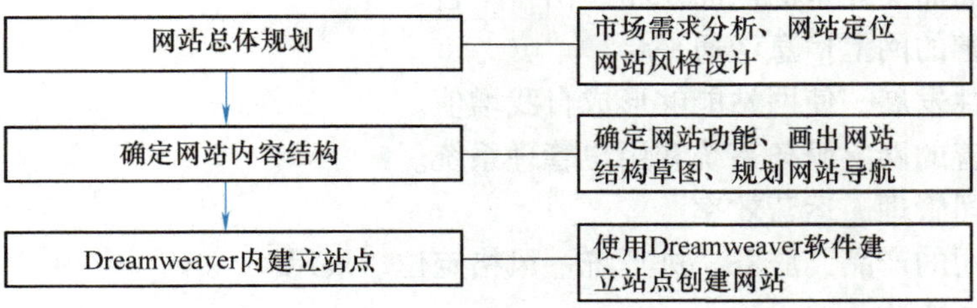

图 10-5 使用 Dreamweaver 软件建立站点实施流程

（二）网站总体规划

网站的总体规划与设计是网站建设的第一步。在这一步中需要对网站进行整体的分析，明确网站的建设目标，确定网站的访问对象、网站的风格等各方面的内容。这一步是网站建设成功与否的前提，因为所有的后续步骤都必须按照第一步的规划与设计来实施。网站的总体规划包含以下三个方面。

1. 市场需求分析

汽车配件企业要适应迅猛发展的网络信息时代，必须建立电子商务 B2C 网站。某配件销售企业由于成立时间不长，知名度不高，销售渠道单一，都是靠传统的店面和老客户维持配件销售经营，客户面狭隘，交易方式落后。为此该企业首先需要宣传公司和产品，并尽可能增加受众，而新客户了解公司服务最快的途径就是建立配件网站；对于老客户或较稳定的受众，需要为其提供更方便快捷的服务，现在网民早已适应电子商务的生活，汽车配件的特点又特别适合 B2C 电子商务模式，因此配件网站必须具备电子商务 B2C 的功能，让客户足不出户就能享受相应的产品和服务。

2. 网站定位

网站定位就是网站在 Internet 上扮演什么角色，要向目标群（浏览者）传达什么样的核心概念，透过网站发挥什么样的作用。因此，网站的定位相当关键，换句话说，定位是网站建设的策略，网站架构、内容、表现等都围绕这些定位展开。根据不同人群访问心理，本汽配企业的网站要达到以下几点要求。

1）网站管理员期望网站的后台管理功能强大、能够很方便地分配其栏目的会员管理权限。

2）网站内容维护员期望网站的后台栏目模块分布既详细又细致，这样维护起来会很方便快捷。

3）信息发布维护员期望网站有强大的信息发布管理平台，能对信息的发布、设置热点、添加图片等管理一目了然。

4）网站注册会员期望更多地了解公司的现状、规模、服务、政策、在线购买等服务，并且可以用“即时通”进行交流。

5）网站一般浏览者期望能很快地了解公司的背景、服务、现状、并能很快地找到自己感兴趣的内容并进行咨询和购买引导服务。

根据以上分析，某汽车配件公司网站定位如下。

1）结合国内外先进技术，树立某公司互联网文化新形象。

2）建立全面而又安全的商品发布、出售平台。

3）建立完善的网上信息沟通平台。

4）形成良性发展，使网站能够形成自我增值。

5）建立完善的网上服务系统和用户管理系统。

6）提高公司管理、运营效率。

7）整合公司的产品、服务，进行统一风格定位、展示。

3. 网站风格设计

风格是抽象的，往往无法用一个具体的物体来描述，其为用户对网站整体形象的一种感觉。这个整体形象包括网站标志、色彩、版面布局、交互方式、文字编排、图片、动画等诸多因素。

风格又是独特的，是网站最不同于其他网站的地方。统一的风格使用户无论处在网站的哪一个网页，都明确知道自己正在访问的是这个网站。比如微软公司的网站，任何一个网页都有微软特有的蓝色和 Microsoft 网站标志。

站点中的网页风格应该具有统一性，这样能够突出站点要表述的主题，也同时能够帮助用户快速了解站点的结构和浏览机制。网站风格的统一体现在两个方面，色彩在网页设计中统一和网站版式的统一。

（1）网页色彩的搭配　网站的色彩搭配通常分为两个步骤，第一步就是为整个网站选取一种主色调，然后再为主色调搭配多种适合的颜色。主色调指的是整个网站给人印象最深的颜色，或者说除白色之外用得最多的颜色。

不同的颜色给人的感受是不一样的，所以主色调选取的一个最基本原则就是保证所选的颜色与网站的主题或者形象相符，能够通过这种颜色加深用户印象。

选好主色调之后，接下来要考虑的就是在什么地方使用主色调。主色调最常表现在三个位置，首先是顶部，也就是网页最上面的部分，通常包含导航条。顶部是最能体现主色调的地方，所以所有的网站都会在顶部表现主色调。其次是栏目索引条上，栏目索引条虽然面积小，但是出现在网页的各个部位，所以能非常有效地渲染主色调。最后是网页上的文字，文字笔画虽细，但大面积的文字也能很好地突出主色调。接着要考虑的是别的地方使用什么颜色去搭配这种主色调，比如背景色、文字颜色、导航条颜色、插图颜色等都使用什么颜色。色彩搭配是一项非常精细的工作，因为往往一个细节就会影响整个网页的色彩均衡。色彩搭配没有固定的模式与步骤，但是如果从大面积用色到小细节去搭配颜色，会使得这项工作更轻松一些。

不同的网站有着自己不同的风格，也有着各种不同的颜色。在现代企业中，公司的 CI（Corporate Identity，企业形象）形象显得尤其重要，每一个公司的 CI 设计必然要有标准的颜色。网站的内容、主题和企业本身已确定的 CI 系统都与网站配色方案关系紧密。比如新浪网的主色调是一种介于浅黄和深黄之间的颜色，其形象宣传、海报、广告使用的颜色都和网站的颜色一致。

结合汽车配件冷金属风格，本实例采用常用公司色的方式（图 10-8），整体网页主色调为白、黑、蓝。

（2）版面风格布局　网站分为很多不同的网页，比如主页、栏目首页、内容网页等，不同的网页需要不同的版面布局。网站的所有网页组成的是一个层次型结构，每一层网页都需要建立到下一层网页的超链接索引，所以网页所处的层次越高，网页中的内容就越丰富，网页的布局就越复杂。但众多的网页如果结构过于分散，读者会有视觉和心理上的疲劳。因此网站在版面布局上要保持统一风格，切忌杂乱无章。

网站在版面布局上的另一个特点，就是从网站层次型结构的顶层主页到最底层的内容网页，版面布局不断简化。如果将这个特点反过来，便得到了网站在进行版面布局设计时应采用的原则，那就是首先对主页进行版面布局，然后在主页布局的基础上对栏目首页进行版面布局，最后对内容网页进行版面布局。

可见，一个网站的布局风格要满足两个要求：①网站里面众多类型的网页布局风格要保持一致；②顶层主页到最底层的内容网页的版面布局不断趋于简化。如图 10-6 所示为设计的汽配网站网页主体风格，主页和各内页的风格既保持基本一致，同时又在趋于简化，其中主页是结构和内容最复杂的。

采用了统一的网站风格后将充分体现某汽车配件企业的形象，在框架布局编排、色彩搭配甚至 Flash 动画的适当穿插都做到恰到好处，使整个网站在保证功能的前提下给使用者带

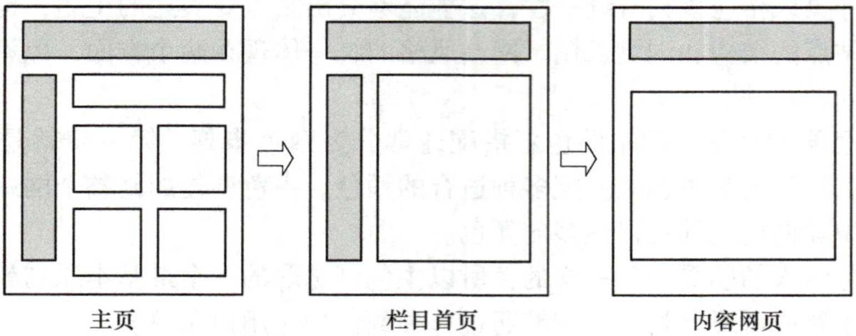

图 10-6　汽配网站网页主体与内页结构风格

来良好的视觉享受和精神愉悦感。

（三）确定网站内容结构

1. 画出网站结构图

根据某汽配企业对网站的要求，网站中必须涉及公司的产品介绍、后台管理、B2C 交易、订单管理等主题内容。经过分析，需要四个内页网页来展示这个网站的主题，结构如图 10-7 所示。

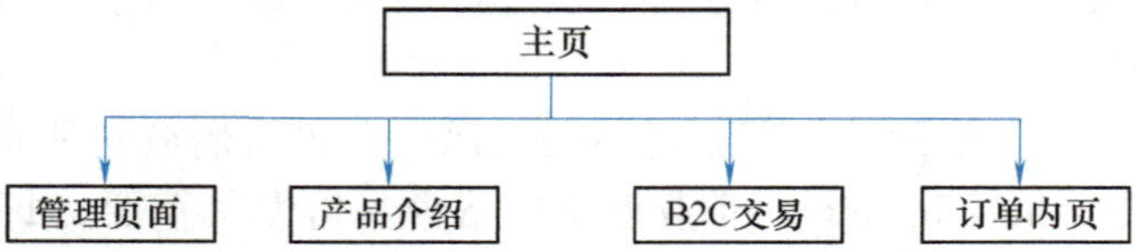

图 10-7　网站结构图

主页最终效果如图 10-3 所示，四个内页最终需完成网页设计。其中管理页面最终效果如图 10-8 所示，产品页面介绍最终效果如图 10-9 所示，B2C 交易页面最终效果如图 10-10 所示，订单内页最终效果如图 10-11 所示。

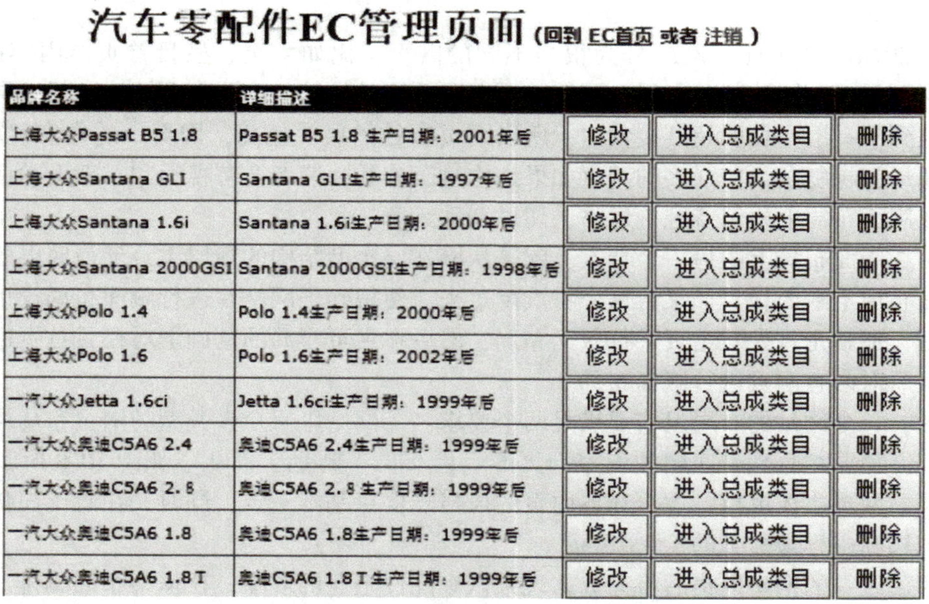

汽车零配件EC管理页面（回到 EC首页 或者 注销）

品牌名称	详细描述			
上海大众Passat B5 1.8	Passat B5 1.8 生产日期：2001年后	修改	进入总成类目	删除
上海大众Santana GLI	Santana GLI生产日期：1997年后	修改	进入总成类目	删除
上海大众Santana 1.6i	Santana 1.6i生产日期：2000年后	修改	进入总成类目	删除
上海大众Santana 2000GSI	Santana 2000GSI生产日期：1998年后	修改	进入总成类目	删除
上海大众Polo 1.4	Polo 1.4生产日期：2000年后	修改	进入总成类目	删除
上海大众Polo 1.6	Polo 1.6生产日期：2002年后	修改	进入总成类目	删除
一汽大众Jetta 1.6ci	Jetta 1.6ci生产日期：1999年后	修改	进入总成类目	删除
一汽大众奥迪C5A6 2.4	奥迪C5A6 2.4生产日期：1999年后	修改	进入总成类目	删除
一汽大众奥迪C5A6 2.8	奥迪C5A6 2.8生产日期：1999年后	修改	进入总成类目	删除
一汽大众奥迪C5A6 1.8	奥迪C5A6 1.8生产日期：1999年后	修改	进入总成类目	删除
一汽大众奥迪C5A6 1.8T	奥迪C5A6 1.8T生产日期：1999年后	修改	进入总成类目	删除

图 10-8　汽车配件 B2C 网站管理页面最终效果图

图 10-9　汽车配件 B2C 网站产品介绍页面最终效果图

图 10-10　网站 B2C 交易页面最终效果图

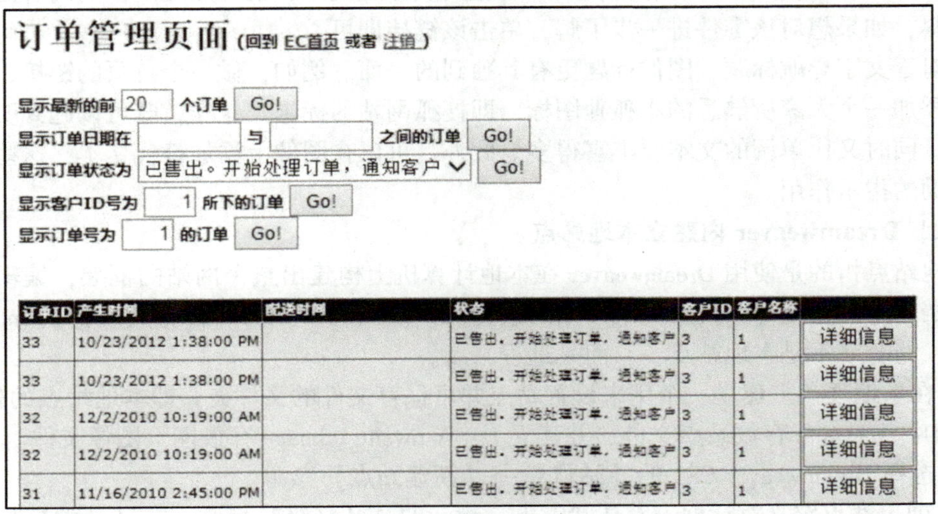

图 10-11　汽车配件 B2C 网站订单管理页面最终效果图

主页和内页的最终效果如图 10-11 所示，下面需要按照后续步骤逐步完成。

2. 确定网站内容和功能

一般来说，网站都有几个主要的栏目，这些栏目是网站的核心内容，体现了网站的核心价值。合理的栏目安排，可以使网站的作用更大，效率更高，使浏览网站的用户更方便、直接地浏览到自己所需要的内容。

（1）主页　主页是浏览者上网之后所看到网站的第一个内容，它是网站的门面。一个好的首页会给访问者留下很深刻的印象，并吸引他对站点内容的进一步浏览。本网站以简单明快的理念为基础，网站的首页不会设计很繁复的内容，而是简单大方地展示出本网站的最功能，即产品展示和交易。

（2）管理页面　提供汽车配件的各个车系资料，包括一汽大众、上海通用等品牌车型和类别，并提供后台管理编辑功能。

（3）产品介绍　提供汽车配件的基本情况，包括配件生产日期、零件编号、产品状态、价格等。详细地为浏览页面的客户提供全面的零件指南。

（4）B2C 交易　网站最主要功能是提供 B2C 交易功能，所以需要完整的购物流程网页，包括购物车和支付等。

（5）订单内页　当交易完成后，管理员和客户可登录查看订单最新状态和完成情况。

备注：本实例只提供静态网页实现功能，动态的 B2C 交易功能由于涉及的专业网络和计算机知识较多，暂不细述。

3. 规划站点的导航

一个优秀的站点，应该具有明确的导航系统，避免使用户在页面上迷失方向，找不到自己想要浏览的内容。在规划站点的导航时，应做到以下几个方面。

（1）返回首页链接　一般在站点的每个页面上都有首页的链接，方便用户回到开始的地方，寻找新的导航目标。同时，当用户在页面上迷失方向时，可以返回首页，重新开始。

（2）导航标题明确　导航标题文字或图像具有明确的导航指示作用，标题性文字一般是页面内容的概括，例如零件详情，用户一看到该标题文字，就可知道链接的内容是零件的详细资料，如果想对该零件进一步了解，单击该链接即可。

相对于文字导航标题，图像标题更有其独到的一面。例如，做一个首页的链接，设计者往往是添加一个大家所熟悉的小狐狸图标，即搜狐网站的标志。这样，既可以起到明确的导航作用，同时又比单调的文本要丰富得多。此外，可以在图像上添加替代文本，这些文本可起到辅助的指示作用。

（四）Dreamweaver 内建立本地站点

本地站点指的是使用 Dreamweaver 在本地计算机上构建出整个网站的框架，编辑完整相应的文档，并在本地计算机上完成网站的运行测试。当测试成功后再将其放置到 Interent 服务器上，这时就不是本地站点了，而是远程站点。

1）在本地硬盘上建立一个用来设置站点并可保存文件的文件夹，即本地站点的根目录。如建立 D：\ mysite 存放站点文件，并建立 D：\ mysite \ image 存放网页图像文件。

2）选择 Dreamweaver CS3 的【站点】→【新建站点】菜单。

3）弹出站点定义对话框，默认状态下，激活的是【高级】标签，在【分类】列表中选择【本地信息】。

4）在【站点名称】文本框中输入网站名称，网站名称显示在【文件】面板中的下拉列表中。站点名称可以是用户自定义名称，其名称不会在浏览器上显示，只用于参考和辨认，如命名为 TEST。

5）单击文本框后面的【浏览文件】按钮，在打开的【选择站点本地根文件夹】对话框中选择本地站点文件，单击【确定】按钮完成目录设置，或者直接在文本框中输入站点目录和文件夹名称。

6）【默认图像文件夹】用来指定站点默认的图像存放文件夹的位置，在此选择 D：\ mysite \ image 为存放网站图像的文件夹。

7）在【链接相对于】单选按钮选项中选择文档。

8）在【HTTP 地址】文本框中输入完整的 URL，以便于检验网站的绝对 URL 链接。

9）勾选【缓存】前面的复选框。

10）设置完毕，单击【确定】按钮，返回设计视图。

11）选择菜单【窗口】→【文件】命令，打开【文件】面板，刚才建立的站点名称及站点中的文件都显示在文件面板中。

12）选择【文件】→【新建】命令，打开【新建文档】对话框，创建新的空白文档（首页），单击【创建】按钮，选择【HTML】，创建一空白文档。执行【文件】→【保存】命令，为网页命名，保存网页。在此将网页命名为 index. html。

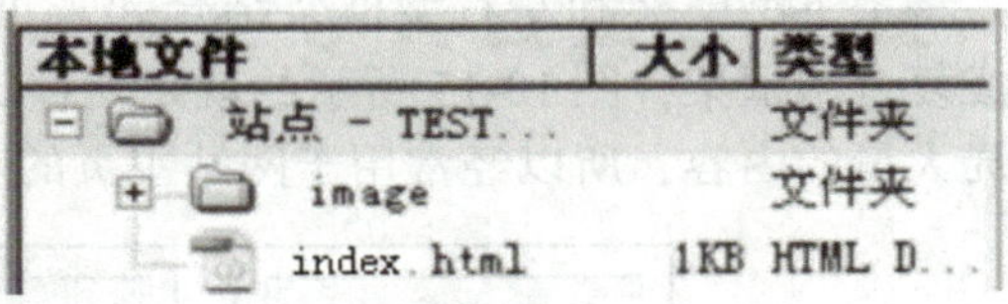

图 10-12 【文件】面板中保存的文件

建立好主页后，重复步骤 12，建立多个内页，完成网站文件搭建。【文件】面板中保存的文件如图 10-12 所示。

二、汽车配件网页详细规划与布局

（一）实施流程

汽车配件企业需建立电子商务 B2C 网站。其主要功能是配件宣传和信息发布，并实现网上配件交易。网站中涉及公司的汽车配件产品宣传与购买、汽车品牌列表和搜索功能等主题内容。那么根据项目要求，需对网页进行详细规划与布局，该项目工作可按照下面的流程进行，如图 10-13 所示。

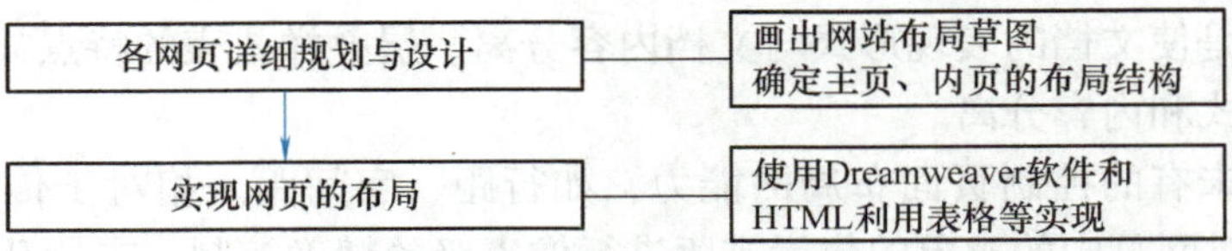

图 10-13 网页详细规划与布局流程

（二）网页详细规划与设计

1. 网页的布局结构

网页的布局就是将网页中的文字、图片、表格、标单、导航条、Flash 等这些网页的素材以一定的结构方式有效地排列起来。在对网页进行布局设计时，应遵循对称平衡、异常平衡、对比、凝视和空白等原则。

因为不同的用户可能使用不同的显示器和网页浏览器，所以在设计版面布局之前，首先要做的就是确定这个网页主要面向哪种配置，即主要在哪种分辨率下进行显示，是面向800×600还是面向1024×768，或者更高。1024×768是主流的分辨率模式，本实例也将1024×768作为客户主流配置。

常见的网页布局结构包括上下型框架布局、左右型框架布局、复合框架布局、T型布局、“三”型布局、对比布局和POP布局等。

最简单的是图10-14所示的左右型框架和上下型框架。这种框架一般有大小两块区域，其中一块较大的区域放置网页的主体内容，其通常占据整个屏幕的五分之四。而另一块较小的区域通常放置的是网站标志和导航条。

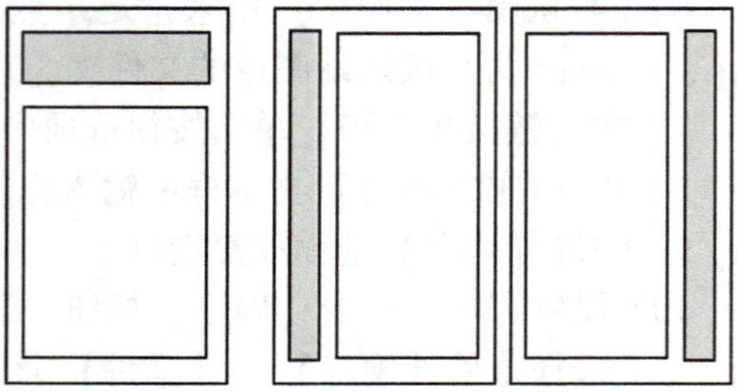

图10-14　左右型框架和上下型框架

将上下型框架和左右型框架结合起来可以形成复合型框架，图10-15所示的就是几种比较常见的复合型框架。复合型框架非常适合于布局大量的内容，所以经常用于网站主页的版面布局。

图10-15　复合型框架

2. 网页的布局方法

通常网页的布局有三种方法：层叠样式表布局、表格布局和框架布局。

（1）层叠样式表布局（CSS）　层叠样式表是用于管理出版物外观（背景、字体、颜色等）的一种方式，能够完全精确地定位文本和图片，可以管理一个页面乃至一个庞大的文档集，其实质是使文档的表现形式与文档内容分离。层叠样式表的特点如下。

①可以将格式和内容分离。

②拥有前所未有的控制页面布局的能力，如行距、字间距。相对于传统HTML的表现而言，CSS能够对网页中的对象的位置排版进行像素级的精确控制，支持几乎所有的字体字号样式，拥有对网页对象和模型样式编辑的能力。

③可以制作体积更小，下载速度更快的网页。

④可以将许多网页同时更新，比以前更快更容易。

⑤浏览器的界面更友好。

CSS规则定义8种模式的使用区域：类型、背景、区块、方框、边框、列表、定位和扩展，这些类型分别对应着 CSS 语言的不同语法。

(2) 表格布局　其优势在于能对不同的对象加以处理，而又不用担心不同对象之间的影响。

表格在网页设计中的地位非常重要。表格是将一定的内容按特定的行、列规则进行排列而构成的。网页设计者将表格作为控制页面布局最有力的工具，这是因为表格在内容的组织、页面中文本和图形的位置控制方面都有很强的功能，如果不能熟练掌握表格的运用，就不可能设计出出色的网页。无论在日常生活和工作中，还是在网页设计中，表格通常都可以使信息更容易理解。

对于初学者，这是最常用和好用的方法。网页布局也采用这种方法。

(3) 框架布局　其为一种 HTML 对象，功能如同表格布局一样，把不同的对象放置到不同页面加以处理。框架布局由于兼容性、灵活性较差和局限性，现在已经比较少用。

3. 单一网页的布局草图

无论是主页、栏目首页还是内容网页，作为网页本身，在进行单个网页的版面布局时所采用的步骤和方法都是一样的。需要规划好每个网页的基本结构并画出草图（注意不是网站的内容结构，是单一网页的布局结构）。

前面根据汽车配件网站中涉及公司的产品介绍、后台管理、B2C 交易、订单管理等主题内容，可以确定一个主页和四个内页。

下面对首页（index. html）的布局进行规划和绘制：主体采用复合型结构，采用表格布局页面。左上方放置汽车配件的各种适用品牌车型，左边中间放搜索工具栏和购物车按钮；主页的名称及公司标志放在右上方，中间放网页的导航菜单，下边放网页主体即各种配件的产品信息、交易状态及按钮；网页最下方设置版权信息（图 10-16）。

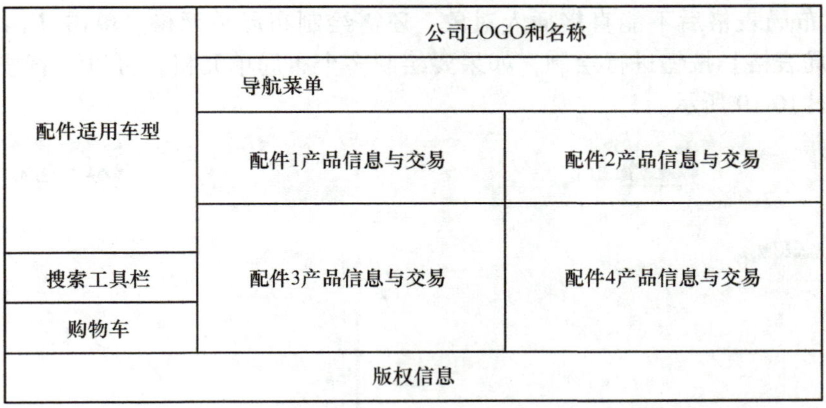

图 10-16　汽车配件 B2C 主页布局草图

内页的草图根据各网页的特点和内容按照主页类似的思路和流程布局绘制。下面根据草图在 Dreamweaver 中具体实现首页的布局。

(三) 在 Dreamweaver 实现网页布局

上面已经介绍了网页布局的三种方法。其中表格是最常用的工具之一，表格在网页中不仅可以排列数据，还可以对页面中的图像、文本、动画等元素进行准确的定位。在 Dreamweaver 中可使用两种表格布局方法实现对网页布局：正常插入表格进行布局、使用表格布局模式布局。这两种方法都可以实现网页的任意形状布局。由于篇幅所限，这里重点介绍使用表格布局模式的方法。

在表格布局模式中，可以在页面上方便地绘制布局单元格，灵活地将这些单元格移动到所需的位置，还可以创建固定宽度的布局和自动伸展为整个浏览器窗口宽度的布局，从而减少了烦琐的参数设置与定义。

1）打开 Dreamweaver CS3 中的首页 index. html，执行【查看】→【表格模式】→【布局模式】命令，切换到布局模式，同时弹出【从布局模式开始】对话框。该对话框中显示使用布局模式的一些相关信息。

2）选择【插入】面板→【布局】工具栏中的【布局表格】按钮或者【布局单元格】按钮，如图 10-17 所示，光标变成形状。

图 10-17　【布局】面板

3）在需要绘制表格的位置上拖拽鼠标即可创建布局表格或布局单元格。需要注意的是，布局单元格不能存在于布局表格之外，如果绘制的布局单元格不在布局表格中，Dreamweaver CS3 会自动创建一个布局表格作为该单元格容器。

4）每个表格的顶端都有布局表格标签，以帮助用户区分和选择。绘制完一个布局表格后，可以在该表格中拖拽嵌套绘制新的布局表格，但嵌套的布局表格大小不能超过包含它的布局表格，如图 10-18 所示。

5）绘制布局表格后不能直接插入对象，还需绘制布局单元格。单击【插入】→【布局】→【布局表格】按钮进行绘制，如果要绘制多个布局单元格，可以一直按住 Ctrl 键进行拖拽，如图 10-19 所示。

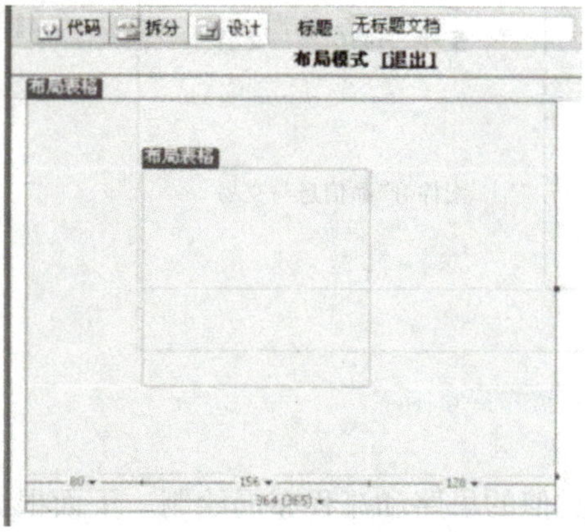

图 10-18　嵌套布局表格视图

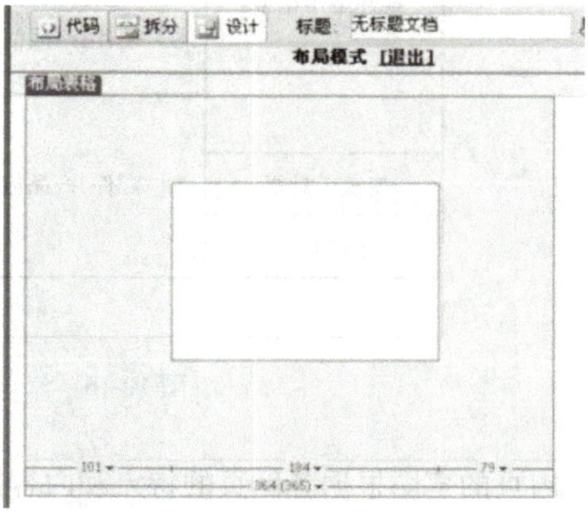

图 10-19　布局表格视图

6）可以任意移动布局表格中的布局单元格和嵌套布局表格，但不能超过其上一层范围。选中布局表格或布局单元格，拖动控制手柄即可调整。

7）设置布局参数：执行【编辑】→【首选参数】命令，弹出【首选参数】对话框，选择左侧的【布局模式】选项，如图 10-20 所示。

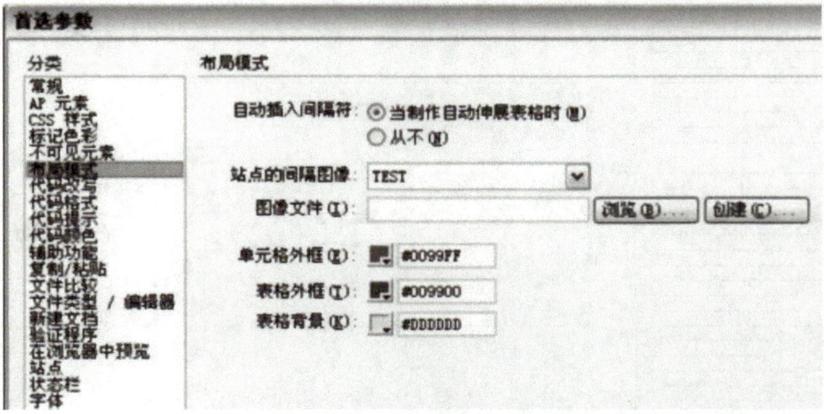

图 10-20　【首选参数】对话框

8）设置布局表格属性：单击布局表格任意位置，选中布局表格，在【属性】面板中设置布局表格属性，如图 10-21 所示。

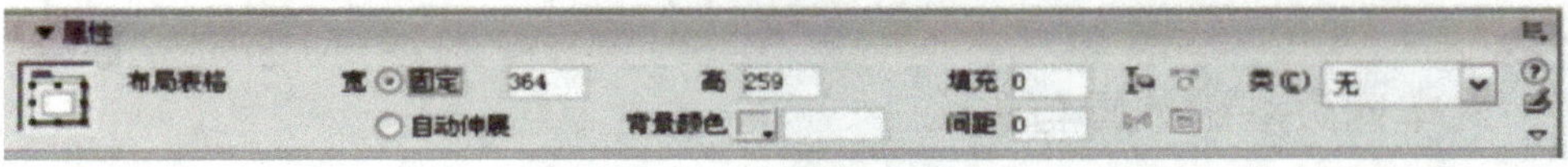

图 10-21　表格【属性】面板设置

【宽】双击按钮：选中【固定】项，在文本框中输入以像素为单位的宽度值，表格设置为绝对宽度。选中自动伸展项，布局表格宽度会自动延伸。

【高】文本框：设置以像素为单位的表格高度值。

【背景颜色】文本框：设置布局表格的背景颜色。

【填充】文本框：设置布局表格中的布局单元格边框与内容之间的间隔，单位为像素。

【间距】文本框：设置表格中布局单元格之间的间隔，单位为像素。

9）设置布局单元格属性：单击布局单元格任意位置，选中布局单元格，在【属性】面板中设置布局单元格属性，如图 10-22 所示。

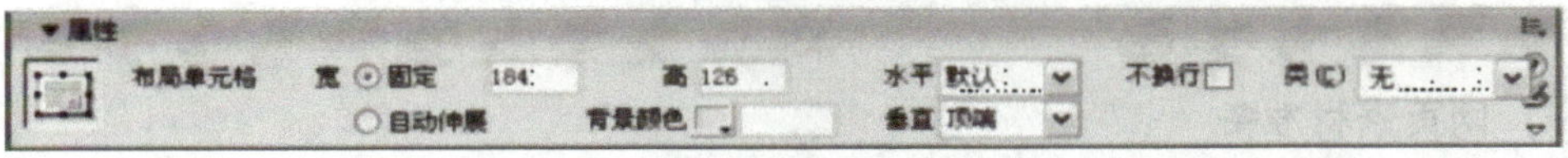

图 10-22　单元格【属性】面板设置

【宽】双击按钮：选中【固定】项，文本框中输入以像素为单位的宽度值，单元格设置为绝对宽度。选中自动伸展项，布局单元格宽度会自动延伸。

【高】文本框：设置以像素为单位的布局单元格值。

【背景颜色】文本框：设置布局单元格的背景颜色。

通过表格工具布局后，根据首页的草图 10-16 和预计最终效果图 10-3，本项目的首页布局框架如图 10-23 所示。

图 10-23　汽车配件 B2C 首页表格布局

三、汽车网页基础编辑与美化

汽车配件企业需建立电子商务 B2C 网站。其主要功能是配件宣传和网上配件交易。现在已经把网页的框架搭建好了，那么如何根据项目要求进行网页的编辑美化和内容填充呢？项目工作可按照图 10-24 中的流程进行。

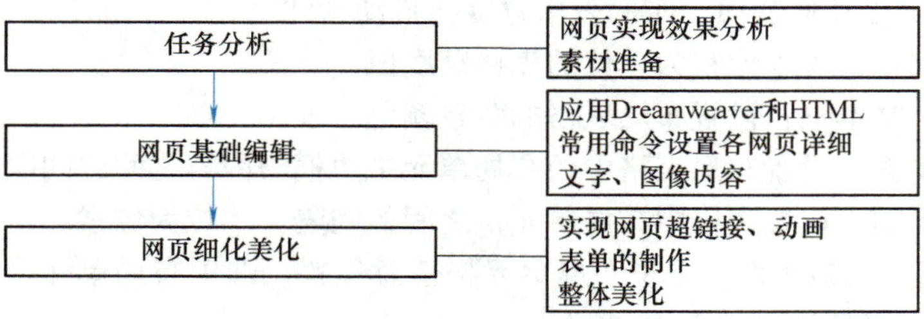

图 10-24　汽车网页基础编辑与美化流程

（一）网页素材准备

文本与图像是网页制作中最重要的两大元素。文本组成了大部分网页的结构；而图像在页面中的恰当运用，不仅使得网页更加美观，而且令网页表达信息更加直观，吸引了浏览者。文本、图像、flash、视频等构成了网页素材。当网页的框架搭建好了，就需要准备好符合条件的各种网页素材填充到网页结构中去。网站素材的选择与制作，是网页设计的重要一步。

网页制作素材的搜索需要平时的积累。在网站素材的选择时，应该注意细节上的处理。

一个好的网站，在给人以视觉冲击感的同时，会给人以细腻的感觉。在素材准备中要注意以下几点。

1）文本在页面中都以行或者块（段落）的形式出现，其摆放位置决定着整个页面布局的可视性。

2）准备按钮及按钮图片。根据需要到网上或素材光盘中收集，有些图片、按钮要自己利用图像处理软件制作，注意图片文件要尽可能小。

3）对图片、文字、视频等资料分别分类整理。例如，网站根文件夹下 images 文件夹存放网页界面图片（图片类型为 jpg、jpeg、gif、png），pic 文件夹存放照片素材，flash 文件夹存放动画素材。

4）所有素材的文件名最好是非中文字符，并且要做到看到文件名就知道是哪张图片。

（二）网页基础编辑

当素材准备好后，就可将其填充到用表格布局的空白网页框架图 10-24 中。空白表格布局中，需要在指定的位置放置合适的文字、图片、超链接、flash、视频、表单等素材。其中插入文字和图片是基础性编辑工作。

表格是由表格、行或列、单元格等元素组成，每一层级有固定的控制域，要对指定位置编辑，就要先选择好表格元素。

1. *在表格中选择编辑区域*

（1）选择整个表格　选择整个表格的方法有很多，这里介绍一种。移动鼠标指针到表格的左上角，当鼠标变为⊞形时，单击鼠标即可选中整个表格；或者在表格的单元格内边框、表格右边缘或者下边缘，当光标变为平行线光标时单击鼠标，选中整个表格。

（2）选择表格的行或列　选择表格的行或列的方法如下。

1）选择单列或行。将光标置于行的左边缘或者列的顶端，出现选择箭头时单击鼠标，选中该行或列，单击并拖动，可选择连续的多行或多列，如图 10-25 所示。

2）选择多列或行。将光标置于表格的任意单元格，平行或向下拖拽光标可选择连续的多行或多列，如图 10-26 所示。

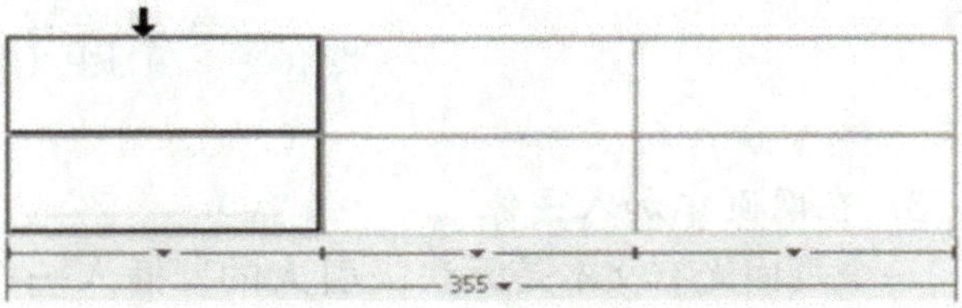

图 10-25　选择单列视图

（3）选择单元格　选择单元格有以下三种方法。

①将光标置于单元格中，按 Ctrl + A 或 Ctrl +［组合键］，或执行【编辑】→【选择父标签】命令，可选中单元格。

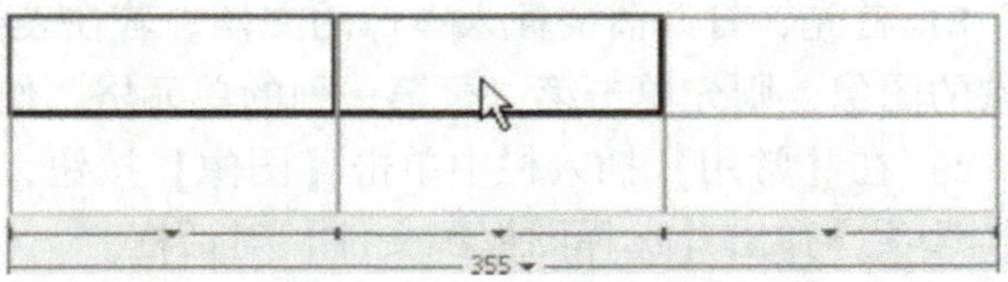

图 10-26　拖选多列视图

②将光标置于单元格中，在编辑窗口左下角标签选择栏中单击 <tr> 标签。

③按住 Ctrl 键的同时可以选择多个连续或者不连续的单元格。

2. *在网页中加入文字*

文本是网页中最常见也是运用最广泛的元素之一，是网页内容的核心部分。在网页中加入文本与在 Word 等文字处理软件中添加文本一样方便，可以直接输入文本，也可以从其他文档中复制文本，还可以插入水平线和特殊字符等。

对于插入的文本，可以进行相应的编辑，使枯燥的文本更显生动。编辑文本的操作主要指设置文本的基本格式，例如文本字体、字体颜色、对齐方式等。设置文本格式，可以使文本更加条理清楚、主次分明。可以在文本的属性面板中进行相应的设置，完成文本格式的设置。

在本项目主页中（图 10-23），从空白的网页框架中选择合适的表格单元格编辑区域，插入文本后效果如图 10-27 所示。

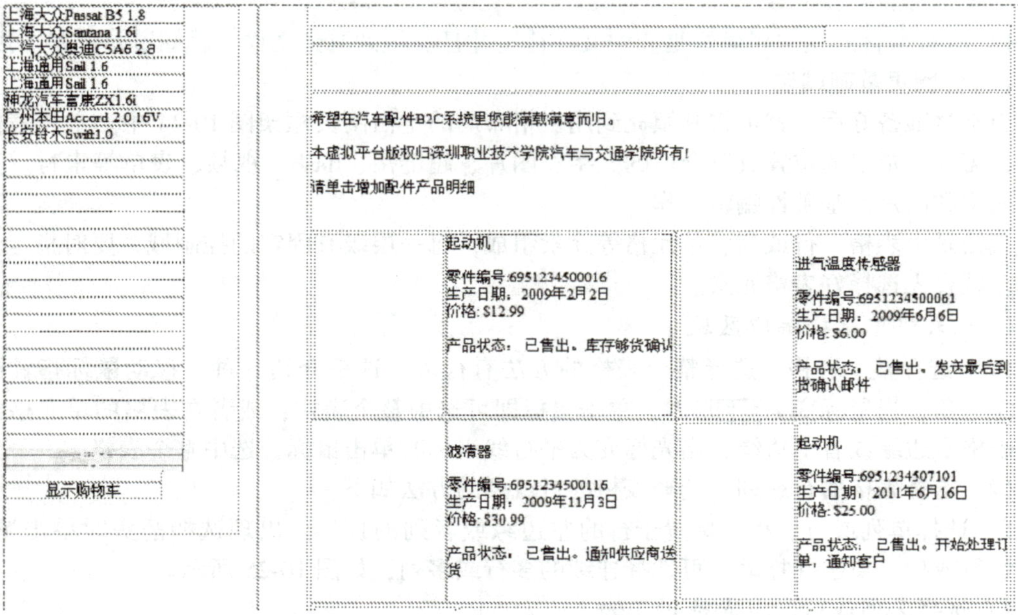

图 10-27　项目主页中插入文本

3. 在网页中加入图像

一个页面光有文本是无法吸引人的，插入一幅图片可以使页面更加生动，图文并茂。Dreamweaver 中常用的图片格式有 gif、jpg、png。为了保持良好的制作习惯，在站点文件夹 D：\ mysite 下建立一个名为 image 的文件夹，将网页中需要的图片都放在这个文件夹下。

1）首先，打开需要插入图像的文档。若在表格的第一行第一列的单元格插入 400 × 240 像素的图像，则先单击第一行第一列的单元格，使插入点位于单元格内。

2）在【常用】插入栏中单击【图像】按钮，如图 10-28 所示，在弹出菜单中选择【图像】选项，弹出【选择图像源文件】对话框。

图 10-28　【图像】按钮

3）在【选择图像源文件】对话框中，先确认【相对于】是否指定为【文档】，然后选中合适的图像文件，单击【确定】按钮即可在网页中插入图像。

4）当要编辑已插入的图像时，单击图像的底部、右侧及右下角会出现调整手柄，或者单击【标签选择器】中的图像标记 < img >，如图 10-29 所示。拖动右侧的手柄，可调整元素的宽度；拖动底部的手柄，可调整元素的高度；拖动右下角的手柄，可同时调整元素的宽度和高度。如果同时按住 Shift 键，则可等比例调整图像大小。

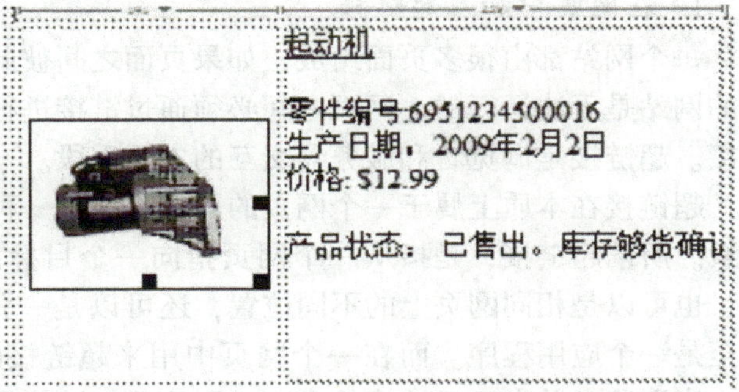

图 10-29　图像选择编辑

当文字和图片都插入后，需要将图文排列整齐。该列表可以实现多种图文对齐方式。图像属性面板中的【对齐】下拉列表可以实现多种图文对齐方式。图文混排时，还可以控制图像和文本的间距。选中图像，在图像属性面板中的【垂直边距】和【水平边距】文本框中输入数字，其中【垂直边距】沿图像的顶部和底部添加边距，【水平边距】沿图像左侧和右侧添加边距。

在本项目主页中（图 10-27），从已插入文字的网页框架中选择合适的编辑区域，插入图像并进行图文混排后效果如图 10-30 所示。

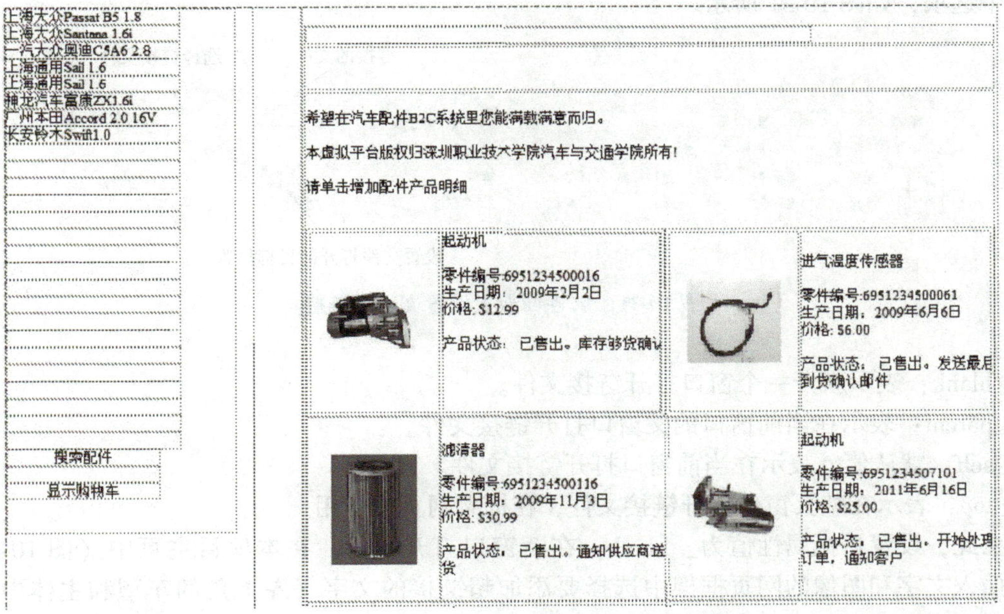

图 10-30　主页中插入图像

（三）网页细化美化

在首页的空白表格布局中，已经在指定的位置放置合适的文字、图片，网页的基本内容已完成。接下来的网页细化、美化主要涉及超链接、多媒体如 flash、交互式表单、整体美化等知识点。

1. *在网页中加入超链接*

每个网站都由很多页面组成，如果页面之间彼此是独立的，那么网页就好比是孤岛，这样的网站是无法运行的。网页之间必须通过链接进行联系，不同网站间也可以通过超链接相连接。超链接是浏览者和服务器交互的主要手段。

超链接在本质上属于一个网页的一部分，是一种允许同其他网页或站点之间进行连接的元素。所谓超链接，是指从一个网页指向一个目标的连接关系，这个目标可以是另一个网页，也可以是相同网页上的不同位置，还可以是一张图片，一个电子邮件地址，一个文件，甚至是一个应用程序。而在一个网页中用来超链接的对象，可以是一段文本或者是一张图片。当浏览者单击已经链接的文字或图片后，链接目标将显示在浏览器上，并且根据目标的类型来打开或运行它。网页超链接主要有五类：文本超链接、图像超链接、锚点链接、E-mail 链接和图形热点链接。

这里主要介绍创建文本超链接，其他类型的超链接的使用方法类似。

要创建文本超链接，首先选中要设置超链接的文本，在属性面板中单击链接文本框右侧的文件夹图标，打开选择文件对话框，选择要链接的文件，单击确定按钮，即可将文件添加到链接文本框中。也可以在链接文本框中输入链接的 URL 地址。

在页面上点一下，取消文字选中状态，这时看到加链接文字变为蓝色，并且带下划线。将光标定位在链接文字中，在属性面板上可以看到其链接文件，单击目标列表框，可以看到有四个选项，如图 10-31 所示。

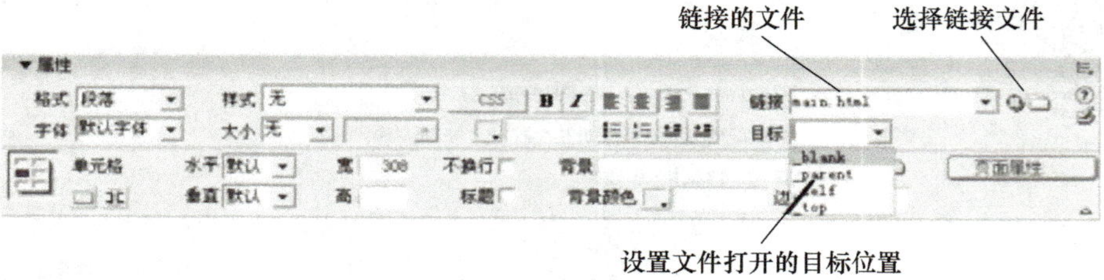

图 10-31　属性面板上设置文字超链接

_blank：表示新开一个窗口打开链接文件。

_parent：表示在当前窗口的父窗口打开链接文件。

_self：默认值，表示在当前窗口打开链接文件。

_top：表示在整页窗口打开链接文件，在框架网页中使用。

在此，设置目标属性值为_ blank，在新窗口打开页面。在本项目主页中（图 10-30），从已插入文字和图像的网页框架中选择要添加超链接的文字（左上角的车型和主体中的零件名称），插入超链接后效果如图 10-32 所示。

2. *在网页中加入多媒体*

网页中的多媒体使网页元素更加生动丰富，网页常见的多媒体包括 Flash、视频、音频等。多媒体在 Dreamweaver 中的插入方法类似，这里以 Flash 为例，将做好的动画 CE. swf 文

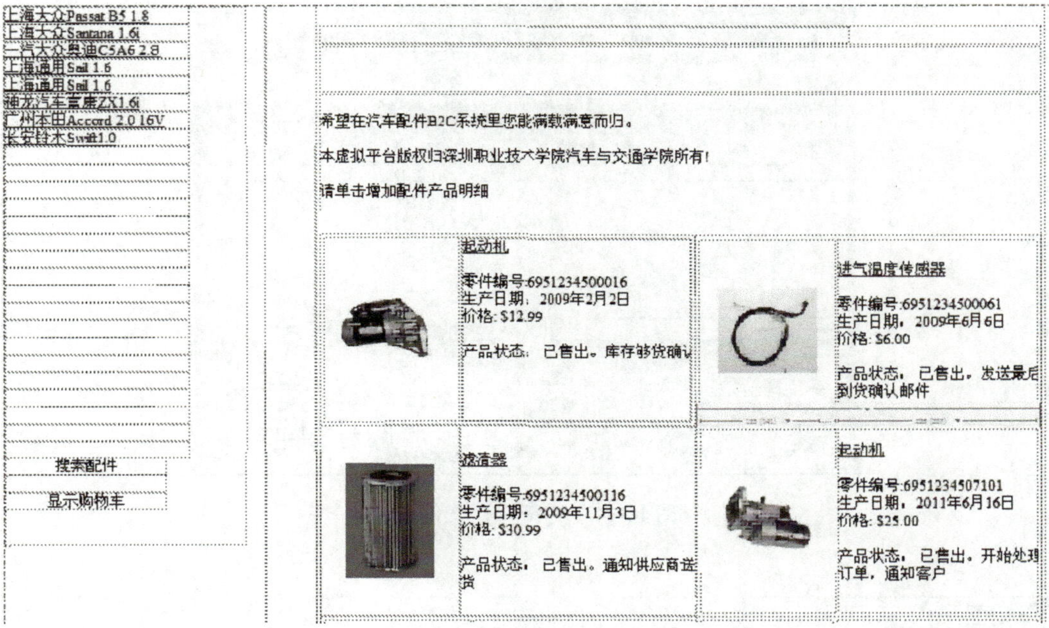

图 10-32 项目主页中插入超链接

件放入项目首页页头中。

1）单击选择【插入记录】→【媒体】→【Flash】项，如图 10-33 所示。

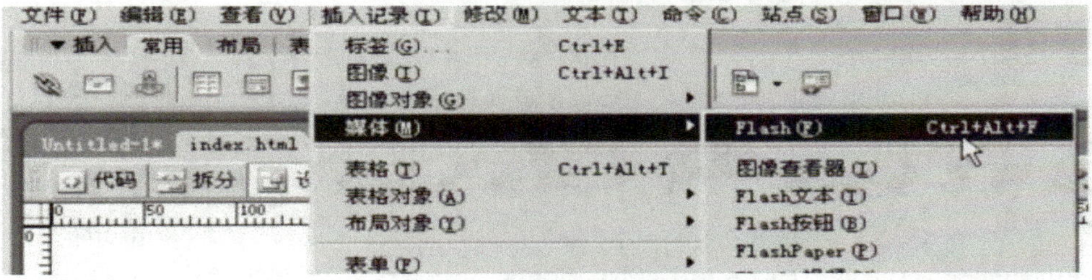

图 10-33 插入【Flash】命令

2）在打开的【选择文件】窗口中选中要插入的 Flash 文件，单击【确定】按钮。

3）在弹出的【对象标签辅助功能属性】窗口中，单击【确定】按钮。

4）如果要编辑修改 Flash 文件，可以再次选中刚插入的 Flash 文件，单击【编辑】按钮，如图 10-34 所示。

在本项目主页中（图 10-30），从已插入文字、图像和超链接的网页框架中选择合适的编辑区域，在右上方插入 flash 文件“汽车配件 B2C 系统”后效果如图 10-35 所示。

3. *在网页中加入交互式表单*

表单对象是允许用户输入数据的机制，这样增加了网页交互的功能，进一步美化、细化网页。表单是由窗体和控件组成的，一个表单一般包含用户填写信息的输入框和提交按钮等，这些输入框和按钮称为控件。表单在 html 中用 < form > </form > 标记来创建的，在

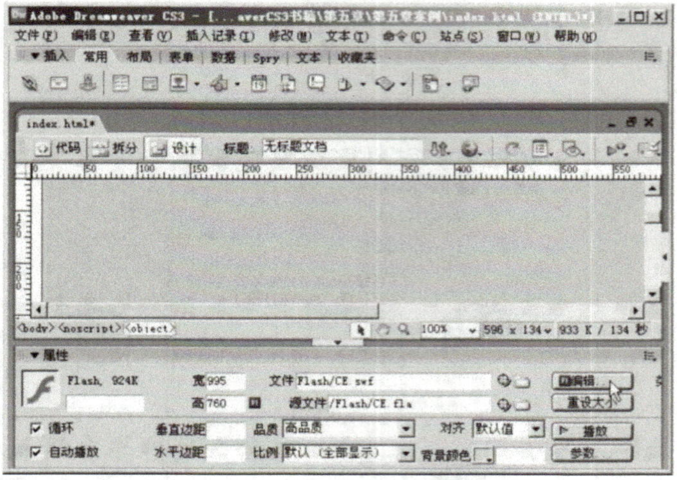

图 10-34　【编辑】文件按钮

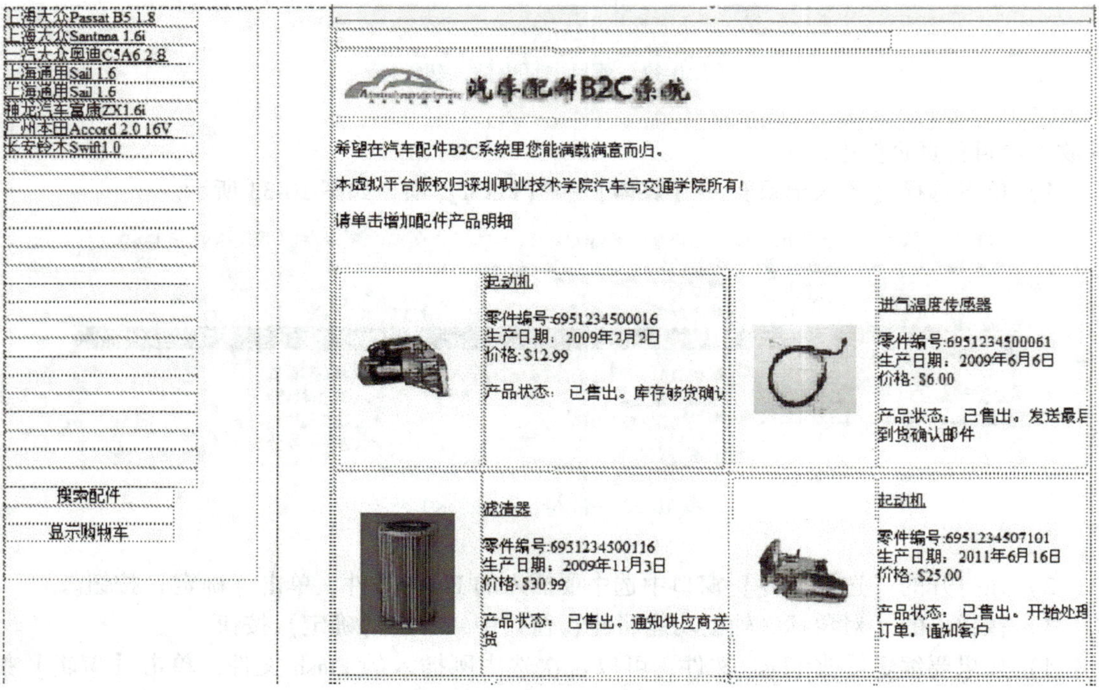

图 10-35　项目主页中插入 flash

<form> </form>标记之间的部分都属于表单的内容。

表单在网页中时提供给访问者填写信息的区域，从而可以收集客户端信息，使网页更加具有交互的功能。一般将表单设置在一个 HTML 文档中，访问者填写相关信息后提交表单，表单内容会自动从客户端的浏览器传送到服务器上，经过服务器上的 ASP 或 CGI 等程序处理后，再将访问者所需的信息传送到客户端的浏览器上。使用 Dreamweaver CS3 可以创建带

有文本域、密码域、单选按钮、复选框、弹出菜单、可单击按钮以及其他表单对象的表单。

表单对象是在表单的基础上存在的，所以要添加表单对象，首先应该创建表单。这时可以选择插入记录|表单|表单命令，或单击插入工具栏中的表单选项卡，打开表单插入栏，单击表单按钮，在文档中插入一个表单，如图10-36所示。

图 10-36　创建表单

要在网页文档中插入表单对象，选择插入记录|表单命令，或单击插入工具栏中的表单选项卡，打开表单插入栏，如图10-37所示。单击要插入的对象类型按钮，或拖入文档窗口中即可。

表单是表单对象的载体，网页在提交数据时就是通过检测表单内表单对象的信息来完成的。这里重点讲述在项目中需用到的文本域、单击按钮、复选框表单对象的创建方法。

图 10-37　表单对象工具栏

（1）添加文本域　文本域是一个重要的表单对象，可以输入相关信息，例如用户名、密码等。在提交表单时，该域中存储的信息将一起被发送到服务器。添加文本域的具体操作步骤如下。

①将光标放在该单元格中，然后在表单插入工具栏中单击文本字段按钮，如图10-38所示。

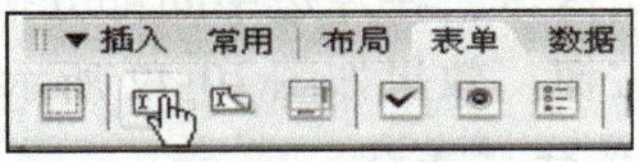

图 10-38　文本框按钮

②此时将弹出输入标签辅助功能属性对话框，在其中设定ID为search，标签文字为搜索配件，选择样式为使用“for”属性附加标签标记，如图10-39所示。

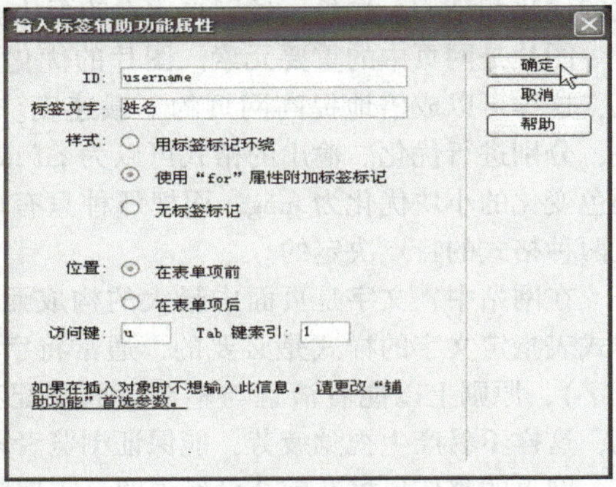

图 10-39　文本框辅助属性

③单击确定按钮后，在此单元格中将出现一个单行文本框，文本框左侧出现标签文字搜索配件。

④保存文件并用快捷键F12预览网页，当在标签文字搜索配件上单击时，光标将自动插入单行文本框内。

⑤选中该文本框，就可以在属性面板上修改文本框的属性了。

（2）添加复选框　复选框按钮是预定义

选择对象的表单对象。用户可以在一组复选框中选择多个选项。添加复选框的具体操作步骤如下。

①将光标放在要添加复选框的位置，然后单击表单插入工具栏中的复选框按钮，或者选择插入纪录 | 表单 | 复选框命令，此时一个复选框就会出现在编辑窗口中。

②选中该复选框，然后在属性面板中如图 10-40 所示修改其属性。

图 10-40　复选框属性

（3）添加表单按钮　表单按钮用于控制对表单的操作。当输入完表单数据后，可以单击表单按钮，提交服务器处理；如果对输入的数据不满意，需要重新设置时，可以单击表单按钮，重新输入；还可以通过表单按钮来完成其他任务。添加按钮的具体操作步骤如下。

①将光标放在要插入按钮的位置上，然后在表单插入工具栏中单击按钮 ，此时按钮就会出现在编辑窗口中。

②选中该按钮，按钮属性如图 10-41 所示。在属性面板上修改其属性。

图 10-41　按钮属性

在本项目主页中（图 10-35），从已插入文字、图像、超链接和 flash 的网页框架中选择合适的编辑区域，在左边中间部分插入表单并添加搜索配件 文本框、全字匹配复选框、显示购物车按钮，效果如图 10-42 所示。

4. 整体优化美化

在空白的主页框架中添加好各种网页元素后，需对整体进行优化和美化，主要是网页速度的优化和结构、颜色、各网页元素的美化。

图片是网页中的重要元素。图片的优化可以在保证浏览质量的前提下将其大小降至最低，这样可以成倍地提高网页的下载速度。利用 Photoshop 或 Fireworks 可以将图片切成小块，分别进行优化。输出的格式可以为 gif 或 jpeg，要视具体情况而定。一般把有较为复杂颜色变化的小块优化为 jpeg，而把那种只有单纯色块的卡通画式的小块优化为 gif，这是由这两种格式的特点决定的。

在网站中，文字是页面中最大的构成元素，因此字体的优化显得尤为重要。使用 CSS 样式表指定文字的样式是必要的，通常将字体指定为宋体，大小指定为 12px（相当于小 4 号字），原则上以能看清且与整个页面搭配和谐为准。在白色的背景上，字体一般使用黑色，这样不易产生视觉疲劳，能保证浏览者较长时间地浏览网页。

网页的整体风格在前节已经说明，需要统一的风格和颜色。因此，网页和表格的背景色要和字体、图片和企业气质契合。由于表格有多重控制域，需要精细控制行列、单元格的色

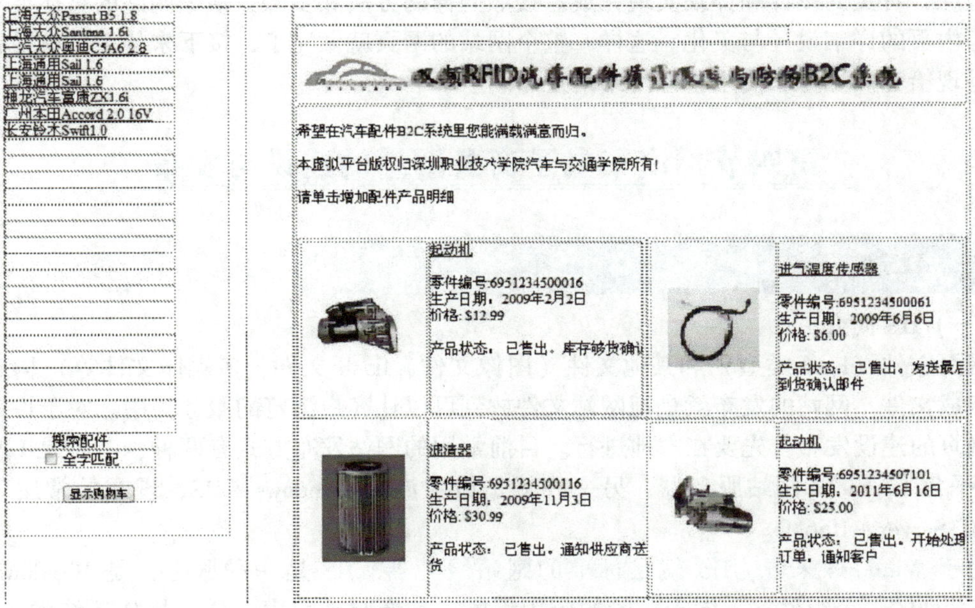

图 10-42 项目主页中插入表单

彩。在项目主页中，对左边部分的配件适用车型表格用黄色背景，搜索配件单元格用蓝色背景。网页其他部分保持白色。

在本项目主页中（图 10-42），从已插入文字、图像、超链接、flash 和表单的网页中选择合适编辑区域，加入背景并整体效果美化后效果如图 10-43 所示。

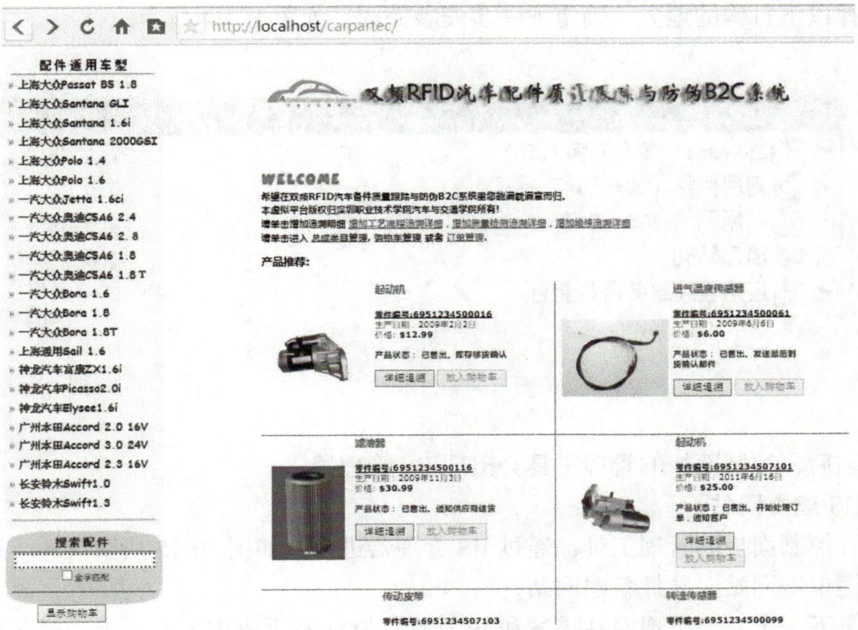

图 10-43 项目主页中经美化后最终效果

至此，首页的设计和详细实现完成。按照同样的方法和步骤，根据网站的整体要求，完成每一内页的详细设计与美化。这样，整个网站的网页就做完了，接下来的工作就是将整个网站呈现给客户浏览和使用，即网站的发布。

第四节　汽车电子商务网站的建设与发布

一、IIS 的建站

（一）IIS 简介

网页文件（html 类型）和其他文件（图像文件、flash 文件、多媒体文件等）构成了网站的组成文件，网站的发布就是把网站文件放到可以让客户浏览的服务器中。对于设计者来说，网页的建设发布首先要在本地进行。目前常用的网站发布方式有两种，一种是 UNIX 或 Linux 平台 + Apache 网站服务器，另一种就是最主流的 Windows + IIS，现在的常用版本是 Win2003Server + IIS6.0。

对于 Windows 来说，IIS 就是标准的网站服务器。IIS 是一种服务，是 Windows 2003 Server 系列的一个组件。不同于一般的应用程序，其像驱动程序一样是操作系统的一部分，具有在系统启动时被同时启动的服务功能。IIS 6.0 是用于 Windows 2003 Server 系列服务器的网络和应用程序服务器，其为建立 Internet/Intranet 的基本组件之一。

（二）IIS6 的安装

需在 Windows Server 2003 系统进行搭建。将 Windows Server 2003 放入光盘。

1）打开控制面板-选择添加删除程序。打开之后单击添加删除组件，弹出组件向导，双击选择应用程序服务器。

2）选择以下打钩的地方，确定下一步安装完成，如图 10-44 所示。

图 10-44　IIS 的安装

3）安装后，控制面板的管理工具会出现 IIS 管理器。

（三）IIS 建立网站

1）打开控制面板的管理工具，通过 IIS 管理器进入，如图 10-45 所示。

2）右键单击网站，选择新建网站。

3）单击下一步，会出现网站描述和 IP 地址，默认不更改进入下一步。接下来会出现网站主目录，输入主目录的路径，即 D：\ mysite。

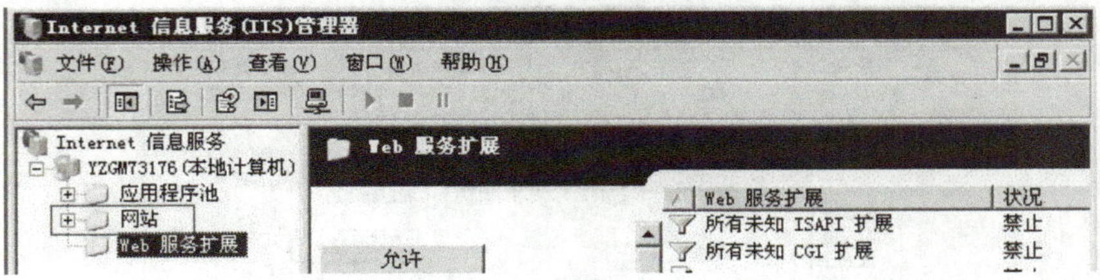

图 10-45 打开 IIS 管理器

4）单击下一步后，可以看见网站访问权限，一般设置权限都为读取，其他不选择为了安全。

单击下一步，成功完成网站创建向导，网站建立成功。

（四）配置 IIS 站点

1）在默认 Web 站点上按右键，点击属性，出现图 10-46 的界面，单击主目录，输入网页文件所在的文件夹，本例中，网页文件夹为 D：\ mysite。

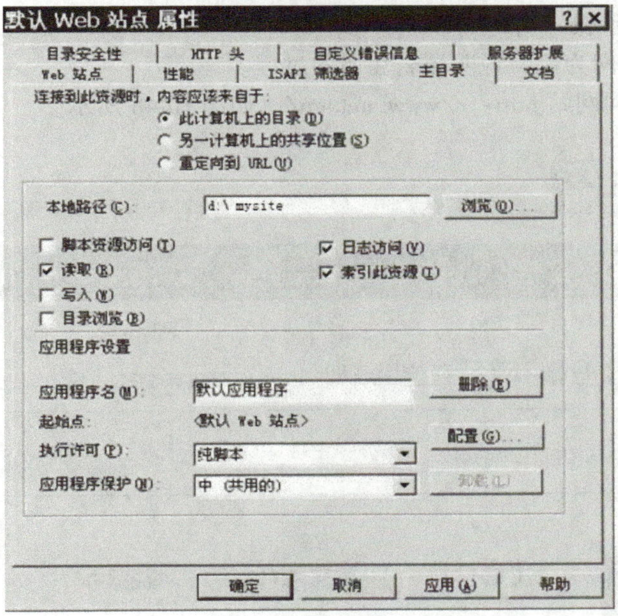

图 10-46 网站属性主目录选项卡

2）继续单击属性的文档选项卡（图 10-47），配置本地网站的首页文件，本例中，网页首页文件为 index. html。

3）测试网站是否开通，有以下两种方法。

①在浏览器中输入默认服务器名 Localhost。

②在浏览器中输入本机的 IP 地址，如 http：//192. 168. 0. 2。

当测试网页能通过本机 IP 在浏览器上看到时，IIS 的本地建站工作完成，网页已在局域网发布成功。而网站要发布到互联网，必须要域名注册和申请空间。

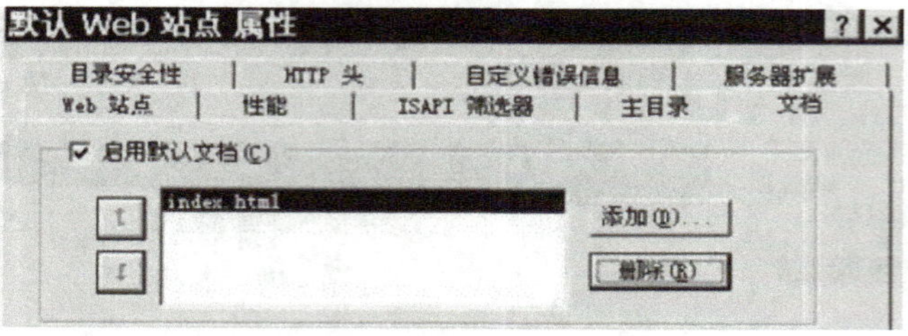

图 10-47　网站属性文档选项卡

二、域名注册

（一）域名简介

就像现实生活中开公司要起公司名一样，域名是企业在网上发布信息、业务往来的基础，是企业在互联网上的商标。全球任何一个互联网用户只要知道企业的域名，就可以立即访问该企业网站。很多域名注册通过域名注册代理商进行。

（二）域名注册步骤

以阿里巴巴的万网为例，说明域名注册的过程。

1）首先打开万网网站 http：//www. net. cn/，如图 10-48 所示。

图 10-48　万网首页

为了注册域名，可以先注册万网的会员，单击会员注册，填写相应表格，就可以得到一个会员号，如果不注册会员也可以继续申请域名。

2）注册域名时先查询一下，要注册的域名是否已经被注册，如图 10-49 所示。

3）如果域名没有被注册，就可以直接在线注册域名，非常方便，选择要的域名，单击加入购物车，然后去购物车结算，如图 10-50 所示。

图 10-49　查询域名是否已经被注册

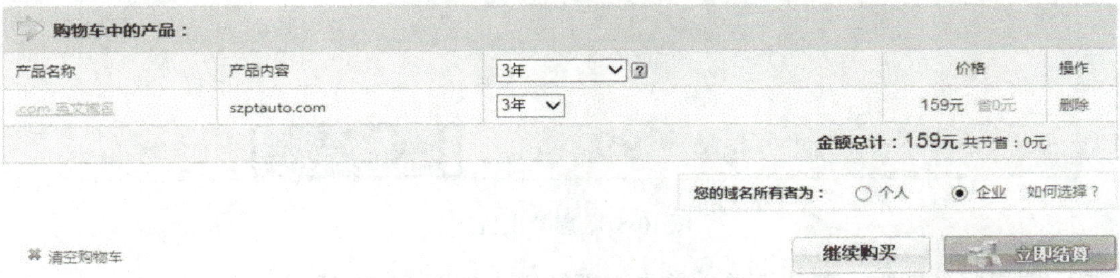

图 10-50　域名购物车结算

4）用支付宝结算购买完域名后，单击域名列表，可以查询已经注册的域名，完成域名注册，这时再查询域名是否被注册，其将显示已注册。

三、申请虚拟主机

（一）虚拟主机简介

虚拟主机是指租用互联网服务提供商（ISP）服务器的硬盘空间，使用特殊的 Web 技术，把一台计算机主机服务器分成若干个虚拟的主机，每一台虚拟主机都有独立的域名和 IP 地址，具有完整的互联网服务功能如 WWW、FTP、Email 等。同一台服务器上的各个虚拟主机相对独立，互不干扰，可由用户自行管理，对访问者来讲虚拟主机和一台独立的主机服务器完全一样。

虚拟主机方式由于省去了全部硬件投资和软件平台投资，具有成本较低的优点，每年成本一般是数百元到数千元。但由于许多用户共享服务器，不能支持大量并发访问，另外网站维护也相对麻烦，这是其不足之处。虚拟主机方式适用于搭建小型网站，如现有的企业上网工程就很适合。通常各个 ISP 提供的虚拟主机服务条件不完全一样，在选择时要充分比较，认真选择。

（二）申请虚拟主机步骤

1）和域名注册类似，虚拟主机也是要付费的，价格每年从数百元到数千元不等。申请方法也是在线填写相关表格。在万网首页中单击云虚拟主机，非会员单击免费注册，选择产品（以菁英型为例），如图 10-51 所示。

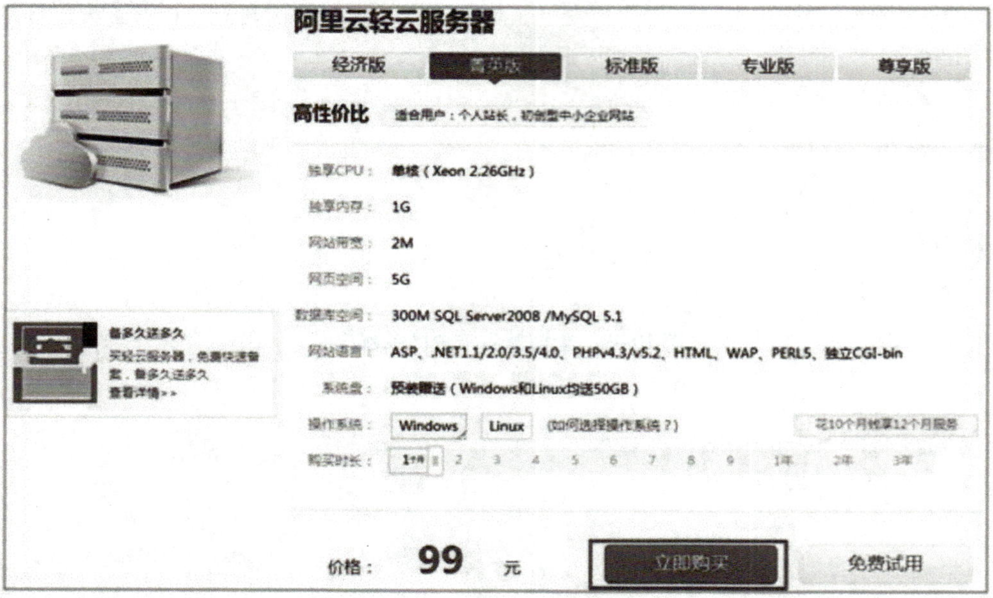

图 10-51　虚拟主机产品

2）选择服务期限，确认订单，单击立即结算，如图 10-52 所示。

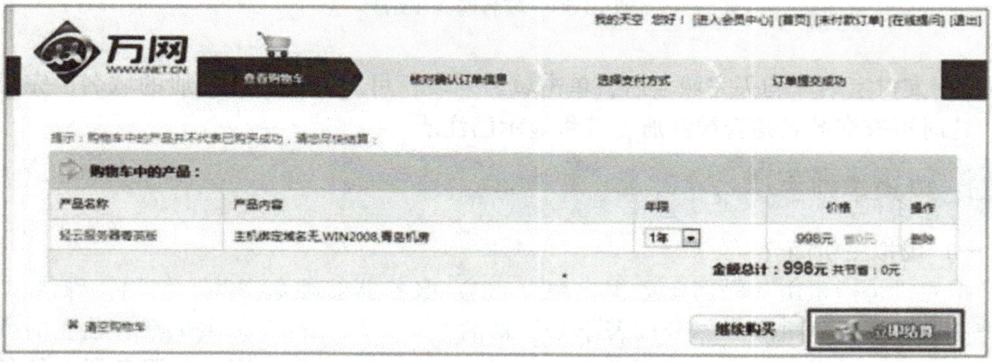

图 10-52　虚拟主机产品明细

3）选择支付方式，单击网上银行支付或线下支付。

4）支付成功，结算业务，完成购买，即可以进入会员区左侧万网主机管理查看产品信息。同时系统会发业务成功通知信，按照所收到的成功通知书中要求立即办理 ICP（地址信息）备案。

当申请好域名和虚拟主机后，需要使用万网授权的 FTP 账号和密码上传在本地已制作好的网页和整个网站文件，完成本地网站到互联网网站的转换。

四、汽车电子商务网站的运行和维护

当网页和网站都已完成并在互联网上发布后，网站管理和维护就是一项长期而繁重的工作。从网站建立开始一直到网站停止运行，网站管理和维护就需要一直进行。网站建设得是否合理往往会对网站的管理和维护产生非常大的影响，网站建设得好，那么管理和维护起来会非常简单，网站建设得不好，那管理和维护起来就非常麻烦且浪费时间。所以前面的网页设计和网站规划一定要按标准步骤扎实推进。

网站的管理和维护，其目的只有一个，就是为了保证网站的正常运行。管理和维护的内容主要分为三个方面：安全管理、性能管理和内容管理。图 10-53 中的内容很好地描述了这三方面管理之间的关系。从这个图中可以看出，安全管理是基础也是关键，其贯穿整个网站，从最底层的硬件到最高层的网页，每一个环节都离不开安全管理。性能管理是内容管理的前提，只有在整个网站系统稳定高效的前提下才能更好地对内容进行管理和维护。

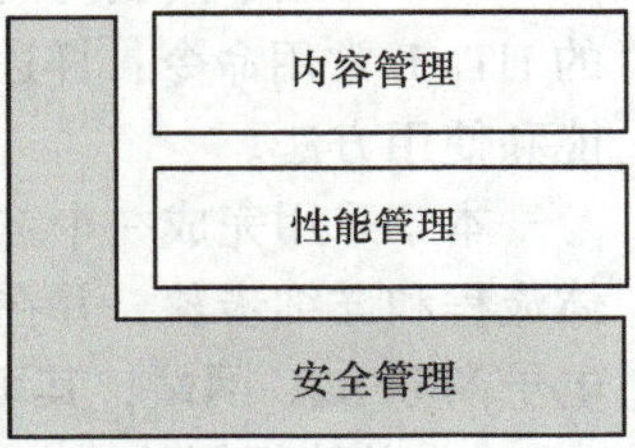

图 10-53　网站的管理与维护

1. 安全管理

安全一直是困扰互联网发展的重要问题，即使是普通的互联网用户也避免不了网络攻击，更何况是向所有互联网用户开放的网站。如果受到攻击，数据受到破坏，就很可能会造成难以估计的损失。虽然有关安全的探讨和解决方案层出不穷，但是因为安全问题无处不在，所以不可避免地会不断有新的安全问题出现，因此安全对所有的网站来说都是一个很大的难题。

安全问题存在于从硬件到软件的各个环节，所以其管理非常困难。本书已在第八章详细说明了汽车电子商务的安全技术，对于汽车电子商务网站来说主要注意六个方面：操作系统的安全管理、WWW 服务器软件的安全管理、脚本语言的安全管理、网上信息传输的安全管理、数据库的安全管理和人员的安全管理。

2. 性能管理

性能管理的主要任务是保证操作系统和 WWW 服务器的正常运行，然后在正常运行的基础上最大程度的优化系统的性能。另外，当系统的负荷满足不了日益增长的用户访问需求时，制定合理的方案来及时升级系统的配置。

性能管理也需要考虑很多方面，如网络、操作系统、WWW 服务器、动态网页服务器和数据库服务器的管理等。网络的管理主要是指互联网的接入带宽是否满足多个用户并行访问的需求。比如一个用户最少需要 30KB 的带宽要求，那么 512KB 的接入带宽就很难满足 20 个甚至更多用户的并行访问，这时就需要考虑申请更大的带宽，这主要是在申请虚拟主机时要考虑服务器的性能。其他方面的管理要考虑的内容也和网络管理类似，目的都是保证各个环节的性能都能满足最大用户的访问。

3. 内容管理

内容管理的主要任务是确保网页内容、数据和超链接的正确，以及数据的及时更新。超链接很容易因为网页文件的移动、删除或重命名，网页编辑软件的修改和人员的疏忽而发生错误，以至用户在访问一个网站时经常打不开网页，所以网站管理者必须时常检查网页之间的超链接以确保用户的正常访问。

静态的内容不会改变，用户通常不会频繁地访问来获取相同的信息，所以只有经常更新网站的内容才能不断吸引用户的访问。

本章小结

本章介绍了网页与网站的基本概念以及标记语言 HTML，并详细说明了 8 种常用的 HTML 常用命令；详述了常用网页制作工具，并介绍了 Dreamweaver 软件的基本功能和使用方法。

本章采用完成一个综合网站项目任务的方式来全面说明网站建设和网页设计的整体流程和详细步骤，并在各节的流程中贯穿实现。项目任务是某汽车配件企业需建立电子商务 B2C 网站，其可分解成四个模块的任务依次完成。

1）总体规划并建立汽车站点。①网站总体规划，包括市场需求分析、网站定位和网站风格设计；②确定网站内容结构，包括确定网站功能、画出网站结构草图、规划网站导航；③在 Dreamweaver 软件中创建站点文件。

2）汽车配件网页详细规划与布局。①各网页详细规划与设计，包括画出单一网页的布局草图，确定主页、内页的布局结构；②使用 Dreamweaver 软件和 HTML 利用布局表格布局网页；完成后产生空白的汽车配件 B2C 首页表格布局。

3）汽车网页基础编辑与美化。在空白的汽车配件 B2C 首页框架中填充各种网页元素。①素材准备；②网页基础编辑，需要在指定的位置放置合适的文字、图片，是基础性编辑工作；③网页细化、美化，需要在指定的位置放置合适的网页超链接、动画、交互式表单，最后对网页做整体细化和美化；完成首页后再逐一完成内页的详细设计与美化。

4）整个网站的网页做完后接下来的工作就是将网站呈现给客户浏览和使用，即网站的发布。在局域网本地 IIS 建站发布网站，然后申请域名和虚拟主机将网站发布到互联网，最后适时进行网页的更新维护。

同步测试

一、单项选择题

1. 在 HTML 代码中，<align = center> 表示（　　）。

A. 文本加注下标线　　B. 文本加注上标线

C. 文本闪烁　　D. 文本或图像居中

2. 对于网页色彩搭配，错误的建议是（　　）。

A. 网站色彩要鲜明夺目　　B. 色彩搭配要独具特色

C. 选择色彩要和网页的内涵相关联　　D. 网站中使用的颜色不能越多越好

3. 对于网站题材的选择，正确的建议是（　　）。

A. 题材目标尽可能高　　B. 题材要尽可能广泛

C. 题材最好是自己擅长或者喜爱的内容　　D. 网站主题要包罗万象

4. 在 Dreamweaver CS3 中，关于排版表格属性的说法错误的是（　　）。

A. 可以设置宽度

B. 可以设置高度

C. 可以设置表格的背景颜色

D. 可以设置单元格之间的距离但是不能设置单元格内部的内容和单元格边框之间的距离

5. 在 Dreamweaver CS3 中，可以为链接设立目标，表示在新窗口打开网页的是（　　）。

A. _ blank　　B. _ parent　　C. _ self　　D. _ top

二、简答题

1. 创建站点需要哪些步骤？

2. 网页在初始规划时如何进行风格设计？

3. 根据目标端点，超级链接可分为哪几种？

同 步 训 练

项目一：汽车网站设计与实现

实训目的：

● 掌握网页设计的基本步骤和方法。

● 掌握 Dreamweaver 的使用方法，如网页布局，插入文字、超级链接、图片、动画等基本方法。

实训器材：

1. Windows 系列操作系统，Dreamwever CS3 软件。

2. 一些网页制作素材，如图片、动画、视频等文件。

实训指导：

严格参照本章实例的步骤，完成个人设计制作的汽车网站。

1. 网站主题内容为汽车类，可以为汽车整车、汽车配件、汽车电子商务、个人汽车博客、汽车金融等。具体网页内容（包括文字、图片、链接）自定。

2. 网站最少有二级目录，至少有一个首页和三个内页，均为静态网页。首页统一命名为 index. html，内页名称自定，首页要有链接进内页。

3. 注意版式、色彩的美观。注意本地网站文件夹的命名设置要清晰、符合逻辑。

4. 除文字、图片、链接、动画、表单之外，必须使用到表格布局。

5. 网页底部应有自己的姓名、学号和版权信息。

项目二：申请域名注册与虚拟主机

实训目的：

- 掌握域名注册的方法及步骤。
- 掌握虚拟主机申请的方法及步骤。
- 申请免费虚拟主机空间。

实训器材：

Windows 系列操作系统，互联网，IE6.0 及以上浏览器

实训指导：

1. 登录中国频道网 http：//www.china-channel.com，查询 www.sohu.com 和 www.sohu.com.cn 这两个域名是否被注册，如已经被注册，请写出注册人和此域名注册的终止日期。

2. 自己想一个域名，在中国频道网查询你自己需注册的域名是否已被注册，了解域名的申请程序、步骤及 .com、.cn 注册一年所需的价格，并记录到实验报告中，并回答问题：假如你要为自己的企业注册域名，应如何操作？请写出步骤。

3. 登录中国频道网 http：//www.china-channel.com，进行虚拟主机注册和试用。

参 考 文 献

[1] 牟彤华，汪治．电子商务应用[M]．大连：东北财经大学出版社，2006.

[2] 邓顺国．电子商务概论[M]．2版．北京：中国水利水电出版社，2011.

[3] 吴泗宗．汽车电子商务[M]．北京：机械工业出版社，2007.

[4] Andrew S Tanenbaum．计算机网络(第5版)[M]．严伟，潘爱民，译．北京：清华大学出版社，2012.

[5] 谢希仁．计算机网络 [M]．5版．北京：电子工业出版社，2008.

[6] 黄岚，王喆．电子商务概论[M]．北京：机械工业出版社，2014.

[7] 许忠，何有世．电子商务概论[M]．镇江：江苏大学出版社，2011.

[8] 李洪心，马刚．电子支付与结算[M]．北京：电子工业出版社，2010.

[9] 魏修建．电子商务物流概论[M]．北京：电子工业出版社，2009.

[10] 郑喜昭，黎贺荣．汽车电子商务一体化项目教程[M]．上海：上海交通大学出版社，2012.

[11] 万钢，罗保山．新编 Dreamweaver CS3 动态网页设计与制作教程[M]．西安：西安电子科技大学出版社，2010.